白帝社アジア史選書
HAKUTEISHA's
Asian History Series
006

古代江南の考古学

倭の五王時代の江南世界

羅 宗 真

中村圭爾　　室山留美子

白帝社

自序

古代江南の六朝時代は、中国考古学史上の重要な時期である。西洋の学者は、建康を代表とする六朝文化が、同時期の古代ローマ文化とともに、人類の古典文化の二大代表であるとかんがえる。また、この時期には、日本はすでに国家を形成し、六王朝との関係が密接で、交流は頻繁におこなわれた。

後漢末年、軍閥はたがいに争い、経済や政治、文化の中心であった黄河流域に徹底的な破壊をもたらした。紀元四世紀のはじめ、北方人口の南下は、南方の経済開発を加速させ、呉の屯田と東晋の土断政策は、南方に短期間ではあるが「財は阜《ゆた》か、国も豊か」な状態を出現させた。南北朝時期の南北をくらべてみると、南方のほうが政局は安定し、経済は大発展して、文化や芸術、科学の分野であたらしい成果がうみだされたのである。

南朝時代の経済の発展は、江南地方を、『陳書』宣帝紀がのべるように、「豊かな水田と美しい桑畑のあぜ道が広がり、そびえるいらかが軒を連ねて、道路がまじわる」ようなすがたに変え、次の隋唐時代には全国に財源と食料、織物を供給するようになる基礎を築いた。こうして中国の経済の中心が北方から南方へと移動しはじめたのである。

六朝時代の考古学的な発見は、基本的にはこのような歴史上の特徴を反映したものである。地方的特色が濃厚で、過渡的性格が顕著であるとともに、民族的特色と国際的な文化交流が注目すべきものとしてあり、また宗教遺跡と芸術的作品が広範に分布しているのである。

この時期の政治や経済、文化にはいずれも大きな発展と変化があった。考古学的発見からは、この時代は何ら成果を挙げることのなかった暗黒時代などではなく、芸術思想、宗教哲学、科学技術、文化芸術などの分野で、秦漢以来の伝統を継承し、外来の要素を吸収した豊かな成果のある時代であり、繁栄をほこった隋唐時代に直接に影響を及ぼした時代であることがあきらかとなる。

中国と日本は、一衣帯水、古代以来、いわば唇歯のような関係にある隣国で、政治、経済文化のあらゆる方面でたがいに交流と影響があった。私は訳者中村圭爾氏とは長年の交流があり、その学問内容をよく知っている。このたび訳者が拙著を日本語に翻訳出版してくれたことにふかく感謝するとともに、本著の刊行が中国日本両国民衆の文化交流をさらに密接で豊かなものにしてゆくものと信じている。これをもって序とするものである。

二〇〇三年一二月　南京半山園にて

羅宗真

目次

古代江南の考古学

目次

凡例

一　本書は、羅宗真著『六朝考古』（南京大学出版社、一九九四年）の翻訳である。ただし、翻訳にあたって著者から提示された「勘誤表」に基づき、原文をあらためたところがある。

二　原著は、「六朝叢書」の一冊であり、卞孝萱氏による叢書の総序と前言が付されているが、省略した。また巻末の付録である「江蘇境内重要考古発現和紀年表」「江蘇境内六朝考古重要文献目録」も割愛した。なお、原著には刊行の経緯についての簡単な後記があるが、そのかわりに、著者みずから本書のために寄せてくださった自序をはじめにのせた。

三　訳出にあたっては、原著者の了解を得て、原文の一部を省略、または要約したところがある。とくに記述が重複する部分（第十章の結語をふくむ）、内容がきわめて特殊専門的で細密な議論におよぶところで、その措置をとった。また文章の位置を移動させたり、章節の構成をかえたところがある。なお、文中に引用された文献史料の原文は、「書き下し」せず、意訳もしくは要約をおこなったところがおおい。

四　著者の補筆と、原著では該当頁下段にあった文献引用注は、ともに訳文中にいれて〔　〕でしめし、引用文献は論文名・題名を省略した。

五　書名・人名・事項などで訳者がおぎなったり、説明したものは、（　）でしめした。また、〔　〕は、訳者がつけた訳注の番号であり、訳注は巻末に一括した。

六　書名・雑誌名は『　』、論文名は「　」でしめした。

七　ルビはひらがなを原則とし、地名・人名・書名などの読み方は、日本での慣用にしたがったが、まれにカタカナで慣用の中国音をあらわしたものがある。

八　図版については、原著のものをもちいるのを原則としたが、原著の印刷が不鮮明なため、初出の報告書類の図版をもちいたばあいがおおい。なお、説明の便のために、原著の図版以外に、おもに九〇年以後の報告書から訳者がおぎなった図版がすくなからずある。それらの典拠は巻末の図版一覧表に記載してある。

九　地図と表は、原著のものをもちいたが、訳者があらたに作成したものや、原著を補訂したものがある。それらも巻末の図版一覧表に、そのむね記載してある。

十　巻末の年表・王朝の系図は、訳者が作成したものである。

第一章　序論

六朝の歴史と考古学

魏晋南北朝《ぎしんなんぼくちょう》時代（以下六朝《りくちょう》時代とよぶ）は、中国の歴史上、重要な時期の一つである。この時代は、三世紀はじめの三国《さんごく》分裂から六世紀の隋《ずい》の統一までの、ほぼ四世紀間にあたる（二二〇～五八九）。六朝とは三国の呉《ご》、両晋《りょうしん》のうちの東晋《とうしん》、南北朝のうちの南朝、すなわち宋《そう》（劉宋）、斉《せい》（南斉）、梁《りょう》、陳《ちん》をさす。呉は魏に二年遅れて建国され、陳は隋建国の八年後に滅ぼされたので、このあいだは二二二年から五八九年までとなり、六朝時代も実際はほぼ四世紀間となるのである。この六王朝は建康《けんこう》（現南京《ナンキン》）に都を置いたが、これが中国の封建王朝が江南《こうなん》に都城をたてた最初である。六朝時代は中国史上重要な変化の時期であり、政治、経済、軍事、文化や、哲学・宗教・芸術などをふくむ意識形態全体が、すべておおきく変わった。

後漢《ごかん》末年の黄巾《こうきん》蜂起ののち、地主は武装割拠し、軍閥は混戦して、魏《ぎ》、呉《ご》、蜀《しょく》の三つの分裂政権をうみだした。このとき呉は江南《こうなん》に建国し、北方民衆の避難して江南にわたるものが多数にのぼったが、かれらがもたらした先進的な農業生産道具や生産技術は、耕地面積を拡大させ、農業生産はしだいに発展した。二〇三年より二八〇年にかけての七〇余年間におこなわれた屯田は東南沿海地区の経済を急速に発展させ、金属加工、製塩、紡績、陶磁器生産などの手工業は当時おおいに発展をとげ、これにともなっておこった商業も、呉都建業《けんぎょう》に二つの巨大な貿易市場をもつほどになった。また黄龍《こうりゅう》二年（二三〇）、呉人ははじめて台湾に達し、また海外と通商をはじめ、さらに南洋との経済・文化の交流を開始した。

二六五年、司馬炎《しばえん》は魏にかわって西晋《せいしん》王朝を建立した。このあと、西北辺境の少数民族が内地に移動し、匈奴《きょうど》兵が長安《ちょうあん》を攻略したので、司馬睿《しばえい》は建康で帝を称し（東晋元帝《げんてい》）、江南一帯に東晋を建立した（三一八）。東晋百年（三一八〜四二〇）のあいだ、江南の有力大族は政権を掌握し、門閥が政治をもっぱらにした。一方、北方から流民化して南下した民衆と江南土着の住民は江南開発につとめ、たえず北伐をおこない、あらたに中原を統一しようとした。当時東晋で実施された僑州郡《きょうしゅうぐん》と土断《どだんせい》制は一時的に「財阜《ゆた》か、国豊か」という現象をうみだしたが、三九九年から四〇四年にかけておこった孫恩《そんおん》の乱〔1〕は東晋王朝の滅亡をうながすことになった。

東晋以後の南北朝時代、江南は比較的安定しており、経済はいっそうの発展をとげた。農業を例にとってみても、おおくの成果があげられたことを、ここで紹介したおきたい。たとえば、当時すでに緑肥《りょくひ》（草を肥料とすること）と輪作《りんさく》、水稲の晒田《さいでん》（田の水を切る）技術、果樹の接《つ》ぎ木、蚕種《さんしゅ》の選びわけ、水車製粉などがあったことが知られているが、それらはみな、以前より進歩した農業科学の成果である。華北北朝のもろもろの少数民族の統治者は、もちろんその一部には政治に精励する精神の持主もいたし、一定の政績もあがったが、かれらの大半のあいだに残っていた遊牧生活の習慣と家父長的奴隷制はあきらかに封建制にくらべて後進的であり、くわえて長期にわたる掠奪と殺戮により、社会経済はおおきな破壊をうけた。これに対して、南朝では、劉裕《りゅうゆう》が政権をにぎってのち、陳叔宝《ちんしゅくほう》が国を滅ぼすまで、江南経済はおおきく発展し、地主階級は大量の富をたくわえ、文化、芸術、科学の方面で新しい成果をあげ、仏教の盛行も当時の思想意識、美術工芸におおきな影響をあたえた。ただ、ついには貴族制度が腐敗し、侯景《こうけい》の乱〔2〕（五四八～五五二）が江南経済におおきな打撃をあたえ、しだいに北が強く南が弱い情勢となり、まもなく亡国にいたった。全体の趨勢からみれば、江南経済は発展途上にあり、農業の発展は江南をはじめて中国の主要な食料生産地に変えたし、手工業と商業では自然経済が支配的であったとはいえ、都市が発展し、しだいに繁栄にむかう現象がみられた。そのため、六朝以後全国の経済的中心は江南に移りはじめ、唐代には、全国の食料衣料の供給地となる基礎を築いた。かくして、中国経済の中心は江南に移ったのである。

中国には、このような六朝の歴史的意義を無視したり、軽視したりする歴史家もいるが、そのような見方は誤りである。六朝時代の政治、経済、軍事、文化などあらゆる方面でのおおきな変化は、後世にたいへんな影響をおよぼしている。大分裂時代の東晋・十六国《じゅうろっこく》のとき、江南は比較的安定し、社会経済は発展しつづけたし、そのあとの南北朝時代は北方経済も回復したから、この時期の歴史を何の成果もない暗黒時代とするのはあきらかに事実とことなっている。この時代、学術思想、宗教哲学、科学技術、文化芸術などの方面では、あるいは秦漢《しんかん》いらいの伝統を継承し、あるいは外来の要素を吸収して、唐宋《とうそう》以後の繁栄と発展のための条件を準備したのである。

この時代、文物考古学はちょうど漢唐《かんとう》間の転換点あるいは過渡的段階に位置し、あきらかな特徴をもつ一群の考古資料が出現した。それらは時代的な特徴と地域的な特徴を鮮明にそなえている。地表の文物、たとえば都市、住居跡、窯《かま》跡などにはあたらしい発見があり、石窟寺の造像と壁画はこの時期の重要な考古学の対象である。また墓から封建的支配者階級の族葬《ぞくそう》制度を明確にみいだすことができる。副葬品中の瓷器《じき》の出現は陶瓷《とうじ》業の重要な発展をしめす。南京地区は六朝の都の地であり、この地区の出土文物は全国的にみて、ある程度代表的な性格を有している。文物考古資料の発見は、このような六朝の歴史の内容をさらに証明し、補強してくれるのである。

一九四九年以前の考古資料

六朝時代のその当時、もうすでに古物を愛好する知識人がいて、古器物を研究する風潮がさかんであったことが文献にみられる。たとえば、晋のとき、汲《きゅう》郡のひと不準《ふじゅん》が魏の襄王《じょうおう》［一説に魏の安釐王《あんきおう》］の墓をあばいたところ、偶然大量の古書（竹簡《ちくかん》）が出土した。武帝《ぶてい》はその書を宮中の図書館におさめ、文章を校定して研究させた。これがよく知られた『汲冢竹書《きゅうちょうちくしょ》』にほかならない。南朝の梁のとき、陶弘景《とうこうけい》（梁の道士、茅山に隠居し、梁武帝に崇敬された）は『刀剣録《とうけんろく》』を著し、夏《か》王朝より梁《りょう》武帝時にいたる銅器七九件を収録した。また『隋書《ずいしょ》』経籍《けいせき》志は、「石経《せっけい》」の箇所に『梁石経《りょうせっけい》』若干巻を注記している。それは南京一帯にある当時の梁代の陵墓の石碑石柱に刻された文字のことであり、われわれが知るところの最初の拓片《たくへん》である。

唐宋《とうそう》時代の地方志の編纂には、文物古跡の記事がかならず含まれた。そのあるものには、六朝の文物、遺跡の記録があり、いずれも精密で確実なものである。なかには六朝の墓石の文章をおさめたり、六朝の神道碑刻をしるしているものもある。

六朝文物についての近代の考古学的研究で、実地調査による早い時期の記録には、清の宣統《せんとう》年間の張璜《ちょうこう》著『梁代陵墓考《りょうだいりょうぼこう》』があるが、その内容はただ少数の陵墓を調査しただけであった。

衛聚賢《えいしゅうけん》『中国考古小史《ちゅうごくこうこしょうし》』は、一九三〇年、棲霞山《せいかざん》停車場付近の甘家鎮《かんかちん》、張家庫《ちょうかこ》、劉家庫《りゅうかこ》で南京古物保存所が発掘した六朝古墓三基から出土した銅、鉄、瓷器、陶器百件ばかりと、墓磚《ぼせん》上に五銖銭紋《ごしゅせんもん》があることを記録している。これは新中国以前の南京六朝墓の最初の発掘である。一九三四年以後、中央大学教授朱希祖《しゅきそ》、朱偰《しゅせつ》父子は南京付近の六朝陵墓と文物古跡についてかなり詳細な調査と分析をおこなった。かれらの著作である『六朝陵墓調査報告《りくちょうりょうぼちょうさほうこく》』「一九三五」、『建康蘭陵六朝陵墓図考《けんこうらんりょうりくちょうりょうぼずこう》』「一九三五」、『金陵古迹図考《きんりょうこせきずこう》』『金陵古迹名勝影集《きんりょうこせきめいしょうえいしゅう》』「ともに一九三六」は、今日でもなお参考とすべき重要な価値がある。このほか、王煥鑣《おうかんひょう》は現代的な方法で『首都志《しゅとし》』（一九三五）を編纂したが、そのうちの文物古跡の部分はなお参考に供することができる。

このように、唐宋いらい、ずっと新中国にいたるまで、わずかな数の古物の発見と著録、若干の金石《きんせき》学者の碑刻についての記述と考訂、それに文献中にみられるいくらかの文物、遺跡の記事があるだけであって、真の意味での計画的、系統的な考古学的活動は新中国建設以後にはじめてはじまったのである。

外国人で六朝考古学に関心を持った学者は、ただフランス人のヴィクトル・セガレン父子のみであり、父は一九一七年に中国を訪れ、南京にいたって六朝陵墓一一ヶ所の現場調査をおこない、息子もまたたびたび中国を訪れた。かれらには『中国の偉大なる彫刻』という著作がある。本書は朱希祖父子の書に一七年先んじており、書中の当時撮影された現場の写真はたいへん珍しい記録である。

一九四九年以後の考古学活動

浙江、湖北で発見された呉の早期墓から、南京発見の南朝陳の陵墓まで、長江中下流および福建広東、西南地区で発見された六朝墓は二千以上にのぼり、呉東晋南朝の物質文化史研究における重要な参考資料となっている。墓が発見された地点は、長江中下游ではおもに武漢《ぶかん》、長沙《ちょうさ》と江西各地、および江蘇浙江の広大な地域であり、福建では福州、南安と建甌《けんおう》一帯である。広東広西では、広州地区が中心であるが、そのほか韶関《しょうかん》、曲江《きょくこう》、高要《こうよう》、藤県《とうけん》、桂林《けいりん》などの地がある。西南の四川ではおもに成都《せいと》と広元《こうげん》、綿陽《めんよう》地区、貴州清鎮《せいちん》、平垻《へいばい》一帯、雲南の姚安《ようあん》、昭通《しょうつう》などである。

しかしなんといっても発見が集中しているのは長江中下游地域であり、南京が中心である。この地で発見されたのは東晋南朝の墓がもっともおおい。つぎは武昌《ぶしょう》地区［湖北、湖南、江西を含む］で、ここは呉の早期の都の所在地であるから、三国時期のものが中心である。福建・広東地区は西晋以後にようやく発展しはじめたので、東晋南朝墓がおおい。西南地区では蜀《しょく》漢《かん》、両晋墓がおおく、構造は磚築墓《せんちくぼ》のほか、崖墓《がいぼ》がみられる。福建・広東と西南地区の墓は地域的特徴が顕著である。それゆえ、六朝墓は長江中下游、福建・広東、西南の三地域に区分することができるとおもわれる。しかし南京が六朝の政治、経済、文化の中心であり、この地域の墓の資料がもっとも代表的であるため、六朝考古学を研究するばあい、南京地区の考古資料をおもな内容としなければならない。

南京地域の考古学的活動は、一九五〇年、南京市文物保管委員会などの機関が六朝古跡を調査し、南京博物院がはじめて南京雨花台《うかだい》・鄧府山《とうふざん》六朝墓を発掘したことにはじまる［南京博物院『南京附近考古報告』上海出版公司　一九五二年版］。こののち、考古活動はしだいに拡大し、国の大規模な基本建設と協力して、ひとつひとつの墓の発見から、南京石子崗《せきしこう》、幕府山《ばくふざん》、燕子磯《えんしき》、老虎山《ろうこざん》、象山《ぞうざん》など、六朝墓の集中する地区の考古学的発掘へと発展した。それらは江南六朝墓の典型的資料となった。このほか、呉県、宜興《ぎこう》、鎮江《ちんこう》、建湖《けんこ》、徐州《じょしゅう》、連雲港《れんうんこう》などでも六朝墓が発見された。江蘇省で整理した六朝墓は、そのほとんどが南京とその付近に集中していて、四百余基あり、中国全土の魏晋南北朝墓の五分の一、中国全土の六朝墓の半数を占める。これらの墓のうち、帝王陵墓とみられる遺跡は、南京付近で三三ヵ所あり、べつに発掘されていて陵墓の可能性はあるが、現在は地上に遺跡のないものが六ヵ所、あわせて三九ヵ所、そのうち発掘されたものが一四ヵ所である。南京、宜興などではまた多数の貴族墓が発掘されたが、それらは一族単位で埋葬され、規則的に配置されていた。

江蘇省の六朝考古学は墓を中心とするが、このほかに城址《じょうし》と窯址《ようし》がある。調査のおこなわれた城址には、南京の呉の石頭城《せきとうじょう》と建鄴城《けんぎょうじょう》、東晋南朝の建康都城《けんこうとじょう》がある。このほか南京獅子山《しざん》付近の明《みん》代城壁の下部から発見された、六朝晩期の江乗県治《こうじょうけんち》（治は県庁のこと）所在地の城壁遺跡もある。一九七八年、揚州《ようしゅう》の蜀崗にある「子城《しじょう》」遺址の下から六朝時代の広陵《こうりょう》城の城壁が発見されたが、磚《せん》には「北門壁」「北門」などの文字がスタンプされていた。一九八四年五月には、鎮江東門外北固山東南の花山《かざん》湾で六朝晋陵古城城磚を発見したが、磚側には「晋陵」「城東門」「南郭門」などの銘文があった。

窯址はおもに宜興で発見された。一九五九年、宜興南山《なんざん》［もとの名は均山《きんざん》］ではじめて青瓷《せいじ》窯址三ヵ所が発見され、一九七五年にまたそこで三ヵ所、一九八二年には一ヵ所の発見があった。前者は試掘がおこなわれ、西晋のものとされている。これは宜興が当時の青瓷生産の集中地点のひとつであることを証明するものである。

地表の遺跡は、主として石刻《せっこく》であり、南京、江寧《こうねい》、丹陽《たんよう》、徐州などに集中している。南京付近棲霞山の千仏岩《せんぶつがん》石窟寺は傷つき壊れているものがおおく、修復はされたがもとの姿を失ったものになっている。南京、江寧、丹陽に残された六朝陵墓石刻は三〇余ヵ所あり、造形はいきいきとし、彫刻はきめこまかく、中国と外国の文化交流の証明であり、江南石刻芸術の至宝である。徐州雲龍《うんりゅう》山の仏教彫像は北魏《ほくぎ》正平《しょうへい》元年（四五一）につくられ、北魏造像の系統に属す

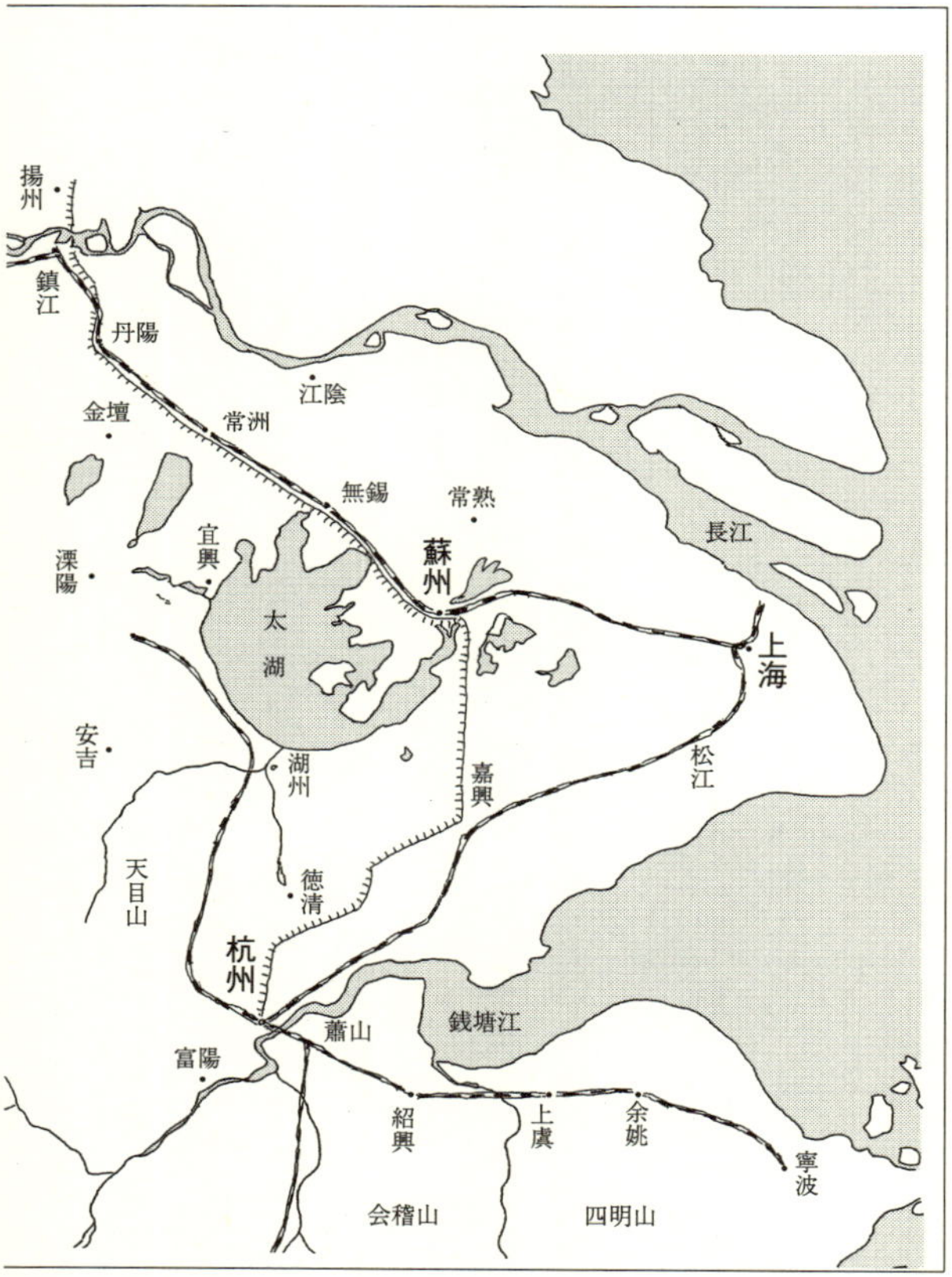

揚州
鎮江
丹陽
江陰
金壇
常洲
無錫
常熟
長江
宜興
溧陽
蘇州
太湖
上海
安吉
湖州
嘉興
松江
天目山
徳清
杭州
蕭山
銭塘江
富陽
紹興
上虞
余姚
寧波
会稽山
四明山

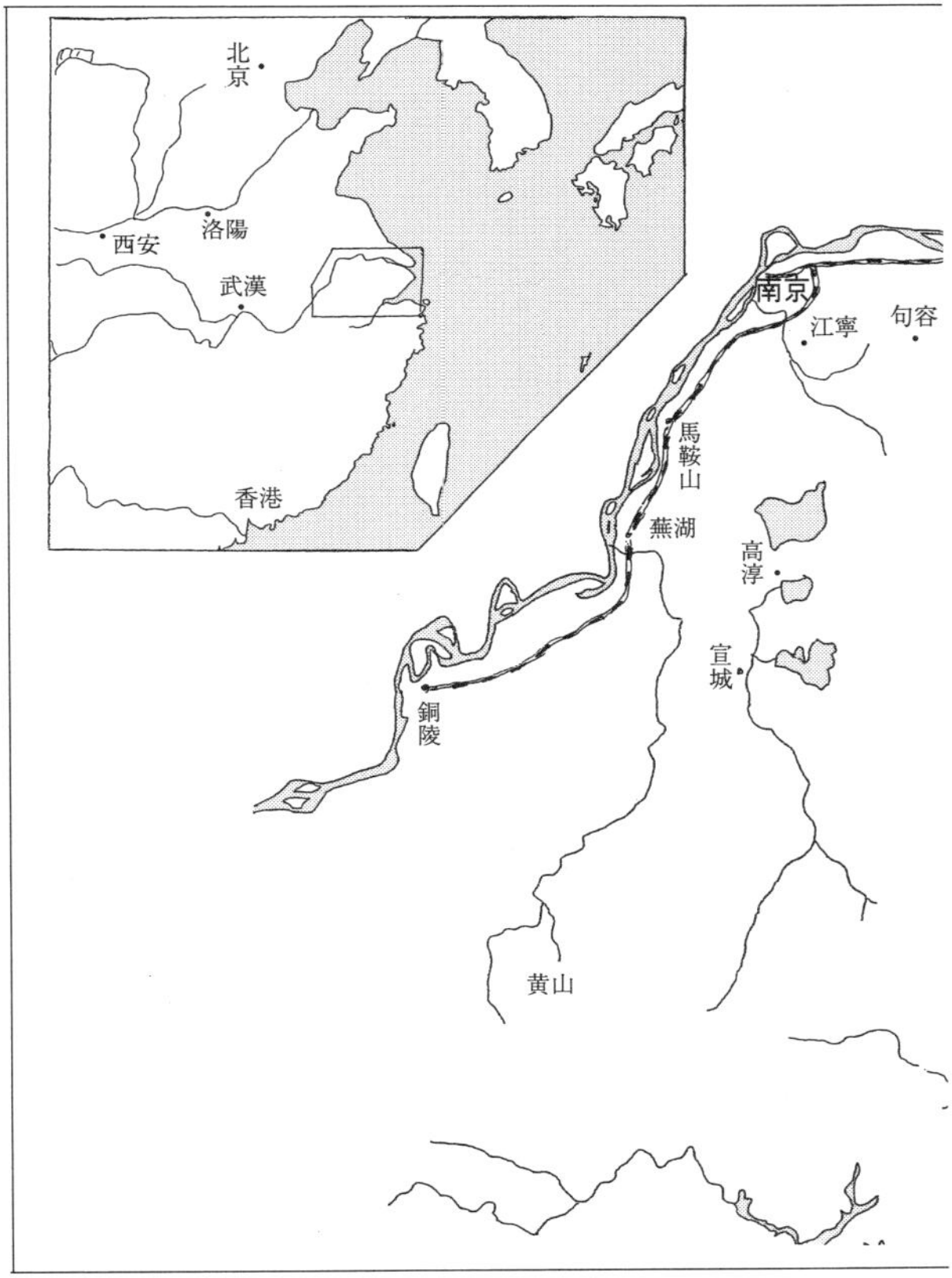

1　江南略図

る。

江蘇地区の六朝墓はほとんどが盗掘にあい破壊されてはいるが、時代的特徴をそなえた注目すべき出土遺物がおおく出土している。たとえば、墓誌《ぼし》、地券《ちけん》、墓磚《ぼせん》文字や磚刻《せんこく》壁画、陶製明《めい》器《き》や各種陶俑《とうよう》、ガラス器や瑠璃器などである。とくに大量の青瓷《せいじ》は、製作技術、装飾造形、編年や時期区分などにおいて、中国磁器の発展の研究にはなはだ重要な実物資料となる。三〇余年にわたる作業の結果、大型墓、若干の出土遺物、いくらかの地表文物について、すくなからぬ研究成果がうまれている。

小著はこれらのあらましを紹介しようとするものであるが、関連方面の注目するところとなり、さらに深化され専門化された研究がすすむよう、希望している。

第二章　都城遺跡

文献からみた建鄴と建康

伝説では南京地区の城として、春秋《しゅんじゅう》時代末年に、呉王夫差《ごおうふさ》がいまの南京城西の冶城《やじょう》山上「いまの朝天宮《ちょうてんきゅう》後方」に建設したという「冶城」、紀元前四七二年、越国《えっこく》がいまの南京中華門外《ちゅうかもんがい》長干橋《ちょうかんきょう》西南に築いた周囲二里八十歩（九四二メートル余）、城内面積は六万平方メートルの「越城《えつじょう》」、前三三三年、楚《そ》国がいまの南京清涼山《せいりょうざん》上に築いた面積は三万平方メートルの「金《きん》陵邑《りょうゆう》」の三城があるが、ともに都市としての各種条件がそなわっておらず、うしろの二つは防御のための軍事要塞にすぎず、都市とみなせない。真の南京城は建鄴城《けんぎょうじょう》からはじまったといわねばならない。

魏の黄初《こうしょ》二年（二二一）、孫権《そんけん》ははじめて武昌《ぶしょう》に都し、黄龍《こうりゅう》元年（二二九）、建鄴に遷都した。

東晋が南遷すると、呉の旧城をもとにして建康と改称し、咸和《かんわ》年間（三二六〜三三四）、呉の太初宮《たいしょきゅう》と昭明宮《しょうめいきゅう》のあと地に宮城をたて、二重の城壁を築いた。それゆえ孫権の建鄴城は南京建都の最初であって、以後の都市の発展の基礎を定めたのであり、東晋が改建した建康城と宮城は、その配置が魏晋洛陽《らくよう》にならっているが、その基礎はなお建鄴城であり、以後、南朝においてもおおきな変化はなかった。『建康実録《けんこうじつろく》』（唐《とう》の許嵩《きょすう》著、八世紀なかごろできた六朝の歴史記録）によれば、建康都城は「城周廿《にじゅう》里十九歩」、宮城は「周約八里」で、はじめはみな土《ど》墻竹籬《しょうちくり》（土壁・竹垣）であり、東晋末、はじめて一部分に磚をもちい、南斉建元《なんせいけんげん》二年（四八〇）、正式に「都墻《としょう》」を建て、全体に磚をもちいたのである。梁天監《てんかん》一〇年（五一一）、三重になるように宮城壁を増築したが、このように三重の城壁のある宮城は都市発展史上珍しく、当時の動揺する政治、恐慌をきたしている帝室の不安と関係があるはずである。

建鄴と建康都城の四至《しし》の範囲については、各城門の名称などが『建康実録』『輿地志《よちし》』（陳の顧野王著の地理書、散佚）に詳しくみえるので、ここで関連するものを紹介してみよう。

呉の孫権が最初に築いた太初宮は、唐の江寧《こうねい》県（いまの朝天宮東）東北三里、東晋の建康宮城西南にあり、「周囲五百丈」とされている。宝鼎《ほうてい》二年（二六七）、孫皓《そんこう》はまた昭明宮を建てたが、それは太初宮の東にあり、「周囲五百丈」であった。この宮城には八門があった。南面に左掖《さえき》門、升賢《しょうけん》門、公車《こうしゃ》門、明揚《めいよう》門、右掖《うえき》門の五門、東面に蒼龍《そうりゅう》門、西面に白虎《びゃっこ》門、北面に玄《げん》

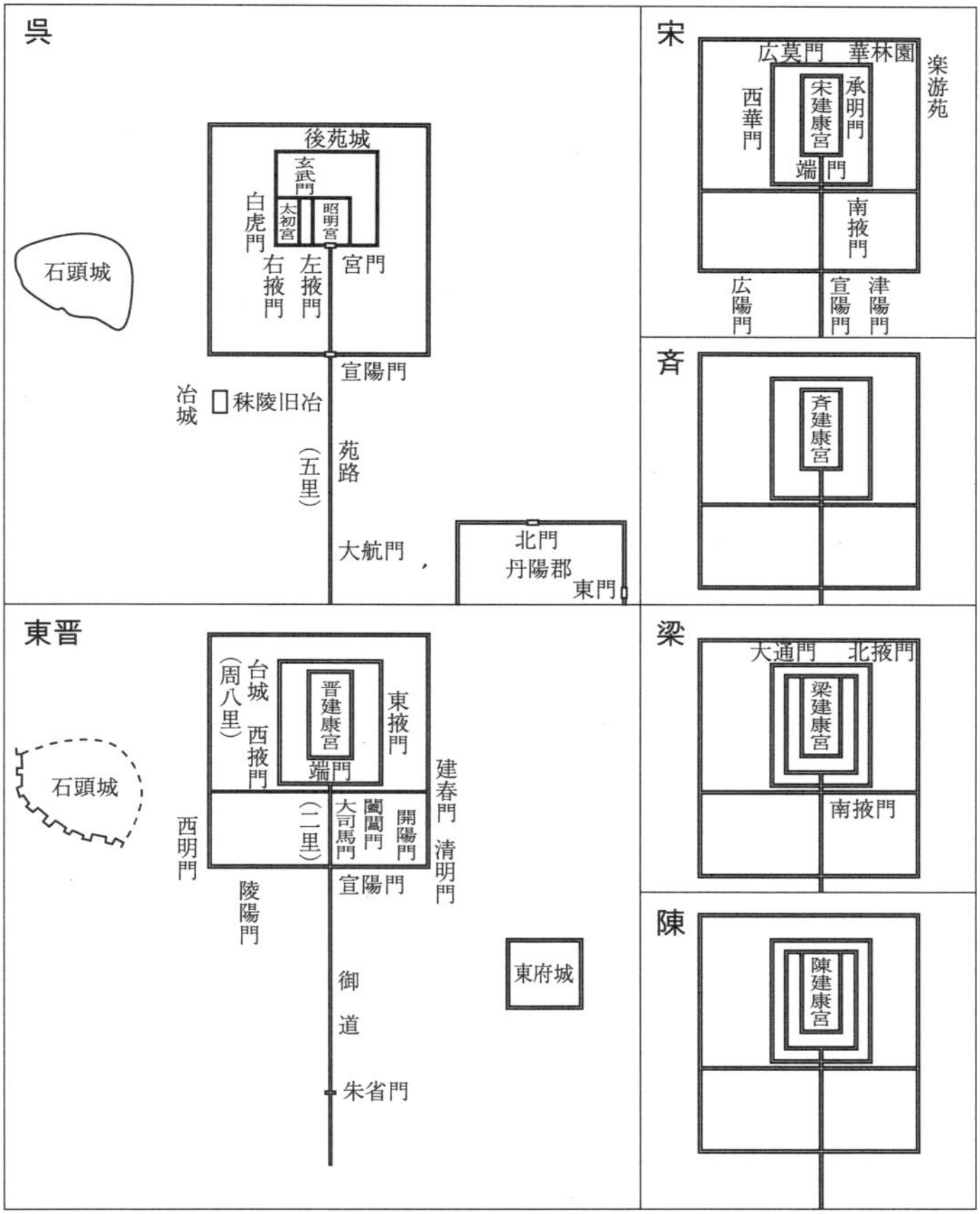
呉
後苑城
玄武門
白虎門
太初宮
昭明宮
右掖門
左掖門
宮門
石頭城
宣陽門
冶城
秣陵旧冶
苑路
(五里)
大航門
北門
丹陽郡
東門
宋
広莫門
華林園
楽游苑
西華門
宋建康宮
承明門
端門
南掖門
広陽門
宣陽門
津陽門
斉
斉建康宮
東晋
台城
(周八里)
晋建康宮
東掖門
西掖門
端門
石頭城
建春門
西明門
(二里)
大司馬門
閶闔門
開陽門
清明門
宣陽門
陵陽門
御道
東府城
朱省門
梁
大通門
北掖門
梁建康宮
南掖門
陳
陳建康宮

2　六朝都城と宮城

武《ぶ》門のおのおの一門である。建鄴都城は「二十里一十九歩」で、わずか一都門、すなわち正門だけがあり、宣陽《せんよう》門とよんだ。南へ五里ゆくと、秦淮《しんわい》にのぞんで大航《だいこう》門、すなわち朱雀航《すざくこう》がある。この一本の大通りを「苑路《えんろ》」といい、当時の京城《けいじょう》の城外に通じるメインストリートである。

東晋では宮城は建康宮《けんこうきゅう》（あるいは顕陽宮《けんようきゅう》）といった。また「台城《だいじょう》」ともよんだが、それは魏晋時代の皇帝が住む宮中を台といったことにちなむのである。宰相は揚州牧《ようしゅうぼく》（首都建康をふくむ州、牧は軍事権をもつ州の長官）をかね、東南方の淮水《わいすい》のそばに築城して、これを「東《とう》府城《ふじょう》」といった。建康都城も「二十里一十九歩」で、建鄴都城を基礎にして建設されたものである。成帝《せいてい》のとき、五門を開き、『輿地志』によれば、あわせて六門であるが、『建康実録』では、さらに三門があり、合計九門となる。しかし、門名がわかるのは、ただ六門だけである。北面には門がなく、南面には、開陽《かいよう》門・宣陽門［または白《はく》門］・陵陽《りょうよう》門［尚方《しょうほう》門、あるいは広《こう》陽《よう》門ともいった］を開き、東面には、建春《けんしゅん》門・清明《せいめい》門、西面には西明《せいめい》門があった。当時宮城壁は二重で、内城には東面の雲龍《うんりゅう》門、南面の端《たん》門、西面の神虎《じんこ》門の三門があり、外城には東面の東掖《とうえき》門、南面の閶闔《しょうこう》門［南掖《なんえき》門］と大司馬《だいしば》門、西面の西掖《せいえき》門、北面の平昌《へいしょう》門［冠爵《かんじゃく》門］の五門があった。

宋・斉・梁・陳でも基本的におおきな変化はないが、城門の数と名称に若干の変化があった。たとえば、宋は開陽門を津陽《しんよう》門、陵陽門を広陽《こうよう》門、建春門を建陽《けんよう》門に改め、西面に一門をふやして閶闔門とし、北面に一門を開いて広莫《こうばく》門とした。東晋以後、都城各門は変らず、ただ台城だけに変化があり、二重の城壁が三重となった。梁以前は二重であって、あわせて八門があった。宋の建康宮城は二重で、内城は三門、その東面は万春《ばんしゅん》門、南面は端門、西面を千秋《せんしゅう》門といった。外城は五門、東面は東華門、南面は南掖門と大司馬門、西面は西華門、北面は永明《えいめい》門といった。斉でも基本的には変化がなかったが、ただ内城の万春門を雲龍門、千秋門を神虎門と改めた。梁以後、さらに三門が加わった。一重目は三面が一門、一面が二門、すなわち、東に東華《とうか》門、南に南掖門、西に西華《せいか》門、北に大通《だいつう》門と北掖《ほくえき》門［永明《えいめい》門］があった。二重目は三面にだけ、一門がある。すなわち、南に大司馬門、東に雲龍門、西に神虎門である。梁陳時代には、一、二重の城壁のあいだに第三の城壁を増築し、南に端門、東に万春門、西に千秋門を置いた。それゆえ、一番内部の城壁に東南西各一門、まん中の城壁も三門、外城はすべて六門、東西各一門、南北各二門である。

　陳末、陳の後主《こうしゅ》陳叔宝は贅沢をきわめ、大々的に建築工事をおこして、都城の北に玄武《げんぶ》門を増築し、宮城の北面には北掖門を開き、大通門は開かなかった。宮城の内部には、臨春《りんしゅん》・結《けっ》綺《き》・望仙《ぼうせん》などの台閣を築き、『建康実録』の記載によれば、それらの規模と贅沢さは空前のもので、そのことは当時の文学作品の描写にもあらわれている。

建康周辺のとりで

六朝時代には、政治と軍事上の必要のため、都城外にいくつかの軍事的なとりでや附郭《ふかく》城が建設された。たとえば、呉では都城東南、秦淮河《しんわいが》の南に丹陽《たんよう》郡城を置き、また西晋太康《たいこう》三年（二八二）に設置した建鄴県［すなわち西州城《せいしゅうじょう》］とは別に、東晋のときには「東府《とうふ》城」を増築し、つづいて琅琊《ろうや》城・秣陵《まつりょう》城、および臨沂《りんぎ》・江乗《こうじょう》・懐徳《かいとく》・同夏《どうか》・湖熟《こじゅく》などの県城を築いて都城の周囲に配置し、たがいに掎角《きかく》のかまえとし、都城をとりまいて守るようにした。しかし、直接都城を防衛するとりでとしては、まず第一に西面の石頭《せきとう》城、北側の白石塁《はくせきるい》、東面の東府城と西南面の冶城《やじょう》をあげねばならない。西州城は冶城の

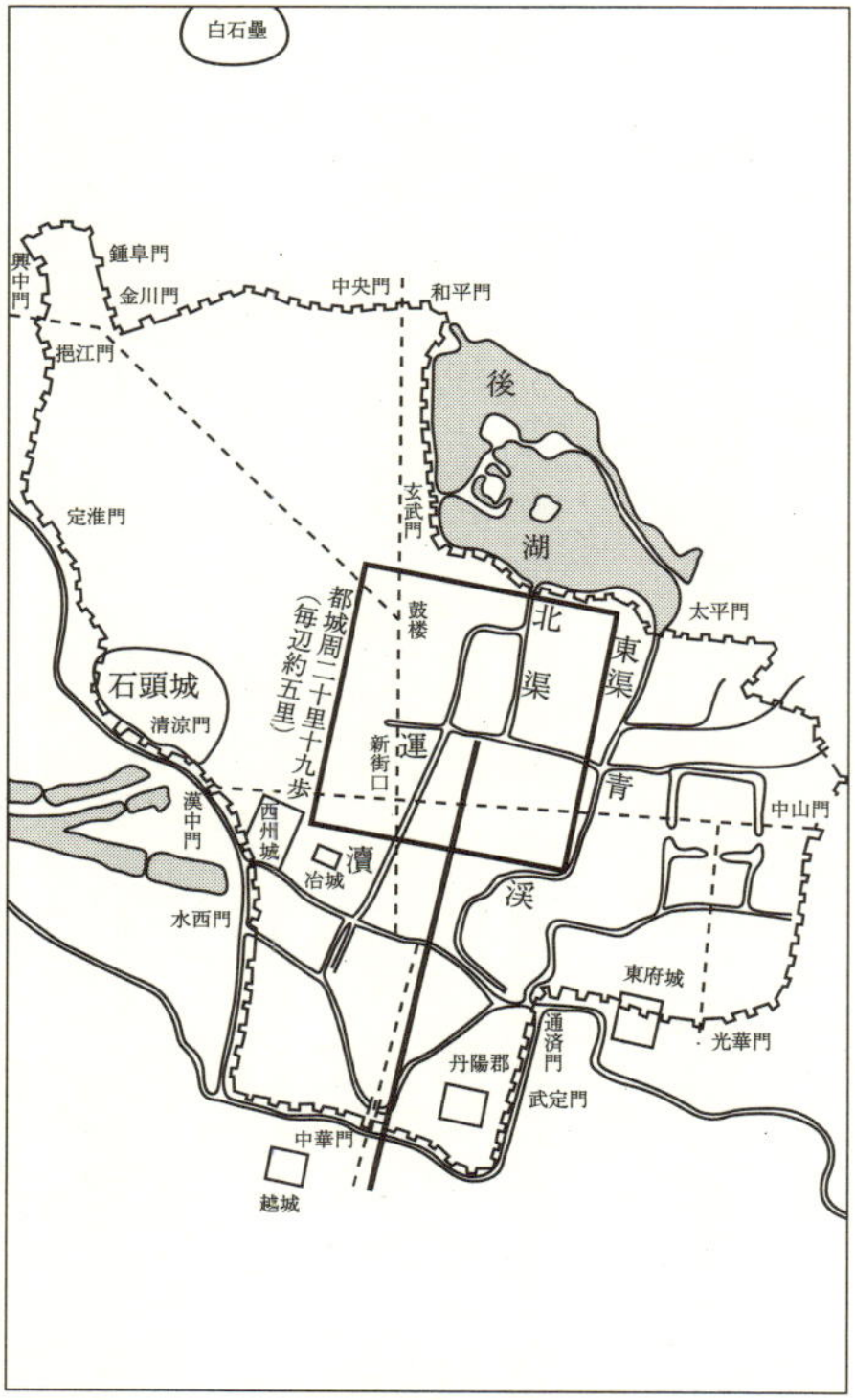

3　建康都城と周辺の要塞
（同名の城門名は省略）

4　石頭城遺跡

西、丹陽郡城は東府城の南に設けられ、東晋以後は、城塁が増築強化され都城のまわりにちらばるようにならび、いっそう防衛面に配慮がなされた。

　これら城塁中、現在もっともよく残っているのは石頭城である。文献によれば、孫権ははやく建安《けんあん》一七年（二一二）、金陵邑《きんりょうゆう》の旧基の上に石頭城を築き、秣陵《まつりょう》を改名して建鄴としたが、これは南京に都を定める一七年も前のことであった。『輿地志』によれば、石頭城は、周囲七里一百歩であった。『丹陽記《たんようき》』（南朝宋の山謙之著、建康をふくむ丹陽地域の記録、散佚）には、石頭城は呉のとき、全体が土のとりでででていて、義熙《ぎき》（四〇五～四一八）はじめに、はじめて磚《せん》（レンガ）をくわえ甓《へき》（かわら）をかさねて、山を城壁とし、江を城濠とし、地形は険固で、もっとも奇怪な地勢であるといい、『建康実録』によれば、石頭城中に倉城《そうじょう》があり、それでまた石頭倉、石頭庫と名づけて、軍用器械や糧食物資をたくわえ、歴代帝王はつねに親近者や重臣に守備兵をひきいて鎮守させた。

石頭城西南には烽火楼《ほうかろう》があり、呉がのろしをあげた場所だという説がある。当時は長江上流と連絡を通じあい、沿岸の要地にのろし台を置き、のろし火があがるとまたたく間に伝わった。いったん変事があると、半日で長江《ちょうこう》沿岸の呉の領域すべてに連絡がいきわたった。ここはまた呉の水軍の駐屯地で、長江最大の波止場でもあり、船舶千艘を停泊させることができた。つまり六朝のころ、長江の流れは城のまぢかにせまっていて、それゆえ要塞となり、戦時にはうばいあいのまととなったのである。これが、今日石頭城とされている清涼山下の遺跡が、当時にはたした重要な役割なのである。

石頭城は清涼山の自然地形を利用し、山上の岩の上に土と石で城を築き、西と北の両面は長江に近接し、地勢はけわしい。実測によると、石頭城西北にわずかに残るふるい遺構のへりは一一八メートル、その下の岩石は紫紅色の砂質の礫岩《れきがん》であり、当時長江が直接城壁付近に達し、その波の力でつくられた岩石なのである。この岩石の上面には、石を積んで築いた城壁と、数すくないが六朝の城磚があり、さらにその上には六朝以後いまにいたるまでの磚築の城壁があり、積み重ねられた石塊は、平均して長さ一三五センチ、幅六五センチ、厚さ三六センチ、石塊がみえる部分はもっとも厚いところで十二層にも達し、高さが五・五メートルであるが、すべて同類の岩石からなり、現在石頭城西北下層の石城は、当時の六朝遺跡とかんがえられる。また、東南方面の、いままだ磚石が発見されていない城壁も、土甓《へき》［焼いていない土磚《せん》］で築いたものかもしれない。

以上のように、石頭城と一部の建康都城《けんこうとじょう》の遺跡は、じつに南京城最古の遺跡であり、とりわけ貴重なものである。

このほか、文献には都市と関係ある若干の重要遺跡が記録されているので、つぎに数例をあげておこう。

呉のとき、破崗瀆《はこうとく》運河などを開鑿した。破崗瀆は建康より、句容《くよう》、丹陽を経て、直接蘇州、紹興に通じ、東南の開発におおきく影響した。また、運瀆《うんとく》、東渠《とうきょ》、潮溝《ちょうこう》、北渠《ほくきょ》を開いた。これらはみな城内の水路で、四方に通じており、運輸と水の供給の役割をになった。

劉宋のときには、おおいに園囿《えんゆう》（庭園）をおこした。覆舟山《ふくしゅうざん》には楽游苑《らくゆうえん》を開き、宮城の北には華林園《かりんえん》を開いた（四四五年）。後者は規模壮大で、帝王の遊楽の場であり、南朝第一の花園というべきものである。

梁のときには、さかんに仏寺をおこした。梁代は南朝の最盛期であり、京城建康の人口は二八万戸、百万人近くに達した。城内と東西南北四〇里内は人口密集地区であった。南朝四百八十寺中、判明するものは二二六寺あり、大半は梁代に建立され、城内外に散在していた。

今日みられる棲霞山千仏石窟寺は当時のなごりである。現在南京になお残る地名、たとえば雨《う》花台《かだい》、雨花路、雨花門、大廠長蘆鎮《だいしょうちょうろちん》、長蘆村などは、当時の雨花寺や長蘆寺と関係がある。

考古学からみた建康

南京の六朝都城は、現在ははっきりとした遺跡が残っていないが、ただ長年にわたって発掘された六朝墓は六朝都城の範囲を推測するのにあるていどの参考資料となる。

六朝時代、一族単位での埋葬がさかんにおこなわれ、皇室も門閥貴族《もんばつきぞく》もしばしば一つの墓区をもった。新中国いらい発見された六朝墓の範囲は、東は棲霞山・尭化門《ぎょうかもん》・太平門・中山門外苜宿園《もくしゅくえん》・光華門外趙士崗《ちょうしこう》・黄家営《こうかえい》など、南は中華門外丁甲山《ていこうざん》・鄧府山《とうふざん》・郎家山《ろうかざん》・石子崗《せきしこう》・西善橋《せいぜんきょう》・板橋《はんきょう》など、北は中央門外梅家山《ばいかざん》・笆頭山《はとうざん》・張家庫・幕府山・象山・老虎山などの地をふくんでいる。ただ西ははやくから長江に面していたので、現在まで漢中門・水西門外では六朝墓の発見はない。そのうち、石子崗・趙士崗・幕府山・象山・老虎山などの地はいずれも一族単位の墓地である。現在の城内では、ただ御道街・富貴山《ふうきざん》・清涼山・五台山・鼓楼で若干の墓と碑碣を発見しただけであり、また冶城にある東晋の卞壷の墓とされるものがほんとうにそうなのかは疑問がある。

文献とてらし合せてみると、南京の六朝時代の都城の範囲は、だいたいいまの城中一帯にあ

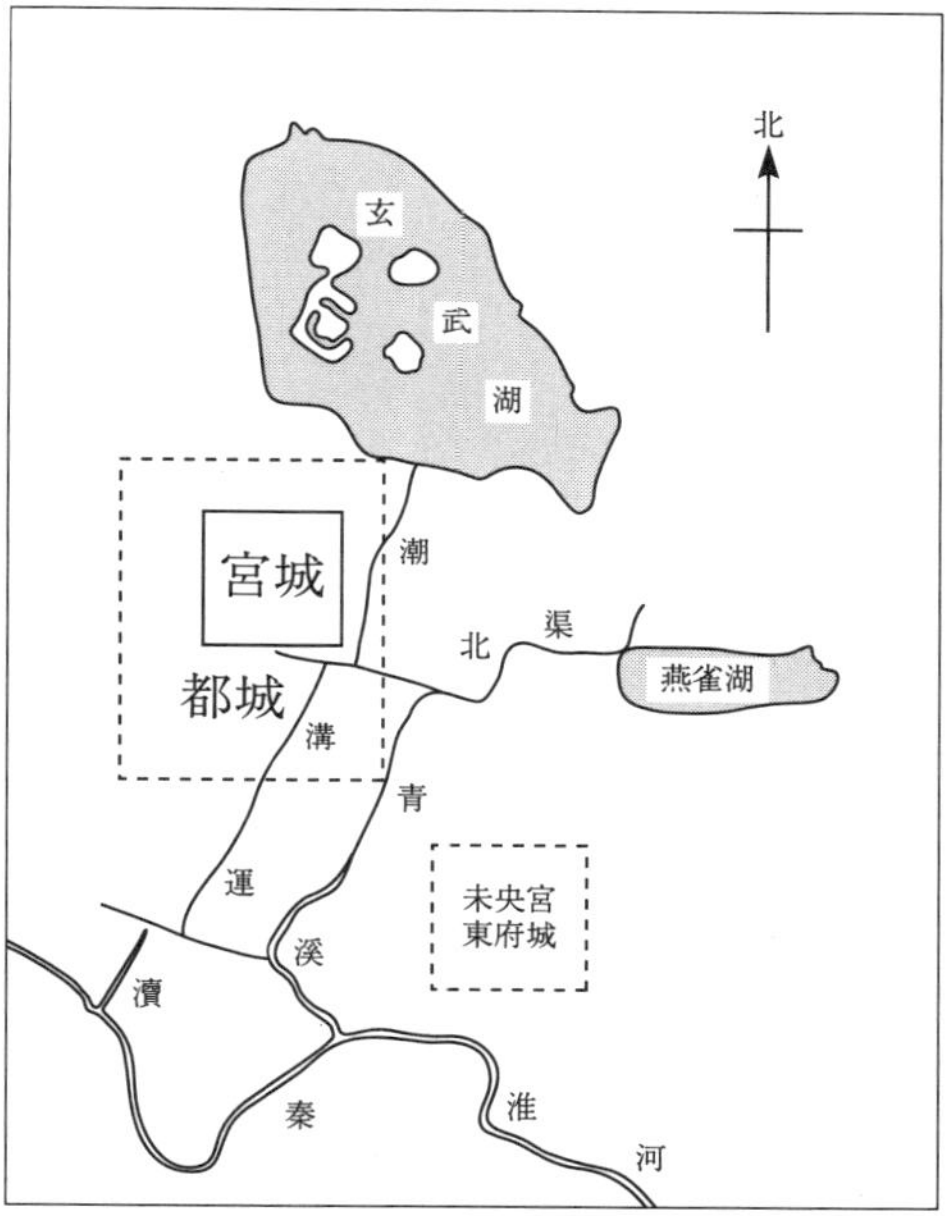

5　六朝時期の建康の水路

ると推測されるが、それは上述の墓の分布地区とあきらかにかさならない。つまりこれらの墓はみな当時の都城の範囲外にあるのであり、近年鍾山《しょうざん》南麓の富貴山と鼓楼崗《ころうこう》南麓で発掘された東晋帝陵の可能性がある大墓については、墓主が特殊身分であるため、都城付近に埋葬されることができたのであろう。いまの中山《ちゅうざん》門と武定《ぶてい》門のすぐ近くでは、城墻《じょうしょう》の基礎の下で六朝磚室墓《せんしつぼ》が発見されているが、墳土上面に明清《みんしん》と現代の城磚《じょうせん》と版築土《はんちくど》の層が接していた。この地もまさしく六朝都城の東郊と南郊であり、文献に記載されている南京六朝都城の範囲が信じるにたることを証明している。

　六朝の水路の分布からも、六朝都城の範囲を推測できる。六朝都城は、北面にわずかにそれと認められる遺跡がのこっているほかは、東西南三面が完全に現在の市街の下に埋没し、探索のてがかりがないのだが、ただ六朝の水路はその遺跡がなお残っているからである。文献によれば、呉は破崗瀆・運瀆・東渠・潮溝・北渠を開鑿した。そのうち、破崗瀆が城外にあって、句容・丹陽・蘇州などに通じるものであったほかは、いずれも今日の南京城内と近郊にあった。運瀆は玄武湖《げんぶこ》からでて、北水関《ほくすいかん》にはいり、東南大学西から、大石橋・蓮花橋《れんかきょう》・破布営《はふえい》を通り、斗門橋《ともんきょう》にいたって秦淮にはいるのだが、いまはもう埋もれて平地になってしまっている。東渠とは青渓《せいけい》のことで呉のときの開鑿である。紫金山《しきんざん》より流れでて、東北から城内にはいり、竺《ちく》橋《きょう》・四象橋《しぞうきょう》を通って、淮清橋《わいせいきょう》で秦淮にはいる。

潮溝は、水源が青渓で、玄武湖を経て城内にはいり、西倉橋《せいそうきょう》・大石橋を通って、運瀆にはいる。北渠は玄武湖から城内にはいり、珍珠橋《ちんしゅきょう》・浮橋《ふきょう》を通り青渓に通じる。この三つの水路はいまなお一部分が残っている。元代の『至正金陵新志《しせいきんりょうしんし》』（元の張鉉著、一四世紀なかごろの南京地方志）には、台城の城濠は「闊《ひろ》さ五丈、深さ七尺」とある。いま、珍珠河は北は玄武湖から南は珍珠橋・浮橋にいたり、西は蓮花橋にいたり、ついで北に折れて進香河《しんこうが》にいたり、西《せい》倉橋《そうきょう》に達し、また東に折れて北極閣《ほっきょくかく》下を通って、現市政府前でもとの水路にもどる。この長方形の水路は広さと深さが上述の城濠とよくにており、それが台城の城濠で、その内側が台城であった可能性がある。これらの水路は縦横に交わっていて、交通運輸や軍事防衛、民衆の生活のうえでかかせない水路であった。同時に、いまとはおおいにちがい、六朝時代には長江の

6　珍珠河

水は直接石頭城と玄武湖に達し、秦淮と青渓は水流が連綿として絶えず、城全体を貫流して、水不足におちいることを防いでいた。

漢中《かんちゅう》門・水西《すいせい》門と城の西郊一帯では、いままで発見された六朝墓がないが、この地域は沖積平原で、地質上は浸食堆積台地であり、城の東南北三方と地形がまったくちがう。それゆえここは六朝以後に長江が北に移動し、長年にわたる堆積作用によって形成されたものであることは確実である。

このように、水路の変遷のあとから六朝都城の範囲を推測できるのだが、それは文献の記録と符合しており、比較的たしかなものである。

南京の山川の状況は、古来「鍾山龍盤《しょうざんりゅうばん》（龍がとぐろをまく）、石城《せきじょう》虎踞《こきょ》（虎がうずくまる）」

のほまれがたかい。この土地の地理環境と、ここが都に選ばれたこととは、密接な関係がある。南京地区は鍾山を筆頭とする一連の山や丘陵が市区の四方をとりまく自然の障壁となり、さらに長江を主とする河川湖沼が南北をとりまき、交通と生活の命脈となっているのである。

孫権ははじめ武昌《ぶしょう》［いまの湖北鄂城《がくじょう》］に都を定めたが、その地理環境は南京とにたところがある。鄂城は北に長江があり、周囲には高山があって、「龍盤虎踞」で、地勢は険要である。しかしちがっているところもあって、南京は長江が西南より東北に流れて南京を過ぎ、東に折れ、鍾山は城の東北に鎮座している。長江の流路の変化により、南京西・北両岸は年を追って泥砂が堆積し、江岸はしだいに北に移り、対岸の浦口の江岸は流れの衝撃で崩落し、沈下している。鄂城は長江が

7　鍾山と玄武湖

8　呉の武昌城の南壁の遺跡

西から流れてきて、城の近くで東南にむきをかえるため、江岸の堤防はしだいにその衝撃を受けて崩落している。堤防上にある漢墓が洗われてむきだしの状態になっているのが、その証拠である。江の北岸黄州は年々泥砂がたまって一面の砂州であり、昔日のおもかげはない。鄂城の西には西山がそびえ、なかなか龍盤の勢いがあるが、それでも南京の雄大さにはおよばない。

孫権が初期に京口《けいこう》［いまの鎮江《ちんこう》］・公安《こうあん》［いまの湖北公安］・武昌［いまの鄂城］の三ヵ所のいずれを都にするか迷っていたころ、三国分立の局面はすでにできあがっていた。とくに呉が江南を開発して以後、農業は発展し、後背地はひろくゆたかで、呉の主要な経済基盤となっていて、「建鄴の水を飲んでも、武昌魚は食いたくない。建鄴で死ぬならまだしも、武昌のすまいにはすみたくない」というようなひとびとの声が、孫権に最後には都を武昌から南京にうつすことを決心させたのである。のち孫皓《そんこう》が甘露《かんろ》元年（二六五）に都を武昌に移したことがあったが、わずか一年半（甘露元年九月〜宝鼎《ほうてい》元年一二月）で建鄴にもどってきた。その原因はまさに『三国志《さんごくし》』呉書《ごしょ》がいうように、農民は長江の流れをさかのぼって都へ物資を運ぶのに苦しみ、また武昌の土地が危険でやせて石がおおく、船舶は沈没漂流し、住居は高くけわしいところにあったからである。これは経済的要因がきわめて重要であることをしめしている。南京が六朝の都城となったのは、地理的要因と自然条件にもよるが、決定的であったのは経済的要因なのである。

揚州東晋広陵城

一九七八年、南京博物院は揚州《ようしゅう》北郊の蜀崗《しょくこう》の古城遺跡の考古調査と試掘を実施し、トレンチ七本とボーリング六ヵ所を掘った。発掘面積は六四四、五平方メートルであった。この調査発掘を通して、古城の時代・沿革の状況、蜀崗上の東西両部分と古城との相互関係をとりあえずはっきりさせた。

揚州（広陵《こうりょう》）は春秋後期の周敬王《しゅうけいおう》三四年（前四八五）、呉王夫差《ふさ》が邗城《かんじょう》を築いていらい、戦国、漢、六朝、唐、宋を経て、明清にいたるまで、城が建設され、修築されてきた。東晋では、永和《えいわ》十年（三五四）、謝安《しゃあん》（東晋中期の政治家、桓温《かんおん》のあと政治の中心となり、淝水の戦を勝利にみちびいた）が鎮守し、築塁して新城といい、太和《たいわ》四年（三六九）桓温（東晋中期の軍閥政治家、権勢をふるったが、北伐して前燕に敗れ、衰退）が平北《へいほく》将軍徐兗《じょえん》二州刺史《しし》を領して、広陵城を築いた。南朝の宋では、大明《たいめい》元年（四五七）秋、竟陵王誕《きょうりょうおうたん》（宋文帝の第六王子）が南兗州刺史となって広陵にいたり、魏《ぎ》の侵入のため、城を修理し、食糧を集め兵士を訓練した。ついで大明二年（四五八）、広陵城を築きなおした。さらに外城と子城を増築し、城はますますおおきくなり、その後、斉・梁から陳・隋にいたるまで、変わらなかった。これが東晋《とうしん》より南朝時期にいたる揚州故城の建設の経過である。

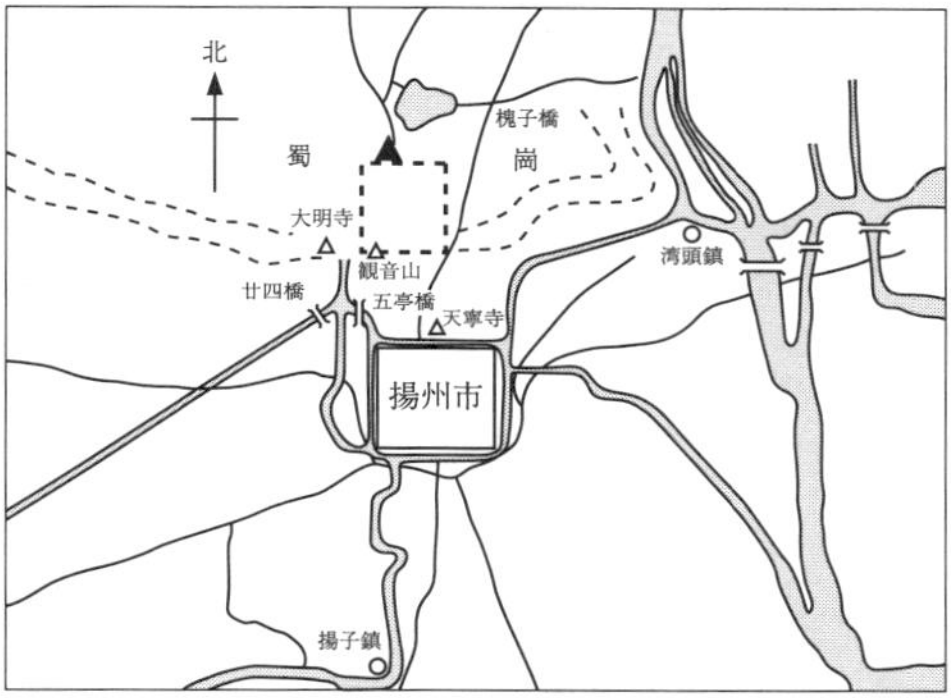

9　揚州古城と発掘地（▲は発掘地点）

考古資料によれば、この城には四層の堆積のあることがわかる。春秋より前漢《ぜんかん》早期、漢、漢末より六朝早期、六朝晩期より唐宋《とうそう》の四期である。第三期の堆積土層のなかの地層中にはきれいにととのった磚築の城壁が発見されている。磚は長さ三九センチ、幅一九センチ、厚さ七・五センチで、南京の南朝都城の磚にくらべるとちいさく、時期的にやや早いものである。この磚の上下両面と四側面にはすべてスタンプした「北門」「北門壁」「城門壁」の文字があり、ほとんどは正書《せいしょ》で、若干の反書《はんしょ》のものもあるが、いずれも陰刻である。磚文はあきらかにこの場所が「北門」であることをさしており、かつこれがこの城の北壁で発見されたことから、この城壁が「城門壁」であり、当時の北門がここにあったことをしめしている。

10 「北門」「北門壁」字磚

これらの文字の書体はなお隷書に属しているとはいえ、南京で出土した東晋の王氏《おうし》・謝氏《しゃし》の墓誌、とくに謝鯤《しゃこん》墓誌に近く、晋隷《しんれい》とみなすべきものである。「壁」の書体はすでに発見されている晋代の墓磚の文字とほとんどおなじで、「壁」は「磚」の別称であるが、唐代になるともうもちいられない用法である。前述の史料のように、東晋と南朝の間に三度の築城記録があるが、この墓磚と地理上の位置から推定すると、この城壁は桓温時代のものにあたるようで、したがってこの城壁が東晋の大司馬桓温が築いた広陵城である可能性が高い。それは漢の呉王濞《ごおうび》（高祖劉邦の兄の子、呉楚七国の乱の中心人物）が築城した漢の広陵城の基礎の上に再建されたものである。これによって、揚州古城は東晋時代にはなお版築の土壁で、城門だけが磚築であることが証明されると同時に、南京の六朝都城も南朝以前はただ版築の土壁と竹籬で、磚築の城壁は南斉《なんせい》ではじめて建設されたこと、石頭城も東晋末年にはじめて磚築となったことが証明できる［南京博物院『文物』一九七九年第九期］。

鎮江東晋晋陵羅城

一九八四年五月、鎮江《ちんこう》博物館は同市市街地東北の花山湾《かざんわん》で、断面がほぼ台形をした古城壁を発見した。調査によれば、東壁の長さ約七〇〇メートル、北壁一三〇〇メートル（残存部二〇〇余メートル）、南壁一二〇〇メートル（残存部約二〇〇メートル）、西壁約一四〇〇メートル、頂上面の幅は五～一五メートルで、底部は一定しない。山を利用してつくられたもので、周囲は五キロ近くある。東北二・八キロのところには焦山《しょうざん》、北〇・八キロに長江、西北〇・五キロには北固山の甘露寺《かんろじ》があり、西南には鎮江南郊の山々が連なっている。この古城の版築の城壁全体は巨大な土丘上に築かれており、海抜は二七～三〇メートル、頂上の幅八～一五メートル、城壁の残存部の平均の高さは約二メートル、九～一五センチの厚さの版築《はんちく》土層で築き、一七～一八層あるが、各層の突き穴ははっきりしていて、表面には灰白色の砂土を敷いてある。

城壁と城内では、漢・呉・西晋・東晋・南朝および隋唐以後の古墓一九が発見された。そのなかでは、東晋墓がもっともおおい。城内の遺跡中の文化堆積層はおもに東晋南朝時代のもので、おもな遺物には磚、瓦、陶瓷器、鉄器などもあるが、青瓷がもっともおおい。これら東晋南朝時代の遺物は、ほとんどが鎮江の東晋墓出土のものとおなじであり、南朝期の特徴をそなえたものはすくない。

その年代決定のてがかりとしては、出土した城壁上の文字磚《もじせん》が注目にあたいする。それらの側面にスタンプされた文字の内容は、窯名・地名・人名・数字など一〇四種にのぼる。直接都城と関係する磚文には、「晋陵《しんりょう》」「晋陵羅城《らじょう》」「花山《かざん》」「羅城磚」「東廓《とうかく》門」「南廓《なんかく》門」などがある。この城の城壁は版築であるが、内外両面、あるいは片面は磚をはって築かれている。磚の規格は長さ三七・八〜三九センチ、幅一六・四〜一九・五センチ、厚

11　東晋晋陵羅城の城壁

さ五・六〜七センチであり、一般的な六朝墓磚とよくにている。

晋陵郡のよび名は、西晋永嘉《えいか》五年（三一一）、東海王越《えつ》の世子毗《び》の諱《いみな》（本名）を避け、毗陵《びりょう》郡を改め晋陵郡としたもので、治所はもとは丹徒《たんと》［いまの鎮江市東南丹徒鎮］にあり、東晋初に京口《けいこう》に移り、義熙九年（四一三）、晋陵［いまの常州市《じょうしゅう》］に移された。『晋書』（唐の房玄齢らの著、正史の一、七世紀なかごろできた西晋・東晋の歴史記録）では郗鑒《ちかん》（東晋初期の南下流民の指導者）が京口に城を築いたといい、『輿地志《よちし》』には、いまの京口城は、王恭《おうきょう》（東晋末の政治家、大貴族琅邪王氏の一人。政争のなかで挙兵して殺された）のつくったものという。つまり、晋陵城は東晋の郗鑒、もしくは王恭の建設したものである可能性がある。南朝以後も修築をおこない、唐宋以後にようやく廃棄されたもので、現在でも城門の位置はあきらかでない。

また、おなじく『輿地志』によれば、呉大帝孫権の築いたもので、周回六三〇歩、内外を磚で固め、鉄瓮《てつおう》城と号したという。このわずか六三〇歩の子城は、いま北固山前峰の土山の上にあり、今回発見された古城は北固山の東南で、ちょうど鉄瓮城と連なった一帯である。このように、鉄瓮城は六朝早期の京城（京口城）であり、のちに内城［子城］となり、東晋になってはじめて外城［羅城］を築いたものであることがはっきりする。いわゆる京城・京口城・晋陵羅城は、東晋時代には一つの城の別々のよび名であったのである［鎮江博物館『考古』

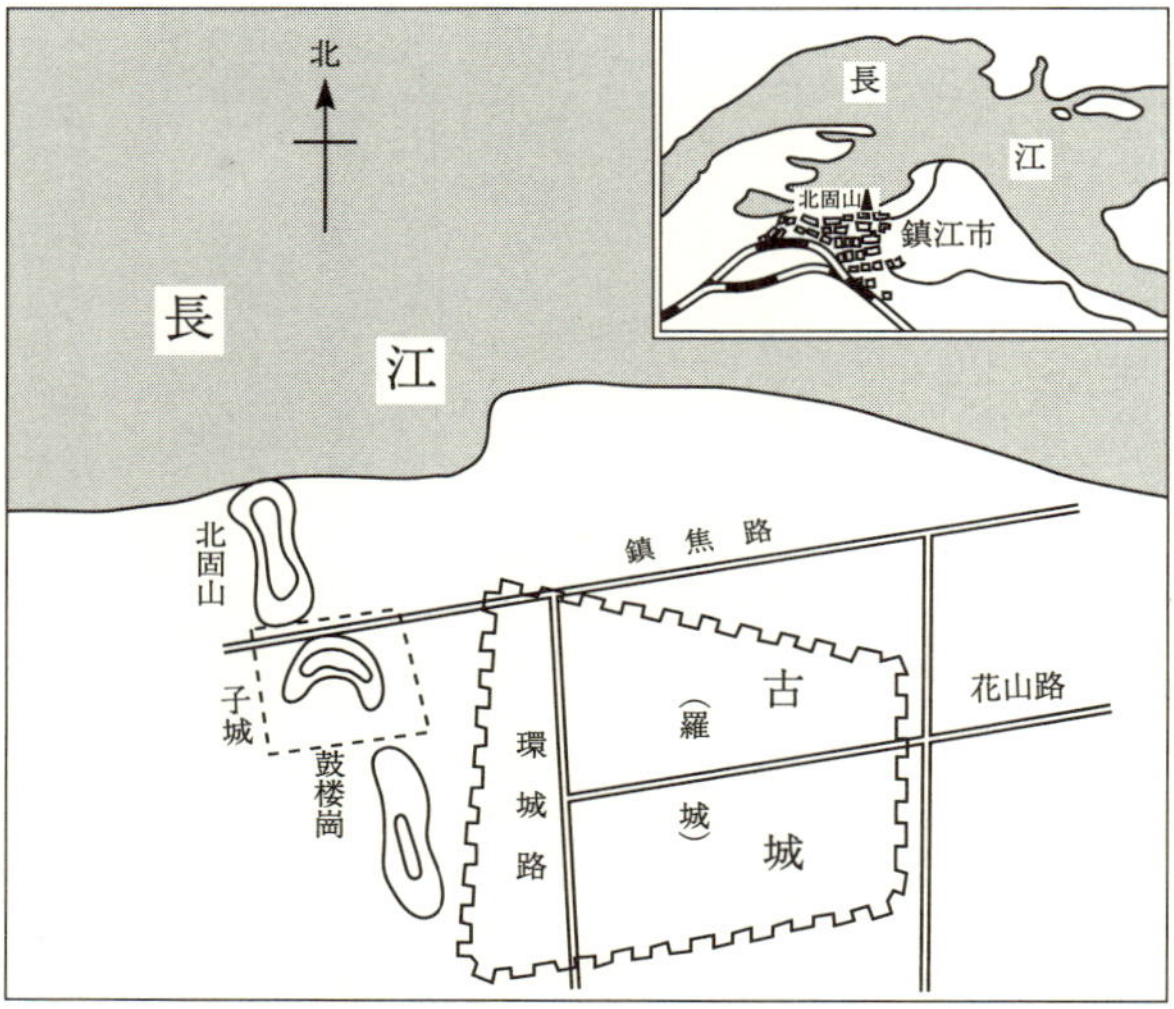

12　鎮江六朝古城図

一九八五年第五期、劉建国『考古』一九八五年第五期」。

鎮江発見の古城は、六朝時代のおおくの都市が山を利用して防塁とし、江を利用して障壁としていること、それが南京の六朝古城同様、当時の築城の特徴の一つであることを教えてくれる。鎮江古城の城壁は内外を磚甓《せんぺき》で固めてあり、東晋のときはじめて「磚をくわえ、甓をかさねた」点で、南京の石頭城とも一致している。このての、版築土壁の内外を磚でとりまく方式は、南斉以後にはじめて磚築となったのであり、もっとも早い時期の磚築構造として、築城史上、注目すべき価値がある。

鎮江の晋陵羅城の発見は、東晋以後、京口が千里にわたる長江防衛線中の建康の外囲の拠点であり、その地位がきわめて重要である点でも文献記事と一致することをしめしている。唐宋以後、南北分裂の情勢はおわりを告げ、江南経済がさらに繁栄すると、あたらしい鎮江城が晋陵羅城の西の、さらに平坦広大な地域に建設され、この城はしだいに荒廃し、廃棄されもちいられなくなったのである。

考古学からみた六朝都市

以上の考古資料から、以下の数点を帰納できよう。

（一）

中国の長期にわたった封建的統治のために、統治の中心である都城、なかでも皇城［宮城］は都市の中心に配置され、天子の無上の権威を象徴させることが必須であった。また封建的な「礼制《れいせい》」の規定のため、皇城の宮苑は集中して都城中部の北寄りにおかれ、また防衛上の要請から、南部には居民区が区画された。このような配置は漢代にはじまり、六朝時代になると、確定的となった。呉の建鄴城も、東晋南朝の建康城でも、このような配置は変化することなく、しだいに強化された。

皇城の変化は、時代の前後でみることができる。

呉ははじめ、太初宮を建設し、のちにまた太初宮の東に昭明宮を建てた。両宮の大きさはおなじで、その位置は『建康実録』によれば、唐の江寧県［いまの朝天宮東］の東北、すなわちいまの東南大学西南付近にあった。

東晋の成帝時代の蘇峻の乱〔3〕で宮城は破壊され、咸和《かんわ》五年（三三〇）、はじめて新宮をつくり、建康宮と称した。これは呉の太初宮と昭明宮の旧址にあり、周八里、濠の闊《ひろ》さ五丈、深さ七尺であり、『建康実録《けんこうじつろく》』ならびに注には、台城は苑城内にあるという。さらに『宮苑記《きゅうえんき》』（唐の許嵩の著、八世紀なかごろにできたとおもわれる建康の記録）には、古台城は建康宮城であり、もとは呉の後苑城で、晋の咸和中、修繕して宮とした、というから、建康宮は呉の宮城の旧址の上に拡張してできたものであることがわかる。『輿地志《よちし》』も、台城は周八里で、墻《しょう》は二重、咸和七年（三三二）、宮が完成し、新宮の内外と殿宇のおおきさは、およそ三千五百間であった、という。このとき宮城はすでに二重の城壁で、その範囲はほぼいまの東南大学全体を占めていたことがわかる。

梁武帝は、天監《てんかん》一〇年（五一一）、はじめて宮城門を三重につくり、二道を開いた。これは梁ののち、陳までそのまま変化がなかった。

以上によって、一重の建鄴宮城から、二重の建康宮城や、三重の梁の宮城まで、六朝都城は先に述べたような中国都城の特色をしめしていることがわかるのである。

（二）

防御を強化するために、南京の六朝都城は、歴代王朝いずれも外郭城を増設し、堡塁《ほるい》の役割をになわせた。この特徴は明代までつづいた。明《みん》の太祖《たいそ》朱元璋《しゅげんしょう》が大々的に南京城を建設したとき、外周におおくの防御用の城塞を設置し、これをつないで外城といったが、それは六朝時代の外郭城と一脈通じるものがある。

このように、石頭城と建康城の都城遺跡の一部は、現在の南京城の最初の遺跡であり、いくつかの附廓城は当時の建康のなくてはならない部分であって、これもまた江南《こうなん》の古代都市、すなわち都城の特徴の一つなのである。

(三)

六朝時代の都市建築にはじめて磚《せん》がもちいられた。これは中国の都市発展史上のおおきなできごとである。

磚の応用に関していえば、最初はただ建物にもちいられただけで、これまで一般に「秦磚漢《しんせんかん》瓦《が》」(秦漢の建築材料の磚・瓦)といういい方があるように、建物にもちいる設備品であった。考古資料からみると、戦国時代の遺跡にすでにこれらの遺物が発見されており、戦国晩期から漢代にかけて、空心磚《くうしんせん》(中空のレンガ)墓があらわれ、前漢晩期から後漢墓には小型の磚築のアーチ室墓があらわれる。それはすでに磚が利用されていることをものがたるが、ただ大規模な範囲で都市の「都墻《としょう》」建築に磚がもちいられるのは、六朝時代からのことにちがいない。華北の漢魏故城にあっても、版築で城壁を築いているからである。

六朝初期の都市は、実物からも文献からも、土墻《どしょう》と竹籬《ちくり》、すなわち土を築いて城壁とし、竹を編んで城門としていた。『南斉書《なんせいじょ》』（梁の蕭子顕の著、正史の一、南斉の歴史記録）の記事では、建康の六門は竹籬を設けていたが、斉《せい》の建元《けんげん》元年（四七九）になって、白虎樽《びゃっこそん》（虎の形の酒樽《さかだる》。皇帝に意見をしようとするものは、その樽の酒を飲むことになっていた）をあけて「白門三重門、竹籬に穴があいて不完全だ」ともうしあげたものがいたので、皇帝は改めて都墻を立てたという。つまり南斉のとき、はじめて磚築の城壁を建てたことがわかるのである。鎮江の東晋羅城《らじょう》が磚を城壁に張りつけたり、南京石頭城《せきとう》も「磚をくわえ、甓をかさね」、また建康宮城が東晋咸康《かんこう》五年（三三九）、はじめて磚をもちいて宮城をつくり楼観をかまえたり［『建康実録』］、というようなものは、部分的に磚をもちいたり、城楼を建てたりしたものであって、全体を磚で築いたのではないだろう。ただ、磚を張って城壁を築くこのような方法が、築城に磚をもちいるはじまりとなったのである。

こうして、江南の都市が東晋末年、もしくは南朝初年、城壁建設にはじめて磚をもちいたが、それは城門部分にとどまっていて、一方で竹籬や茅ぶきの城門も残り、城壁はなおすべて土築であって、南斉以後、はじめて大量に磚を使うようになった。そのことは現存の南京都城城壁の遺跡［玄武湖《げんぶこ》南岸］と石頭城の上部の磚築部分［上層の明清以後の城磚でない、長江岸に沿う部分］で証明できるのである。

（四）墓の分布と水路の位置は、城址の範囲を確定するための有効なてがかりをあたえてくれる。

（五）都市の建設、とくに都城の地を選ぶことに関しては、安定した政治の局面と繁栄している経済的基盤のあることが、都市建設とその発展のための重要な条件である。自然の分野での要素、たとえば地理環境や水利条件をのぞくと、きわめて重要なのは広大な農業生産の後背地が存在し、都市が安定的かつ長期にわたって存続し得るために十分な経済的基盤となりうることである。とくに中国の封建社会においては、近辺から財富と食料を徴収して京師《けいし》の大量の官吏《かんり》と軍隊、および奢侈にふける皇室の人員に供給し、もって国家機構の正常な運営を保証することが、必要であった。つまり、一つの都市の勃興と衰退を研究するには、その経済的な条件が重要な要素の一つとして考慮されねばならないのである。六朝が南京に建都し、以後おおくの王朝がつづいてこの地に都を定めたのは、当時全国の経済的重心が南に移ったことと不可分な関係にある。

孫権《そんけん》が南京へ都を定めたのは、地理的環境からだけでみれば、それ以前の都武昌《ぶしょう》とたいして変らないようである。なぜなら、その地であるいまの鄂城《がくじょう》は南京と自然条件がよくにているからである。南京は鍾山《しょうざん》を中心とするひと連なりの山岡丘陵地帯であり、それが市街地の四面の自然の障壁となり、さらに長江を中心とする河や湖が南北をとりまいて交通と生活の命脈となっている。ただ南京の四面は、北には広大な江淮《こうわい》平原があり、南には豊かな太湖《たいこ》流域があり、そのうえ東南海岸地区の経済発展があって、この地はしだいに全国経済の中心地となりつつあった。これは長江下游が経済上支配的な地位にあり、政治上でもここに都を建てる必然的な理由があったことをしめしている。

中国史上、政治の中心である首都は、歴代その大部分が経済的に充実した地区の近くにあった。後漢《ごかん》末年、軍閥集団が地盤の争奪をくりかえしたことが、関中《かんちゅう》・洛陽地区を破壊することになり、関中や黄河・淮水《わいすい》間の地域は二度と中国経済の中心地にはならなかった。このように、政治の中心はとおく江南に移り、どのようにして都や軍隊に食料や資財を供給するかが、当時緊急の問題となった。

動乱の六朝時期、当時の支配者は、この問題が切迫し、深刻なものであることをいちはやく意識していた。呉は江南を開発する必要があり、あたらしく開発した経済地域に依拠して、はじめて不敗の地に立国することができると認識したのである。全国の経済の中心が南に移りはじめたあと、最初にその効果があらわれたのは六朝であり、南京はこの経済地域の中心に位置し、六朝で都に定められたのち、民国《みんこく》にいたるまで十王朝を経て、その経済の力はいまだにおとろえをみせていない。都の周辺地域の経済が発達することは、たいへん重要であったのである。

南京の六朝の古都は、中国南部にあらわれた最初の帝都である。揚州《ようしゅう》・鎮江《ちんこう》で近年発見された六朝の古城は、その建設、範囲、配置や自然環境などにおいて、いずれもおおくの特徴がある。これらはすべて研究の対象としておおきな価値がある。

第三章　青瓷

窯跡の分布

六朝時代の江南《こうなん》の手工業の最大の成果は、青瓷器《せいじき》の焼成であり、発見された窯跡・窯具《ようぐ》・製品からみて、青瓷の焼成はすでに専業化していたとみられる。墓から出土する文物のなかでも、青瓷器が占める割合は最大で、それは当時青瓷器の使用が普遍的であり、ついに漢代いらいの銅器や漆器にとってかわったことをしめしている。このような状況については、文献史料上の記事はたいへんすくなく、考古資料によってこの時期の手工業の歴史の空白をうめなければならない。

後漢晩期に出現した青瓷製作の手工業は、この時期には、江蘇・浙江・江西・福建・湖南・四川などの地域でおおくの窯跡が発見されていることからみて、江南では青瓷の組織的な

13　上虞風景

生産地域が形成されていた。江西・湖北・湖南・安徽《あんき》の後漢墓では、すべての墓で青瓷器の発見があり、西晋晩期の江西婺《ぶ》州窯《しゅうよう》ではすでに化粧土を使用しはじめ、浙江の越窯《えつよう》では褐彩《かっさい》［点彩《てんさい》］を使用していた。南京の呉の建衡《けんこう》（二六九～二七一）時代の墓からも褐釉《かつゆう》罐《かん》が出土しているし、四川成都の呉の崖墓、安徽の呉赤烏《せきう》（二三八～二五一）紀年墓《きねんぼ》では点彩《てんさい》を使用した器が出土した。これらは、釉彩の出現が三国の呉の時期であり、最初に長江地域で使用されたことをしめしている。他方、北朝で出現した黒瓷《こくじ》と白瓷《はくじ》の製作はこれとは別の系統の製瓷業である。

一九五九年までは、江蘇省出土の青瓷は浙江省に来源があるとかんがえる学者がすくなくなかった。たしかに、もっとも早くに、大規模に青瓷を製造した地域は、いまの浙江省紹興、上虞《じょうぐ》一帯である。たとえば、南京趙士崗《ちょうしこう》呉墓で発見された「赤烏十四年会稽《かいけい》上虞……」刻銘のある青瓷虎子《こし》、江蘇省金壇《きんだん》県西晋墓出土の「紫是会稽上虞范休《はんきゅう》可作坤者也」刻銘の青瓷刻花扁壺《へんこ》、呉県獅子山西晋墓出土の「元康《げんこう》二年閏月十九日記会稽」刻銘の青瓷堆塑罐《ついそかん》などの器物は、いずれも会稽・上虞という地名からみて浙江地区の焼成であることをあきらかにしめしている。

一九五九年四月、南京芸術学院は、宜興《ぎこう》県南山《なんざん》〔旧称均山《きんざん》〕ではじめて六朝青瓷窯跡三ヵ所を発見し、現在それらを大松園《だいしょうえん》一号窯《よう》、二号窯《よう》、碗窯墩窯《わんようとんよう》と命名している。一九七五年、宜興陶瓷会社などの調査グループがまた南山で三ヵ所を発見し、これらを龍丫窯《りゅうあよう》、六十頭窯、馬臀窯《ばでんよう》と命名した。

一九八二年、この付近の周家橋《しゅうかきょう》小窯墩《しょうようとん》で、またあたらしい窯跡一ヵ所につづいて、東西一五〇〇メートル、南北四〇〇メートルにわたる範囲の青瓷窯群を発見した。南京東南わずか一二〇キロあまりの宜興で、早くも一七〇〇年前の西晋時代にすでに青瓷が生産されているのである。それは一九五三年、宜興の周墓墩《しゅうぼとん》（呉西晋の大族周氏の墓、後述）発掘の際に出土した青瓷と、胎土や釉、形態が一致しているから、周墓墩の青瓷はそのちかくの均山窯産の可能性がある。周墓墩出土青瓷は三〇種にものぼり、その造形は成熟したものであり、胎土と釉はきめこまかく精致で、宜興青瓷が西晋時代かなり高度な技術水準に達していたことをしめすものである。このことは当地生産の青瓷器が相当長い歴史をもつことを明確にあらわしている。

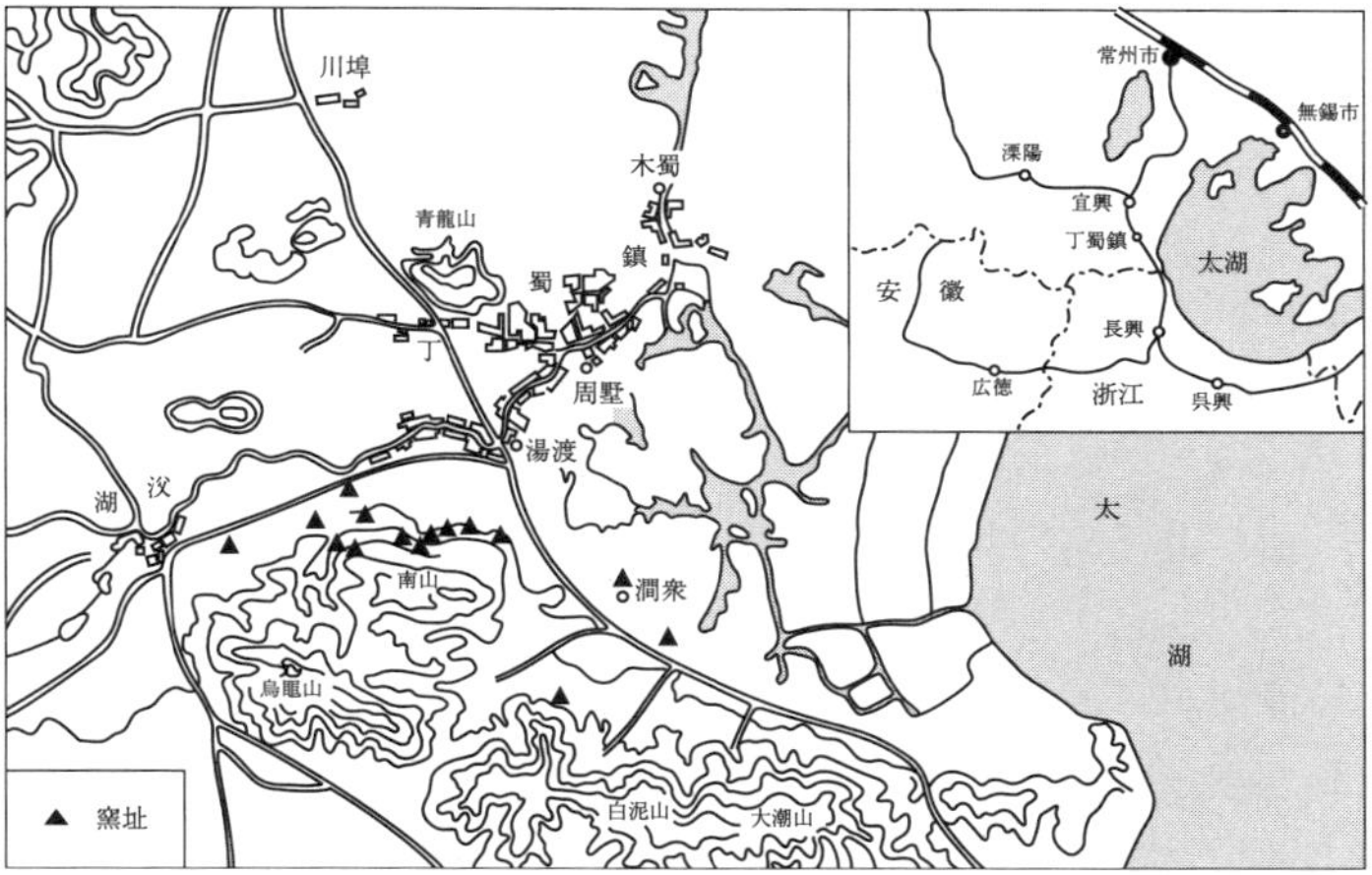

14　宜興古窯址分布図

このため、六朝時代の宜興窯が、浙江以外で早い時期に青瓷器を焼成した重要地点の一つであろうと推測されるのである。

宜興南山窯

南京博物院が宜興《ぎこう》南山で試掘した窯跡は、南山北麓碧都廟《へきとびょう》西約三〇〇メートル、湯渡村《とうとそん》からは二里にあり、湖浦《こほ》自動車道をはさんで小窯村のむかいにある。試掘では、長さ二・五メートル、幅一メートル、深さが一メートルから〇・六メートルの二本のトレンチを開けた。瓷窯《じよう》は円形の竪窯《たてがま》で、窯壁には細長い石を支えに立て、磚で築いてあり、釉色から分析すれば、当時は還元炎で焼成する方式である。出土した青瓷の器形、装飾、釉のかけかた、焼きあげなどの方面からみて、これはかなり成熟した瓷窯である。堆積していた青瓷製品は日用器物がおもで、そのうち、盆、洗《せん》、盤口壺《ばんこうこ》（皿の形の口をした壺）、双繫罐《そうけいかん》（二つの把手《とって》のある罐）、鉢などを墓出土の実物と対比すれば、その時代は西晋とみられる。さらに窯墊《ようてん》（敷物）・窯幷《ようへい》（おおい）・窯托《ようたく》（受けもの）［それぞれに「……年廿《にじゅう》二隻《せき》制」などの字がある］や筒形、罐形、歯形、釘形の窯具《ようぐ》がすくなくない。そのうち「竹節形窯具」とよばれる筒形窯具はおおくないが、歯形と鉢形の窯具がもっともおおい。前者は漢代の窯で使用がはじまり、後者と釘形窯具は浙江六朝窯跡では常時みられるものである。それらの形式から、焼成は歯・筒・鉢形窯具でへだて、積み重ねておこなったものであることがわかるし、また内部に大小のささえを入れ、積み重ねて焼成したのかもしれない。

　数ヵ所で調査した瓷窯からみれば、大部分の青瓷の紋様は、簡単なものからしだいに複雑化し、その後また簡素化している。たとえば、馬蹬窯《ばでんよう》の青瓷片の弦紋《げんもん》（弓形のもよう）と波浪紋《はろうもん》（波もよう）は、網格紋《もうかくもん》（格子もよう）

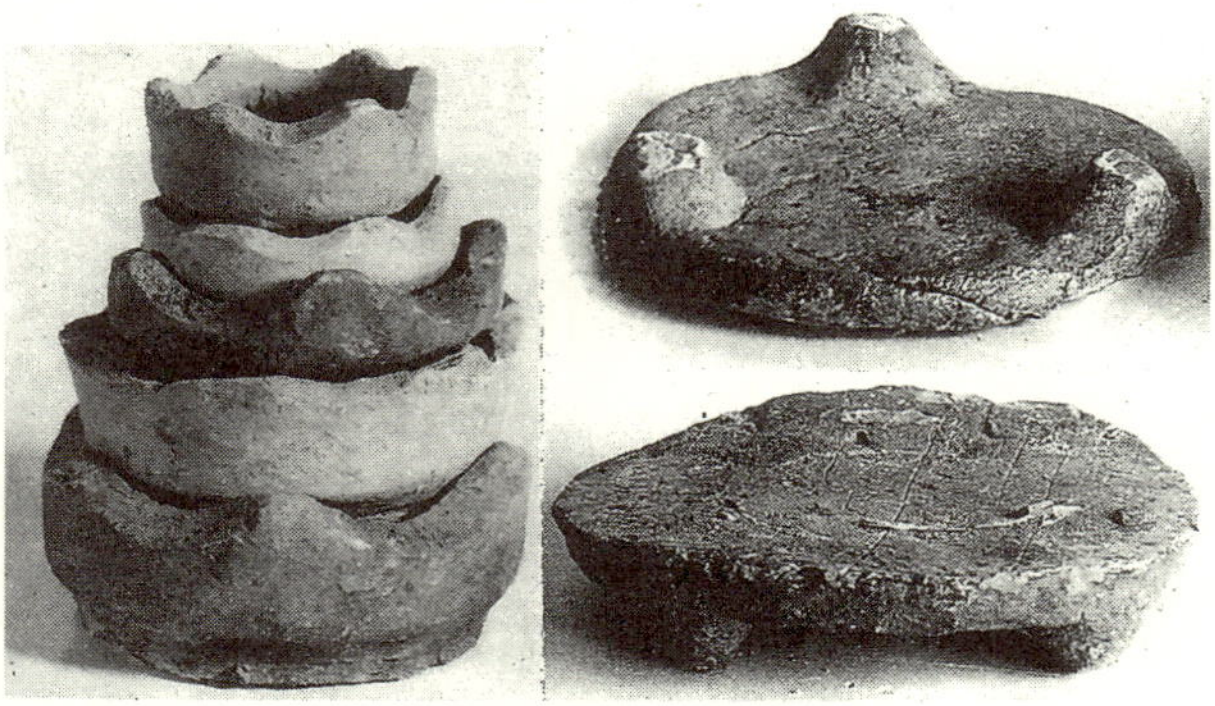

15　宜興南山窯窯具

と鋪首《ほしゅ》（門扉につけて環をかませる金具）の堆塑《ついそ》に発展し、このような装飾が江南の初期青瓷の標準的な紋飾であったが、大松園などの青瓷窯の紋飾にはなお弦紋や網格紋はあるが、鋪首の堆塑はすでになくなり、ある場合にはただ二本の弦紋があるだけである。このての装飾はあきらかにそれが東晋晩期、もしくは南朝初期のものであることをしめしている。ただし、それは退化を意味するものではなく、当時各種の動物造形、たとえば鶏首《けいしゅ》・羊首《ようしゅ》などの装飾や蓮花《れんか》瓣紋《べんもん》装飾があらわれ、それらにとってかわられたのである。

調査によれば、宜興では後漢中期以後、すでに青瓷焼成をはじめていた可能性がある。南山《なんざん》北麓の六朝青瓷窯跡のかたわらで、釉陶《ゆうとう》を焼成した窯跡も発見されたが、釉陶と幾何印紋硬陶《きかいんもんこうとう》が一緒に堆積しており、それらはおなじ窯で焼成されたものと認められる。その時代は後漢中期以前とみられる。六朝青瓷窯跡と共存する漢代中期以後の窯跡では、青瓷と完全に近似した瓷器をすでに発見している。したがって南山窯の時代は西晋にちがいなく、その上限は呉末年、下限は東晋初期である。

測定の結果、宜興の青瓷は釉陶にくらべて焼結の程度が高く、胎質はきめこまかで、露胎は浅黄色、断面は青灰色を呈する。吸水率と気孔率はともに釉陶にくらべて低く、吸水率は三～六％、気孔率は七～八％であるのに対し、印紋硬陶《いんもんこうとう》と釉陶はそれぞれ吸水率が八・〇七％と五・八六％、気孔率が一六・四五％と一一・二五％である。釉色は薄緑で黄色が浮びあがっていて、釉陶とはあきらかにちがう。南山窯址で発見されたものは、分布面積がおおきく、堆積が豊富で、かなり長期にわたって継続して使用されたもののようである。南山青瓷の瓷片に対する関係機関の測定結果は、以下の数点に要約できる。

(一) 原料の化学成分は、基本的には宜興の伝統的な陶瓷原料である白泥に近い。

(二) 当時一般的にみられる素焼《すや》きと釉焼《ゆうしょう》[本焼] という二段階の焼成技法を採用していたようであり、まず低温で素焼きして、生地を一定の強度にし、釉かけの工程を具合よくこなせるようにしていた。

(三) 吸水率、気孔率と焼成温度からみて、瓷器の条件を具備していた。

(四) 窯炉の構造は円形の半倒焔式窯《はんとうえんしきよう》であった可能性があり、漢代の昇炎式《しょうえんしき》の円形窯よりすすんでいる。

(五) 製品からみると、南山青瓷は内外に釉を施し、底部は地が露出していて、浸釉法《しんゆうほう》(浸し掛け) をもちいている。器物はろくろ製と手びねりの両者を併用し、紋様は陶製スタンプをおしつける方法をもちいている。

器形の面では、初期の青瓷の器形、たとえば盤口壺・双繫罐などは当時の印紋陶《いんもんとう》や釉陶の造形と類似しているが、若干のあたらしい器形、たとえば碗・鉢・洗《せん》(物をあらうための用器)・盞《さん》(小さなさかずき) などがあらわれている。堆積している砕片からみると、後者が製品の中心であったようで、罐・瓶・壺もまだあるが、鉢・洗・碗・盞が主要な地位を占めるようになっている。たとえば鉢形器物がもっともおおい製品であり、それらが唐宋時代になって碗形器に変化したのかもしれない。口径一五〜一七センチのものがもっともおおく、口は内側へとすぼまっていて、底はたいらで、内側に一本の弦紋があり、外側に弦紋《げんもん》・方格紋《ほうかくもん》・花蘂紋《かずいもん》（花紋の一種）などがある。これにつぐのは盆［洗］器で、口径は一五〜三二センチまでさまざまであり、大形器がおおい。口のへりはそったものとまっすぐなものの両種がある。装飾は弦紋・方格紋・幾何紋・花蘂紋などがあり、あるものにはさらに、波浪紋がある。底はややくぼんでいる。さらにはまた壺・罐などの器もある。これらの器形の変化は、ひとびとの生活習慣が席を敷いて座る方式から、テーブルと椅子へと変化したことを反映している。

早期の青瓷の紋様は弦紋と波浪紋で、これは基本的には漢代を受け継いで多少進化したものであり、漢代の陶器と釉陶の弦紋は陽紋《ようもん》（うきぼりの紋）であるのに対し、青瓷のは陰紋《いんもん》（くぼんだ紋）である。この二種の紋様の青瓷は宜興青瓷の初期製品であり、時代は後漢中期以後から呉時期までにあたる。釉質はぶあつくて透明なだけでなく、光沢があってしっとりしたさまがすばらしく、やきものの精品である。呉以後、青瓷の紋様には口のへりの下に二本の弦紋があらわれ、弦紋の下にはしばしば網格紋《もうかくもん》があり、同時に鋪首の装飾がある。その時期は呉から東晋までであり、このてのつくりつけの装飾はすっきりとととのっていて、この時代を代表するものである。さらにまた、二個の複条把手《とって》がつき、首が短く、口のへりがまっすぐで、肩部がゆったりし、器腹《きふく》がまるくなった斂足罐《れんそくかん》（下がすぼまった罐）があるが、これは両晋時代特有のもので、ふっくらと均整がとれていて、宜興窯ではよくみられるものである。これらは当時の洗・碗・罐・壷などの造形もおなじように成熟していたことをしめすものである。

早期の青瓷は釉のかけかたでもかなりの進歩があった。外側内側ともに釉のかかった器物がすくなくなく、大部分の釉はあわい青色で黄色が浮びあがっているが、青緑色を呈するものもあり、これは還元的に焼成ができたが、それを十分にはコントロールできなかったことをしめしている。しかし全体の焼成技術からみれば、宜興青瓷の焼成温度は一一六〇度から一二六〇度、通常でも一二〇〇度に達しており、その胎釉の構造、造形装飾などはたしかに相当高い水準に達していて、まさに成熟した青瓷の産地の一つであった。

青瓷の製作技術

江浙《こうせつ》地区の青瓷工業の発展は、長江下流の広大な地域の生活用品面での改善をうながし、先進的な瓷器が江蘇浙江以外の地域にも流布した。このような事態は中国瓷器の発展史上重要な位置を占めるものであり、とくに呉から西晋時代までに製造された瓷器は、江南青瓷手工業上、きわだった成果である。新中国以後、江蘇地区で発見された六朝墓はきわめておおく、公開資料による初歩的な統計でも、一九八五年までで瓷器が埋葬された墓だけで二三二に達し、その中に紀年墓が五八、これらの墓から出土した青瓷器は一〇七五点のおおきにおよぶ。それらは研究資料として価値がたかい。

三国時期に出現した青瓷は真正の瓷器である。この青瓷は優良な鉱物原料と溶剤で生地をつくり、胎土に有機物がすくなく、鉄分含有量がかなりおおい。粘性と吸水量がちいさく、還元焔で焼成するのに適していて、そのため瓷胎《じたい》は白色でやや青色を帯び、くわえて火加減を適宜調整しているので、焼成後の胎質は固く密で、水を吸わず、ガラス化の程度が高く、ムライトの結晶も比較的よく発達している。分析してみると、当時の青瓷の胎土原料には、石英、長石、高嶺土《カオリン》があって、高嶺土が中心である。江蘇浙江地区では石英斑岩がおおくて熱液で蝕変した瓷土原料をさかんに産する。このての原料はほとんど原生の高嶺土に属し、含有する酸化硅素は成分の七七％以上に達し、還元焔で焼成するのに最適である。

鉄は地球上でもっともおおい物質の一つで、ふつうに岩石や土中に広く含まれ、釉色原料が半数以上は鉄分でできているので、青瓷の釉色が青色なことと密接な関係がある。釉質は胎土と同様硅酸が主体で、アルカリを溶媒剤としている。江南の青瓷の釉質は硅酸含有量の比較的おおい長石を基礎にした長石釉で、はじめは植物［禾本科がもっともおおい］の灰からとっていた。中国では、漢から六朝または隋まで、瓷器の釉のなかには窯灰が自然に落ちて器体にふ

16　甘露元年南京清涼山出土青瓷羊

りかかり化合して釉になったものや、わざと灰をふりかけて自然に釉にしたもの、あるいは灰汁をぬって釉にしたものがある。このての木灰と器胎の配合は、一〜三%の酸化鉄を含んでいると、美しい青色をだすことができる。

古代の瓷器が石灰石を釉に配合するのは、共通の特徴である。江南地域は植物が生《お》いしげり、禾本科植物はあまねく広がり、また石灰石と石灰、硅分含有量の高い石英砂岩をおおく産出するが、これらはみな釉薬の原料として最適である。分析によると、宜興南山窯瓷の釉は一七・九二%の酸化カルシウムを含有するが、それは石灰石と瓷土が配合されてできたものであることの証明となる。

初期青瓷上にできた氷裂文《ひょうれつもん》（貫入《かんにゅう》）は、後代のように意識的に焼成したものではなく、焼きあげのときの釉料と胎の膨張係数がことなるところから生じたものである。釉の収縮比が胎よりおおきいときにはひびが生じ、釉の収縮比がちいさいときには釉が落ちやすい。もし釉中にアルカリ金属が過剰であると、水に対する抵抗力がごくちいさく、長時間地下水の中に置かれると、水分が吸収されて飽和状態になり、かならず釉が剝落して胎がむきだしになる。このため六朝墓中には精致に焼成された青瓷の珍品とともに、質の高くない二級品もある。

ただ建衡《けんこう》二年（二七〇）墓出土の青瓷は釉色が澄みきった青色を呈し、むらや剝落がなく、氷裂文もない。これより五年早い甘露《かんろ》元年（二六五）墓の青瓷羊は釉色がさらにかがやくような光沢とつやがある。これらはいずれも呉青瓷の標準器というべきであり、元康《げんこう》六年（二九七）宜興周墓墩出土青瓷器の釉色もこれに近いが、両者の差は二七年しかない。後者の青瓷は化学分析によれば、酸化カルシウム一七・九五％、酸化鉄一・九九～二・六％を含み、かなり純粋な青瓷である。これよりすれば、甘露から建衡、そして元康の時代の瓷器が、焼成技術上連続する関係にあり、このように成熟していく青瓷器が、まちがいなく「縹瓷《ひょうじ》」（淡青《たんせい》の青瓷）の先駆であるとかんがえられる。

一九八三年、南京南郊雨花台《うかだい》の呉末年墓から出土した、釉の下に彩りを施した青瓷の完形蓋《ふた》つき盤口壺《ばんこうこ》は紹介する価値がある。これは胎の上に褐彩《かっさい》でいきいきとして美しい花紋《かもん》の図案を描き、その上に黄色の釉をかけて焼いたものである。この瓷器の発見は中国で三国末年に釉下彩の瓷器焼成の先進的製瓷技術がそなわっていたことを証明するもので、現在発見されている最初の釉下彩と色彩絵の新資料である。これは後代の釉下彩絵、青花、釉里紅など著名な装飾技術の基礎となり、中国陶瓷装飾芸術における重要な発見であって、画期的な意義がある［易家勝『文物』一九八八年第六期］。

さらにとりあげるべきものとして、建衡二年墓出土の褐釉双繋瓷罐《かつゆうそうけいじかん》がある。褐釉は鉄分含有量が八%前後あることが必要で、還元焔が酸化鉄を焼成したときに出現する。右にのべた技術水準からみて、この褐色罐の釉料もけっして偶然にうまれたものではない。三国時期の青瓷の焼成は青色で明るく、また褐彩をだすために還元焔をもちいなければならなかったが、この技術を達成するには窯の温度と通風を十分調整するという条件が不可欠であった。

したがって、ここで当時の江南の窯焼きの方法と温度調整の問題をすこし分析しておく必要がある。江南青瓷の成果には前述の胎と釉がもつ有利な条件のほか、焼成温度の調整の技術がある。江南瓷窯の燃料のおおくは木材で、石炭をもちいる北方にたいして温度調節が容易であった。江南の窯について調査した経験では、今日でもひとびとは窯、生地、柴、天気という四つの要素を強調する。青瓷焼成時の窯の温度に関する研究によれば、焼きはじめからそのまま最後までかならず完全に還元焔をもちいなければならない。そのあいだ、もし余計な空気があって酸化がおこると、釉は黄色を帯び、もし還元が不十分であれば、浅黒［褐］色を生じる。だから高温となったときにはかならず通風をよくし、また燃料を絶えず送りこんで、完全燃焼させないようにしなければならない。

つまり、瓷釉中の鉄分を全部還元して酸化亜鉄、すなわち鉄と酸が一対〇・二八六の割合で結合するようにすれば、青緑色を呈することができ、もしこれを越えて一対〇・四三の比率になったときには酸化鉄となり、褐色に変化する。華東《かとう》一帯は春夏にはつねに湿気があり、焼成はかなり困難で、そのため空気が乾燥してさわやかな晩秋か初冬に焼きはじめる。江蘇各地で在来の焼成の状況を調査すると、おおくのばあい春夏に土をとって生地をつくり、秋冬に焼くのがみられるが、それにはたしかな科学的根拠があるのである。

窯の構造も重要な要素の一つである。中国北方では円形の窯が中心で、そのため通風の条件が長条形窯にくらべておとる。さらに燃料が短焔の石炭を中心としているので、還元焔となりにくい。また瓷胎と釉薬の原料が江南におよばないので、北方の青瓷は江南の青瓷のように明清までおとろえずにつづくということにはならなかった。

六朝手工業の成果

呉が江南に成立する前は、長江以南は漢初にあっては火耕水耨《かこうすいどう》（火で耕し水で草とる後進的農法）の農法と、稲を食べ魚を羹《あつもの》にする経済的後進地域であった。後漢末年になって、大量の華北のひとびとが戦乱のため南遷《なんせん》し、先進的な生産技術と道具をもたらし、また長江中下流

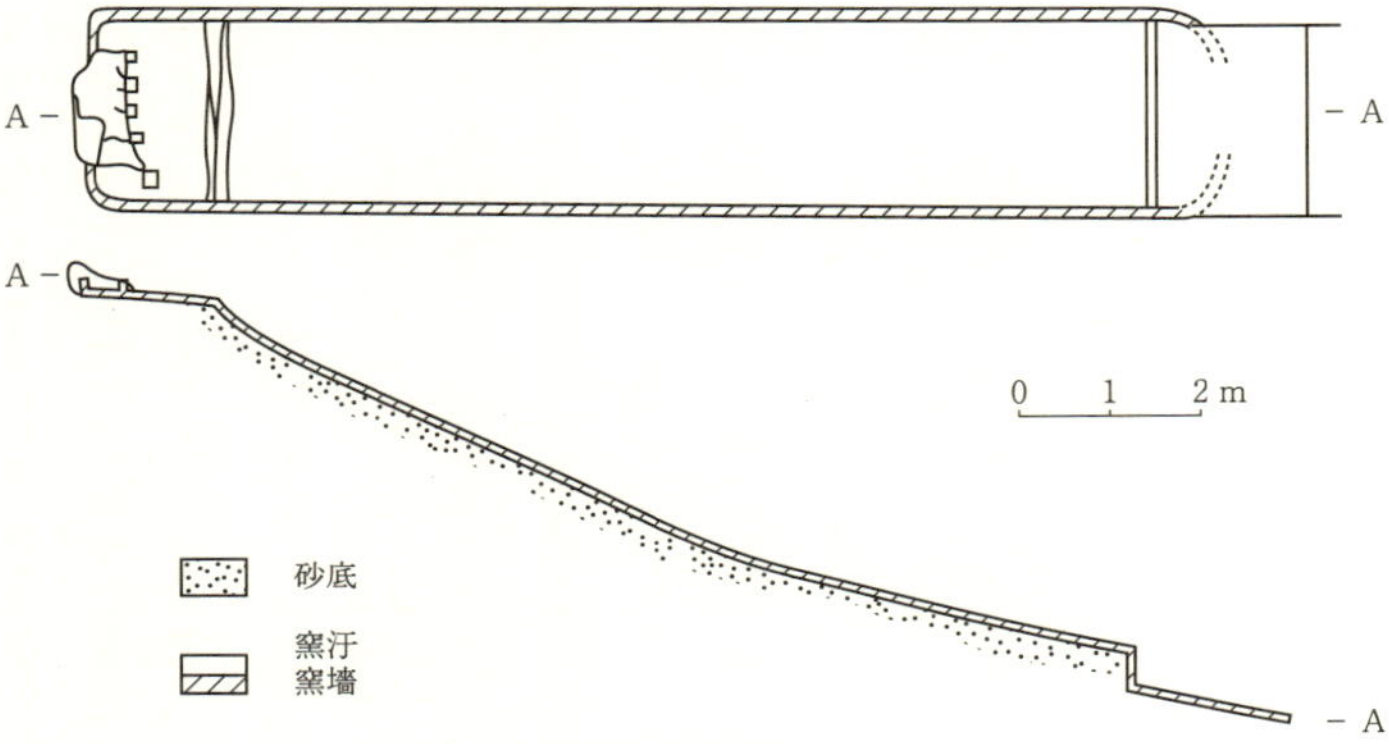

17　三国龍窯平面図

のめぐまれた自然条件のため、江南は新経済地区へと急成長した。『宋書《そうじょ》』（梁の沈約《しんやく》の著、正史の一、南朝の宋の歴史記録）に、江南揚州《ようしゅう》は呉の地全体の豊かさがあり、魚や塩、杞梓《きし》のよい木材がまわりに満ちあふれ、絹や麻布の豊かなことは、天下すべての衣服をつくれるほどだという。また当時江南地域は塘《つつみ》を築き水を蓄え、溝渠《こうきょ》（水路）で潅漑し、牛耕を採用し、耕地面積は拡大し、ひとびとの生活は改善されるようになった。各種手工業もまたこれにともなっておこった。西晋の左思の『呉都賦《ごとふ》』（呉の都をうたった韻文作品）の、「海水から塩をとり山から金属をとって武器をつくる。二期作の稲に税をかけ、八度まゆをつくるかいこの錦をみつぐ。戦車は石頭《せきとう》城《じょう》にみち、戦艦は長江にみちている。」ということばから、当時、冶鋳、製塩、紡績、車船などの手工業が発達している様子をみることができる。

そのうち、呉にもたらされた送風装置と水車のひきうすの利用は、瓷窯での焼成、瓷土の調製に応用され、江南の豊かな原料にめぐまれた特別の条件とあいまって、新興の青瓷手工業にとって有利な条件となった。この数年の浙江と江蘇地区の調査によると、江南の青瓷窯は後漢時代にすでにスロープになった登り窯［すなわち蜈蚣窯《むかで》］（龍窯《りゅうよう》）があらわれていて、窯内の通風と木材を燃料にするのにたいへん好都合であった。上虞《じょうぐ》帳子山《ちょうしざん》の三国と晋代の瓷窯遺跡から出土した瓷片は、鑑定の結果、三国のは還元比の値が〇・八、気孔率一・〇五％、吸水率〇・四五％であり、晋のものが、還元比の値が〇・七七、気孔率一・〇六％、吸水率〇・五％である。これによって、それらは低還元焔で焼成され、現代の瓷の基準にまで達していたことがわかる。

これらの瓷器を焼成するときには、外側にはさやがなく、すすけることはすくなく、焼きすぎによる変形や釉が流れる現象もすくなく、瓷器焼成の成功率は高かった。したがって、この長条形の龍窯の出現は、瓷器焼造が発展しあたらしい水準に達したことをしめすものである。

いままでの資料によれば、三国時期、江南各地が産出する青瓷は、湖南・広東などの地方のものが、胎色が紅色を呈し、胎質が柔らかく、四川地方のものは黄緑色を呈し、釉は剝落しやすい。その原因は湖南、湖北、四川、江西などの瓷窯の製品は、その地のアルミ含有量が高く、鉄分含有量が低い［一％を越えない。江浙《こうせつ》（江蘇浙江）のは三％に達する］瓷土を原料とし、胎の温度があがるのに釉がそれに応じて調整されていず、その結果胎が焼きあがらないのに、釉がガラス化してしまい、釉面の光沢が強く、胎と釉の結びつきが不良で、亀裂や釉剝落の現象が生じたというようなことがかんがえられる。同時にそれらの吸水率と気孔率は比較的高く、原料、製作方法、焼成水準いずれにおいても差がある。胎土、釉薬、窯の条件のどれか一つ欠けてもいけないのがわかるが、江浙一帯のはこれらの条件を具備しているのである。

今日武漢《ぶかん》などの地の六朝《りくちょう》墓《ぼ》で出土する青瓷は、大部分が江浙《こうせつ》のものとほとんどまったくおなじである。湖北の研究者の推測では、それらが江浙からきた可能性があるという。安徽《あんき》の研究者は安徽の実物資料と江浙のそれとの対照から、六朝時代には良質の青瓷は江浙から入ったとかんがえている。ただ湖南の研究者が発表した文章では、その地で出土した別の一種の青瓷は江西、湖北のものとややにており、湘陰窯《しょういんよう》あるいは岳州窯《がくしゅうよう》と豊城窯《ほうじょうよう》［洪州窯《こうしゅうよう》］の青瓷窯の産品であり、六朝時代にはじめて焼きはじめた可能性が強いという。ただ、越窯《えつよう》系統に属し、江浙からきたはずの青瓷も別にいくらかあるという。

要するに青瓷技術は、窯炉構造上大きな変化が発生して、青瓷焼成温度を一三〇〇度にまで高め、正真正銘の瓷器生産の条件を具備するようになった。江浙一帯の瓷土は、含有する鉱物成分は還元焰の焼成に適合していて、くわえて釉色は純粋の青緑で、表面は光沢があって、しっとりとかがやき、釉層の厚さはひとしく〇・一ミリ以上に達していて、瓷器の基準をみたしている。中国の青瓷製造は、じつに後漢に基礎がおかれ、六朝時代になって、青瓷へと完成したのである。

青瓷焼成の条件は、瓷土と釉薬の原料が条件に合い、窯炉の構造が合理的で、温度と通風の管理が厳格であることであり、六朝時代の江浙地区ではこれらがみなそなわっていたようである。これらの条件が具備してのち、青瓷ははじめて光沢があってしっとりし、美しい緑色となり、ひとにその優美さで感動をあたえるのである。正真正銘の瓷器の出現と広範な使用は六朝時代であり、さらにいえば中国瓷器の発祥地は江浙地区であると推測できるのである。

西晋時代のいくつかの青瓷《せいじ》は、生地を成形してから、窯に入れて焼くまで、各種のことなる工程があり、同時に大人数で組織された手工業の仕事場で生産していた。これは当時すでに専門に青瓷手工業生産に従事するひとびとと独立の手工業による生産体系があったことをしめしている。たとえば南京出土の青瓷虎子《こし》に刻まれている「赤烏《せきう》十四年会稽上《かいけいじょう》虞《ぐ》師袁宜《しえんぎ》作」は、このような青瓷の制作に専門の工匠がいたことをしめす。東晋となって、日用青瓷がさらに普及したことは、制陶《せいとう》手工業の組織がたえず拡大していたことをものがたる。生産が増加したのち、おおくの

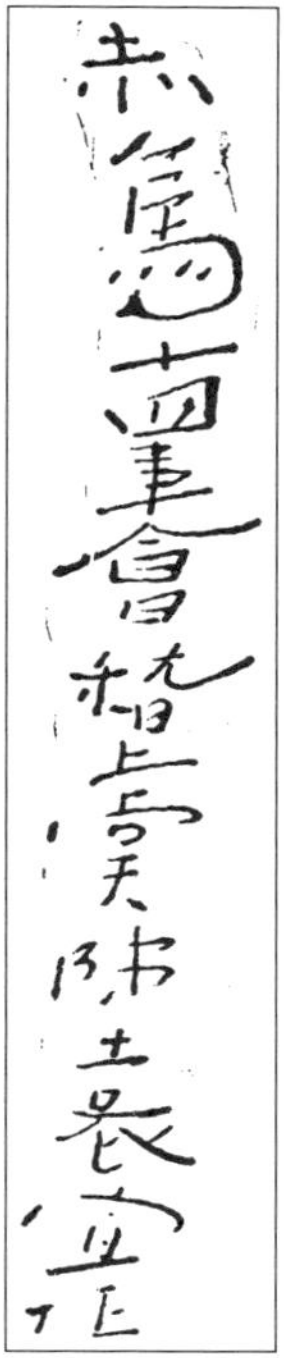

18　青瓷器銘文

青瓷はまず地主貴族の需要を満たしたとはいえ、あまったものは商品として販売されていた可能性もあるし、あるいはいくつかの手工業作業場が専門に販売用商品としての青瓷をつくっていたのかもしれない。現在までの資料では、六朝時代江蘇地区の青瓷焼造地域は宜興以外にはまだ発見されていないが、江蘇の一部の青瓷と浙江紹興、上虞などの地で発見されたものはたいへん相似しており、したがってこれらの青瓷は浙江から輸入されていた可能性がある。そして輸入経路は建鄴《けんぎょう》（建康）都城の南の運河「破崗瀆《はこうとく》」を通ったであろう。この運河は当時運輸が非常に頻繁な河道であり、それは長江を通る道にくらべてさらに安全でかつ速く確実だったからである。

第四章　帝王陵墓と石刻

所在地

新中国いらい、六朝《りくちょう》陵墓［大部分は南京付近、それ以外は、丹陽《たんよう》・江寧《こうねい》・句容《くよう》諸県に存在］について、何度も調査と部分的な発掘がおこなわれてきた。それらがしめす当時の政治・経済・文化などの内容は、文献史料の不足をおぎない、先人の誤解をただし、同時に問題を提起することにもなり、六朝の歴史と芸術の研究の参考にすることができる。

文献史料によれば、六朝陵墓の記事は皇帝・皇后・王・侯あわせて七四ヵ所にのぼるが、新中国いらいの考古調査によると、地表遺跡には三三ヵ所あり、そのうち文献と符合したり、ほぼ一致したりするものが二四ヵ所ある。この三三ヵ所中、南京が一一ヵ所、江寧が九ヵ所、句容一ヵ所、丹陽一二ヵ所であり、新発見が五ヵ所である。いまその三三ヵ所を表にしてみよう。

新中国以来の考古発見遺跡

	時代と名称	地上遺跡と遺物	地点
1	○東晋恭帝司馬徳文冲平陵	1960年、玄宮石碣を発見［1964年発掘］	南京城東北鍾山西部太平門内富貴山
2	○梁呉平忠侯蕭景墓	石辟邪二、右はすでに破壊、左は割れて二つになっている。神道石柱一、完全で、題字も読み取れる。「梁故侍中中撫将軍開府儀同三司呉平忠侯蕭公之神道」1956年、修理、石柱を引き上げた。	南京尭化門十月村西
3	○梁始興忠武王蕭憺墓	石辟邪二、損傷甚大。石碑一、2800余字残存、大半は摩滅。碑額は明瞭で、「梁故侍中司徒驃騎将軍始興忠武王之碑」と読み取れる。1956年、修理、亭を建てて石碑を保護した。	南京尭化門甘家巷西南
4	○梁鄱陽忠烈王蕭恢墓	石辟邪二、ともに損傷あり。1956年、補強修理。『六朝事跡編類』には、蕭憺墓に石獣四ありというが、二は蕭恢墓のものであるはずで、訂正すべきである。	蕭憺墓の東
5	○梁安成康王蕭秀墓	石辟邪二、石柱二、石碑二。これは六朝陵墓中、最も完全に保存された石刻で、1956年、補強修理し、1974年にも続いて補強修理した［1974年、墓を発掘］。石柱の題字は「梁故散騎常侍司空安成康王之神道」。石碑の一で、字跡が見られるのは彭城の劉孝綽の文である。	南京尭化門甘家巷
6	梁桂陽簡王蕭融墓	石辟邪二、すでに損傷あり。いま石油化学工場の入り口にあり。	南京棲霞山張家庫
7	梁建安郡王蕭偉墓	石柱二、一柱の題字に「梁故侍中中撫」の数文字が残存。	南京尭化門周家山老米蕩
8	梁昭明太子蕭統墓	石辟邪一、頭部が毀損、現在南京博物院に移管。	南京燕子磯太平村
9	○梁新渝寛侯蕭暎墓	石柱一、柱額の題字は剥落浸蝕あり、不鮮明。	南京甘家巷北董家辺

10	○宋文帝劉義隆長寧陵	石麒麟二、損傷一、毀損一［現在修復］	南京甘家巷南獅子冲［以前は陳文帝陳蒨永寧陵とされていた］
11	墓主不明の南朝墓	石柱一、文字不鮮明	南京笆斗山徐家村
12	○梁南康簡王蕭績墓	石辟邪二、石柱二。この辟邪は現在保存状態が最もよく、しかも最も気迫と雄壮さに満ちたものである。石柱の題字は「梁故侍中南康簡王之神道」	句容新塘黄梅橋侯家辺
13	○宋武帝劉裕初寧陵	石麒麟二。1956年、補強修理。『六朝事跡編類』引く『蒋山図経』に「政和間に、蒋廟の側で「初寧陵西北隅」の題字のある石柱を得たものがいる」という。	江寧其林門其林鋪
14	○梁建安敏侯蕭正立墓	石辟邪二、石柱二、損傷あり。柱一に「梁故侍中左衛将軍建安敏侯之神道」	江寧淳化鎮西南劉家辺
15	○陳武帝陳覇先万安陵	石麒麟二。史書には、その墓は破壊され、王頒が墓を掘り、遺体を焼いたという。	江寧上方鎮石馬冲黄龍山
16	墓主不明の南朝墓	石辟邪二、石柱二	江寧上方鎮侯村付近
17	墓主不明の南朝墓	石柱一、残缺。	江寧淳化鎮宋墅村
18	墓主不明の南朝墓	石柱一、頂蓋を失う。	江寧官塘鎮耿墓崗
19	○斉豫章文献王蕭嶷墓	石辟邪二、内一残缺。	江寧県江寧鎮方旗廟
20	○陳文帝陳蒨永寧陵	石辟邪一［1962年、発見、1972年、発掘］	江寧其林門霊山
21	○梁臨川靖恵王蕭宏墓	石辟邪二、石柱二、石碑一、いずれも不完全なもので､1956年、補強修理。辟邪の彫刻は最も精美。石柱の題字は「梁故假黄鉞侍中大将軍揚州牧臨川靖恵王之神道」 石麒麟二	江寧其林門仙鶴門間の張庫村
22	○斉宣帝蕭承之永安陵	石麒麟二、残缺。［1969年、22.23のうち一を発掘］	丹陽県東北三十里獅子湾
23	○斉高帝蕭道成泰安陵	石麒麟二､かなり完好［1965年、発掘］	丹陽県東北三十里趙家湾

24	○斉景帝蕭道生修安陵	石麒麟二［1965年、発見、1969年、発掘］	丹陽県東北三十六里経山東南鶴仙坳
25	○斉東昏侯蕭宝巻墓、もしくは和帝蕭宝融恭安陵	石麒麟二［1965年、発見、1969年、発掘］	丹陽県東北経山金家村
26	墓主不明の南朝墓［廃帝鬱林王蕭昭業墓の可能性あり］	石辟邪二	丹陽県東北四十里経山北麓
27	墓主不明の南朝墓［廃帝海陵王蕭昭文墓の可能性あり］	石辟邪二、残缺。『夢渓筆談』巻十五には、沈括が金陵で謝朓撰の海陵王墓誌を見たことを記す。これに拠って『江寧金石記』は墓が江寧にあったとするが、族葬の法則からいって、この説不正確であろう。	同上
28	○斉武帝蕭賾景安陵	石麒麟一、石柱一、わずかに柱礎を残すのみ。	丹陽県城東三十二里戎家村北三姑廟
29	○斉明帝蕭鸞興安陵	石麒麟一	丹陽県城東二十四里蕭徳郷東城村
30	○梁文帝蕭順之建陵	石麒麟二、石柱二、石碑座二［石柱神道碑は現在丹陽県文化館に存す。題に「梁太祖文皇帝之神道」］。現在、現地に復元されている。	丹陽県城東二十四里三城巷
31	○梁武帝蕭衍修陵	石麒麟一、完形	丹陽県東二十四里東城村
32	○梁簡文帝蕭綱荘陵	石麒麟一、残缺	丹陽県東二十四里東城村
33	丹陽斉梁陵墓入り口	石麒麟二、他のものに比して大。	丹陽県東陵口鎮

［○印は、文献と一致するか、ほぼ一致するもの］

この三三ヵ所中、墓主《ぼしゅ》のわかるものが二五ヵ所、不明のものが七ヵ所、丹陽陵口の一ヵ所は丹陽の斉梁《せいりょう》王朝諸陵の全体の入口にあたり、単独の墓の地表遺跡ではないから、実際に墓のあるものは三二ヵ所である。新中国いらい発掘された大型墓で、陵墓もしくはその可能性があるのは一五ヵ所で、南京一二ヵ所、丹陽三ヵ所、そのうち地表遺跡があるものは七ヵ所、ないものが八ヵ所である。

一九六〇年、南京城内北部富貴山《ふうきざん》で東晋恭帝玄宮石碣《きょうていげんきゅうせっけつ》が発見された。上に「宋永初《えいしょ》二年太《たい》歳《さい》辛酉十一月乙巳朔七日辛亥晋恭皇帝之玄宮」の二六字があった。玄宮とは皇帝の墓のことである。『晋書《しんじょ》』によれば、恭帝は在位二年、元熙《げんき》二年六月、劉裕《りゅうゆう》に譲位した。これが永初元年で、二年九月丁丑に殺され、蔣山《しょうざん》の陽に葬られてそれを冲平陵《ちゅうへいりょう》といった。蔣山はまたの名は紫金山《しきんざん》、すなわちいまの鍾山《しょうざん》で、石碣発見地点は鍾山に近接しており、地理的にも位置が符合する。『晋書』には恭帝が殺されたとだけのべて、埋葬の日付をしるさないが、これによれば、恭帝は九月に死に、十一月に礼にもとづいて葬られ、この石碣を立てて記念としたのである。

東晋の十一人の皇帝は、『建康実録《けんこうじつろく》』などでは九人がこの一帯に葬られ、そのうち、元《げん》・明《めい》・成《せい》・哀《あい》四帝は鶏籠山《けいろうざん》の陽に、康《こう》・簡文《かんぶん》・孝武《こうぶ》・安《あん》・恭五帝は鍾山の陽に葬られたことになっている。たぶん鶏籠山は鍾山の一部で、鶏籠山から東、鍾山の南麓までが建康城外で、当時はひとつづきの東晋帝陵区となっていたのであろう。ただそのほかの墓はいまだにみつかって

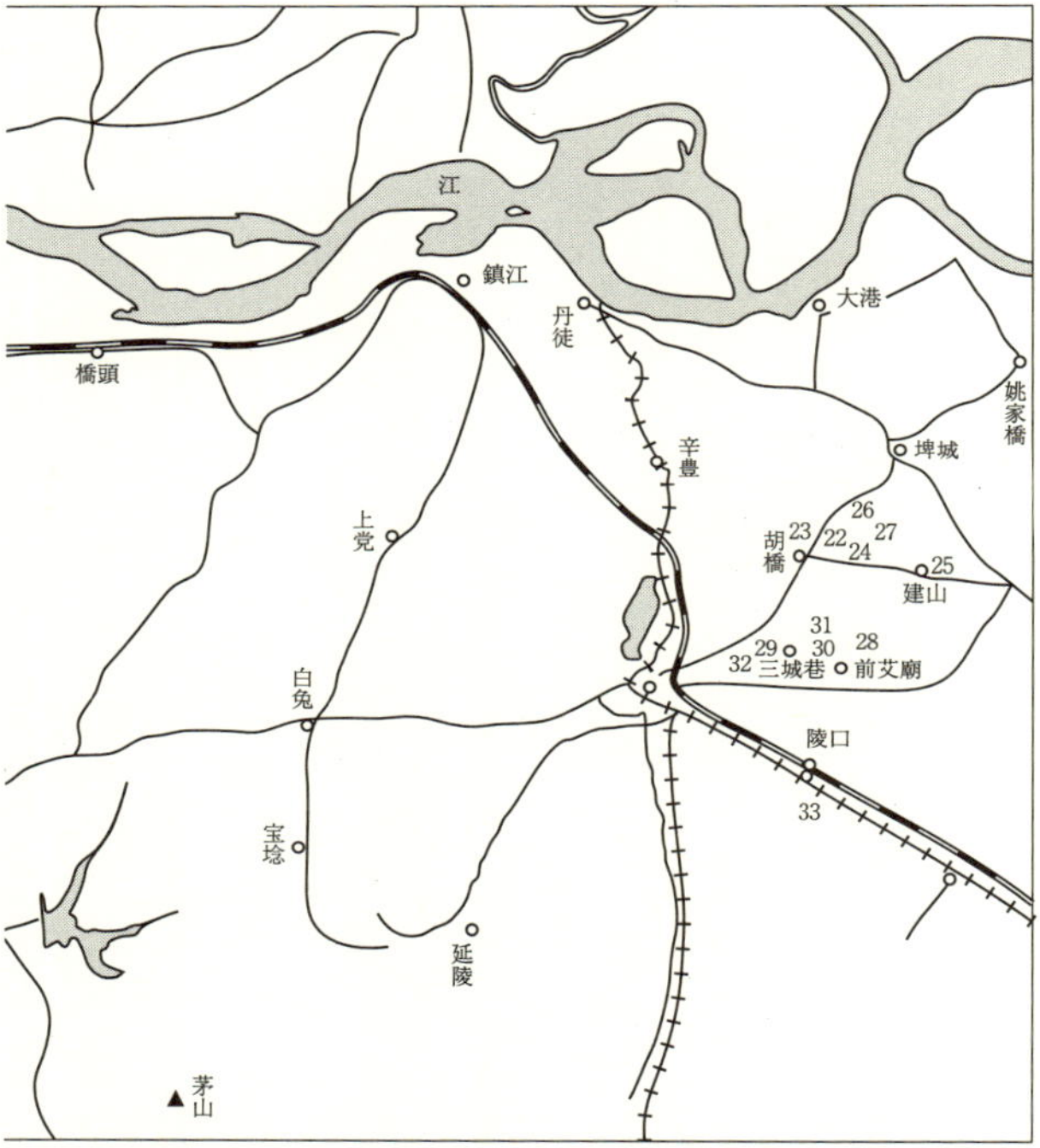

24　斉景帝蕭道生修安陵
25　斉東昏侯蕭宝巻墓或和帝蕭宝融恭安陵
26　失名墓（廃帝鬱林王蕭昭業墓）
27　失名墓（廃帝海陵王蕭昭文墓）
28　斉武帝蕭賾景安陵
29　斉明帝蕭鸞興安陵
30　梁文帝蕭順之建陵
31　梁武帝蕭衍修陵
32　梁簡文帝蕭綱荘陵
33　丹陽斉梁陵墓入口
34　東晋穆帝司馬聃永平陵
35　東晋陵
36　梁長沙宣武王蕭懿（衡陽宣王暢）墓
37　梁永陽昭王蕭敷墓
38　梁桂陽嗣王蕭象墓
39　宋孝武帝劉駿景寧陵
40　宋明帝劉彧高寧陵
41　陳宣帝陳頊顕寧陵

注　陵墓番号は 74 ～ 76 ページの表の番号に対応。ただし、34 以後は新発見のものを増補

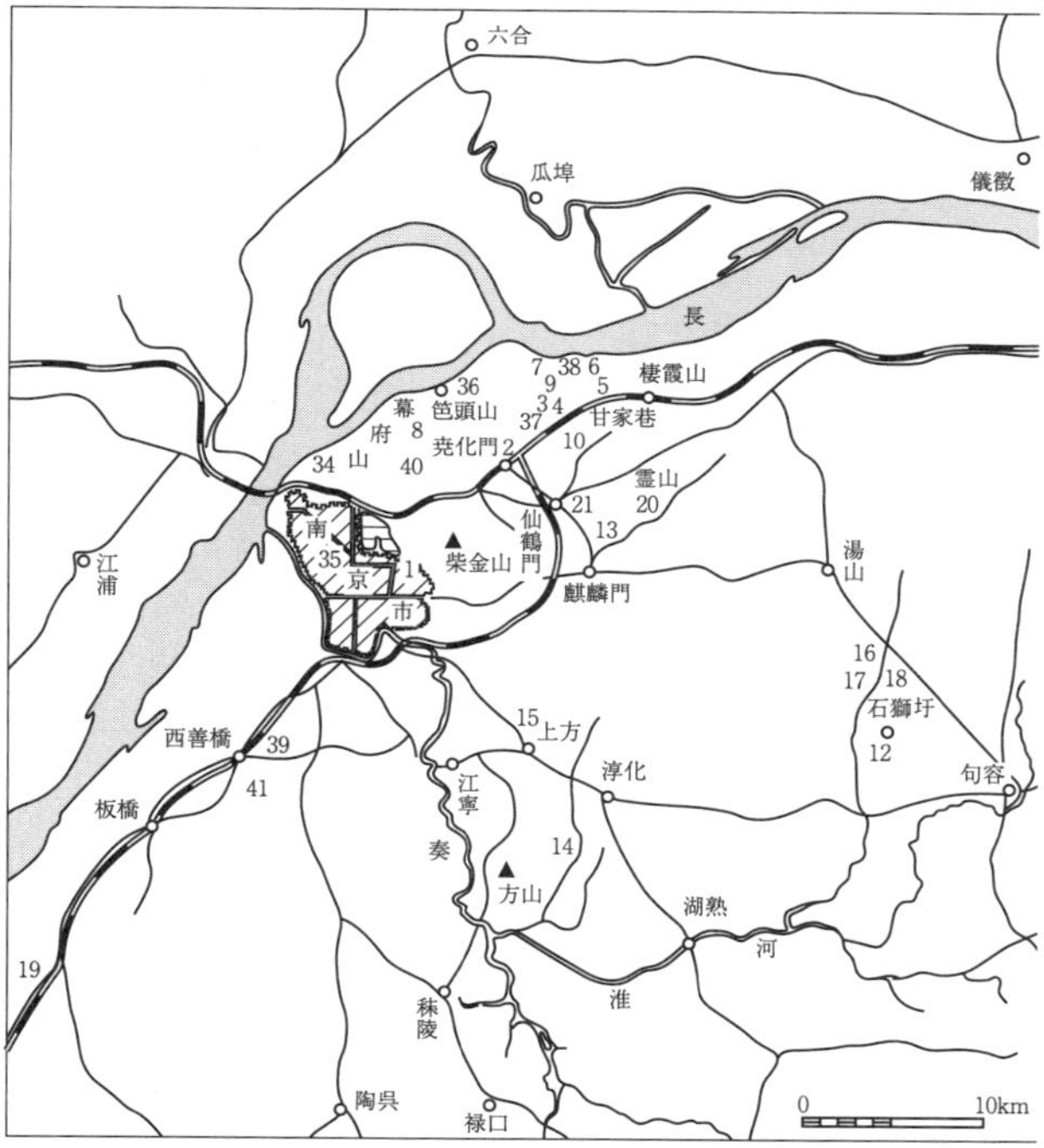

19　六朝陵墓位置図

1　東晋恭帝司馬徳文冲平陵
2　梁呉平忠侯蕭景墓
3　梁始興忠武王蕭憺墓
4　梁鄱陽忠烈王蕭恢墓
5　梁安成康王蕭秀墓
6　梁桂陽簡王蕭融墓
7　梁建安郡王蕭偉墓
8　梁昭明太子蕭統墓
9　梁新渝寛侯蕭暎墓
10　宋文帝劉義隆長寧陵
11　失名墓（8または36に該当）
12　梁南康簡王蕭績墓
13　宋武帝劉裕初寧陵
14　梁建安敏侯蕭正立墓
15　陳武帝陳霸先万安陵
16　失名墓
17　失名墓
18　失名墓
19　斉予章文献王蕭嶷墓
20　陳文帝陳蒨永寧陵
21　梁臨川靖恵王蕭宏墓
22　斉宣帝蕭承之永安陵
23　斉高帝蕭道成泰安陵

いない。一九七二年、南京市内の南京大学北園で大型東晋墓が発見された。これは東晋陵の一つである可能性がある。さらに恭帝石碣と富貴山で発見された別の大墓、南京大学北園大墓の発見とその発掘調査からみて、この一帯が東晋の皇帝と王族の族葬《ぞくそう》墓区である。

陵墓の立地は、いわゆる「背は山峰により、面は平原にのぞむ」が法則であった。たとえば、いずれも陵墓と推定される西善橋油坊《ゆぼう》村大墓は海抜一〇四・三メートルの罐子《かんし》山麓にあって、地表から一・五メートルの高さであり、富貴山大墓は海抜八〇メートルの富貴山麓にあって、地表からの高さ九メートル、棲霞山《せいかざん》甘家巷《かんかこう》大墓は海抜七三メートルの洼子《あし》山麓にあり、地表より高さ一〇メートル、丹陽胡橋《こきょう》大墓は海抜一〇〇メートルの鶴仙坳《かくせんおう》山麓にあって、地表より高さ二五メートルである。

20　東晋恭帝玄宮石碣

この四墓はともに、背後に山がひかえ、前に平原が広がっている。だからかれらの墓の棺槨《かんかく》（棺と棺をおさめる外わく）の方向は南にむいたり、北や東をむいたりするものがあるが、ようするに地形に合わせて決めるのであり、はじめに決まった方向があるのではない。墓は南むきでなければならないとい

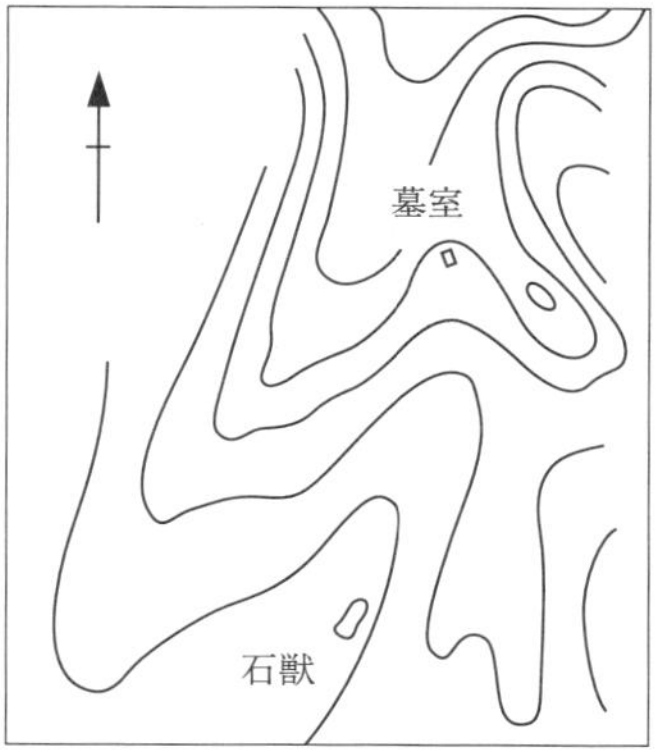

(1) 丹陽胡橋大墓

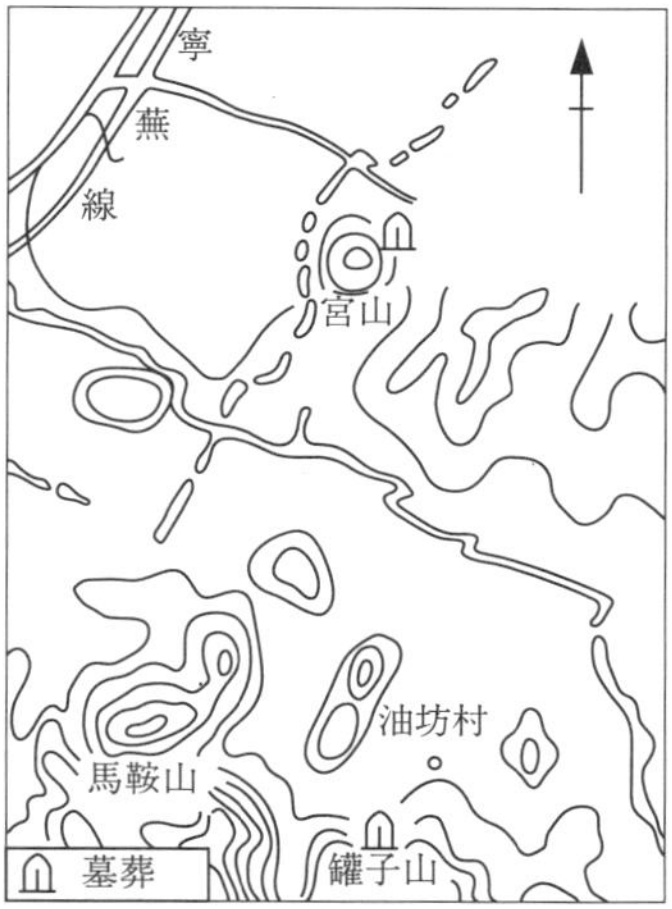

(2) 南京油坊村と宮山大墓

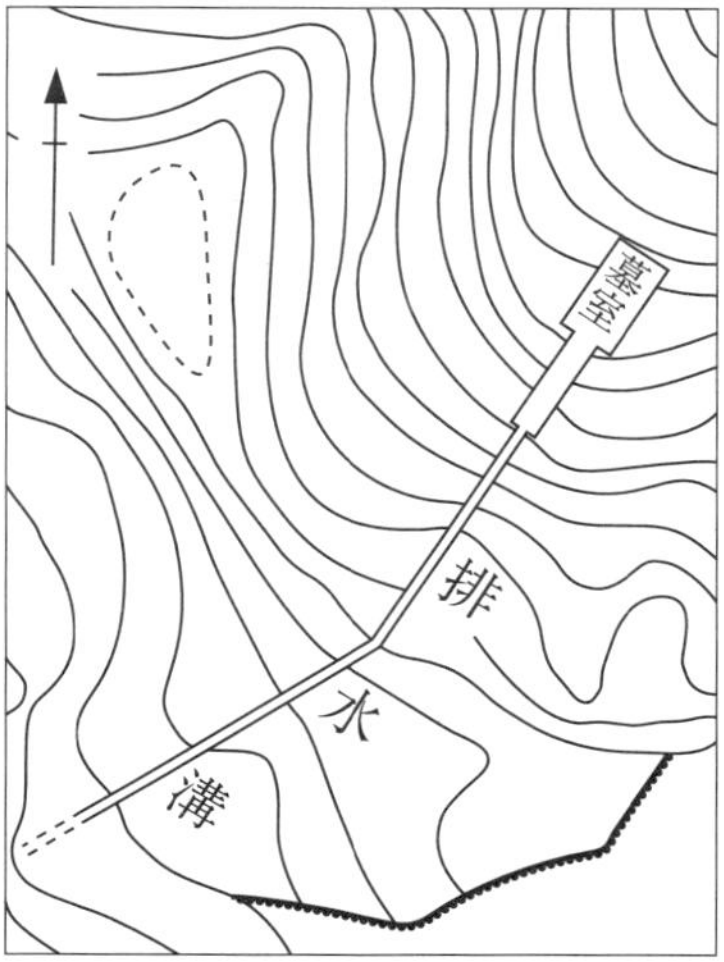

(3) 南京富貴山大墓

21　六朝陵墓地勢図

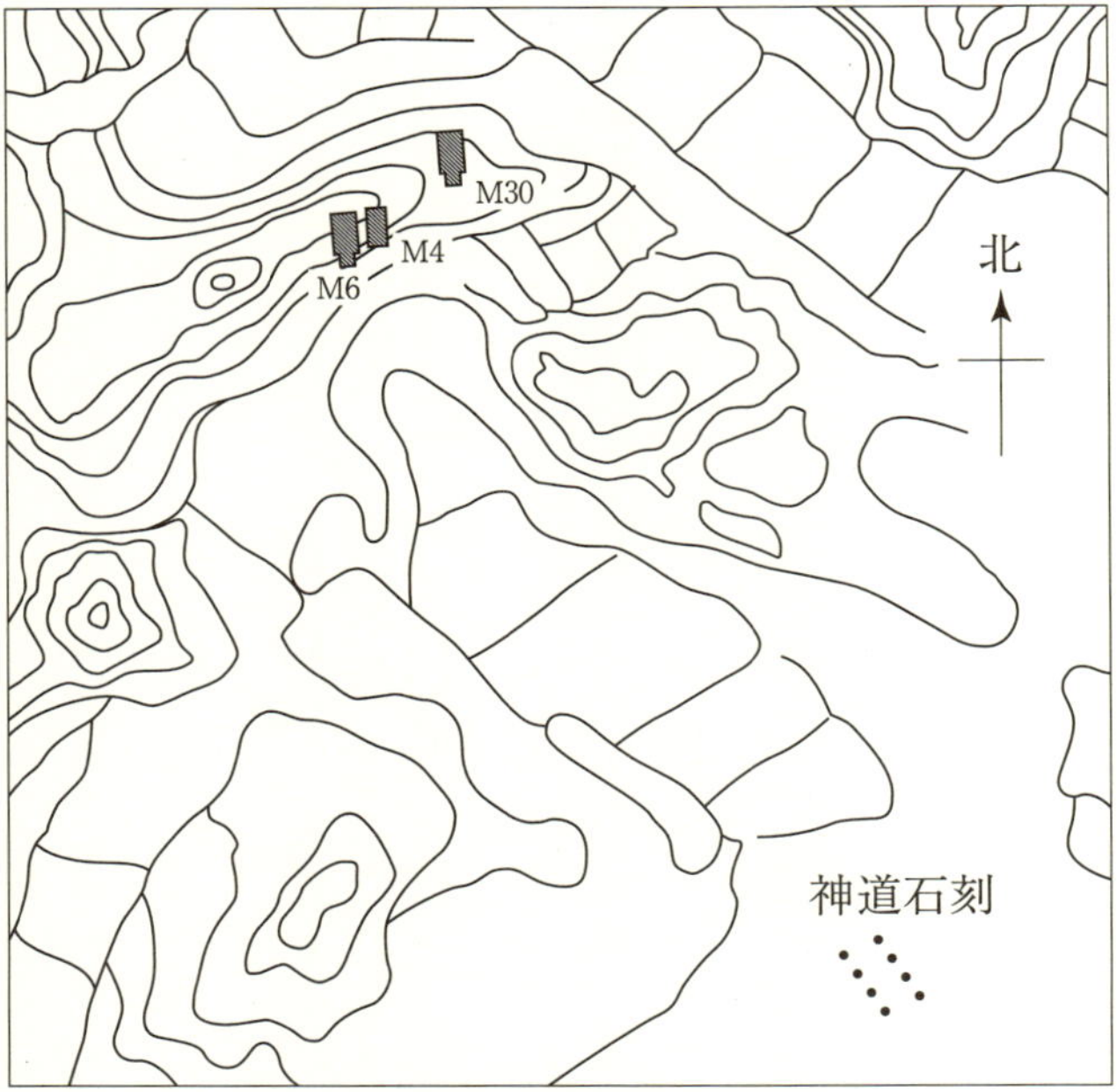

22　蕭秀と家族墓平面分布図

うが、実際にはそれは誤りである。六朝の陵墓は平地には設けないが、大道のわきにも置かないということがわかる。朱偰《しゅせつ》はかつて「六朝陵墓は、大道のわき、低湿の地にあるようだ」とのべたことがあるが、発掘されなかった段階では、正確に葬地《そうち》の位置を測量できなかったのである。

発掘された陵墓の墓前の石刻と墓との距離を測量すれば、丹陽胡橋大墓では五一〇メートル、甘家《かんか》巷蕭秀《こうしゅうしょう》墓で一〇〇〇メートルあり、陵前の石刻《せっこく》と墓までの距離は相当ある。同時に石刻と墓はしばしば同一の中軸線上にはなく、したがって、地表から墓の位置を判断することは困難である。

たとえば、丹陽胡橋大墓墓前の地表遺跡、すなわち石獣から、墓へむかう墓道［神道］は湾曲し、その間五〇〇メートルあまりあるが、これはおもには地形と地勢によってそうなったのである。発掘しないで、地表の石刻遺跡からだけで判断すると、正確に墓の位置をたしかめることはできない。

ここでかさねて指摘しておかねばならないのは、江南の六朝陵墓が、葬地はいずれも山麓または中腹か山上にあり、地表の建築と石刻などは平地にあることが法則となっている点である。それは直接唐・宋・元・明各時代の葬制と配置に影響をおよぼした可能性がある。

規模と構造

現在までの考古資料からみるかぎり、六朝陵墓はいずれも磚室《せんしつ》構造であり、それは江南の土壌、気候などの条件と密接な関係がある。墓室築造の前に、まずかならず墓坑《ぼこう》を掘るのだが、葬地に選んだ山麓斜面に長方形の墓坑を開く。山を切り開いてつくる広大な墓坑は、当時の陵墓の規模のおおきさをしめす。たとえば、西善橋《せいぜんきょう》油坊《ゆぼう》村大墓は墓坑の長さ四五メートル、底部の幅九メートル、上部の幅一一メートル、深さが一四メートルある。富貴山《ふうきざん》大墓は、墓坑の長さ三五メートル、底部の幅六・八五メートル、上部の幅七・五メートル、深さ七メートル、丹《たん》陽胡橋《ようこきょう》大墓は、墓坑の長さ一八メートル、幅八メートル、深さ四メートル、幕府山《ばくふざん》大墓は、墓坑の長さ二〇メートル、幅八メートル、深さ七メートルである。

これらは山上から墓坑をきりひらいて墓室を営造する方法をとり、竪穴や竪井を掘る方式をとらないが、それはおもに江南の土壌土質が粘って硬く、湿っているため、深く掘りすぎたり、洞窟を掘るのに適さないからである。またたいていの六朝陵墓は、土砂崩れを防ぎ、墓室を保護するための措置を講じて

23　丹陽胡橋大墓の墓坑

墓名	長さ	幅	高さ（単位：m）
老虎山顔鎮之墓	4.63	1.66	2.32
人台山王興之墓	5.33	2.23	2.20
石閘湖汝陰太守墓	7.80	2.80	2.67
○西善橋七賢壁画墓	8.95	3.10	3.30
○西善橋油坊村大墓	13.50	6.70	6.70
○富貴山大墓	9.76	7.80	5.15
○丹陽胡橋大墓	15.00	6.20	4.50
○甘家巷大墓	10.30	3.25	3.70
○幕府山大墓	8.16	5.40	3.05

［○は陵墓］

いる。たとえば油坊村大墓は、護壁墻《ごへきしょう》を墓坑によりそわせているし、富貴山大墓は護頂磚をアーチの頂上部に貼りつけてあるが、このような方法はかなり合理的といえる。

墓坑を開いたあと、墓室を築造する。六朝陵墓は一般六朝墓とちがい、いずれも大型単室墓《たんしつぼ》であり、前室や側室がない。頂上はアーチかドーム形であり、規模は一般墓にくらべておおきい。試みに南京付近で発掘された貴族豪族墓と比較してみよう。

表からわかるように、後者の六墓は、三基の貴族豪族墓にくらべてあきらかにおおきい。このような大型単室墓は、墓室内壁がきれいに整えられた花紋図案の磚で積みあげられたり、壁《へき》画磚《がせん》をくみあわせていたりする。前後両室にわかれていたら、一幅の壁画磚を組みあげること

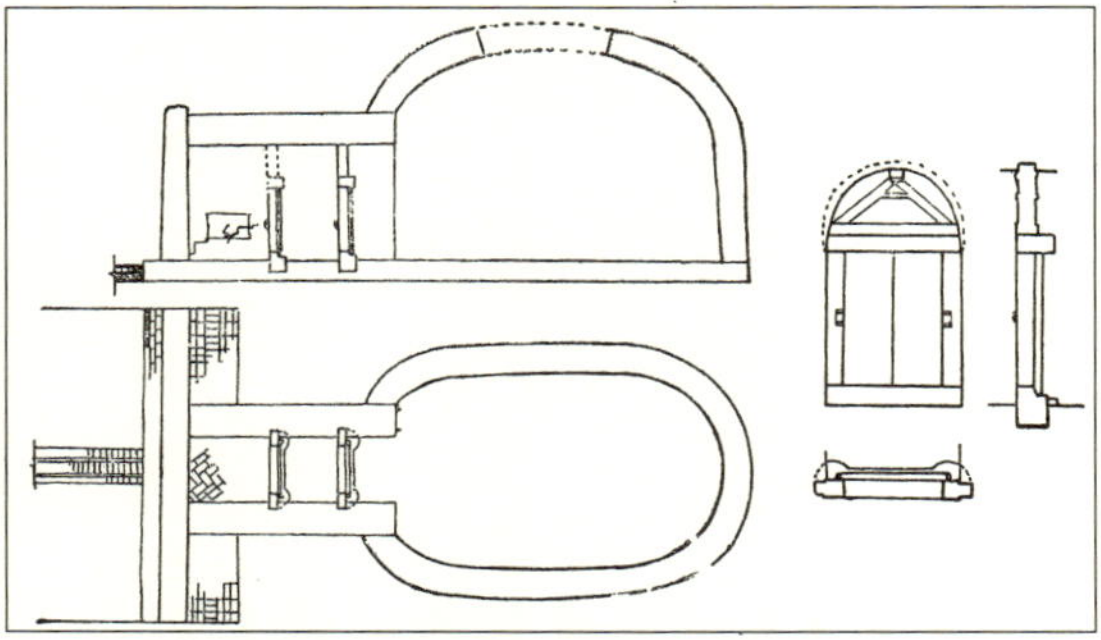

24　南京西善橋油坊村南朝大墓平面図

はできないし、またあのような気宇雄大さはないであろう。これが大型単室構造をとった原因の一つかもしれない。ただそれらは、漢唐帝王陵墓の規模にくらべると、なお遜色があるが、それはまた当時は分裂時代で、王朝は江南の片隅にあり、経済力に限界があったことなどによる。

六朝陵墓には建築構造上、二つの特徴がある。

第一に、墓門《ぼもん》は石造で、門額《もんがく》は半円形であり、額に人の字形のます型を浮彫りにしてある。こうした人字を浮彫りにした石造のアーチ式墓門は陵墓の墓室構造の一つの標識かもしれない。墓によってはおなじような構造の石門を二つ築いているばあいすらある。たとえば皇帝陵である丹陽《たんよう》胡《こ》橋《きょう》大墓と南京西善橋《せいぜんきょう》油坊村《ゆぼうそん》大墓はこのような墓であるが、王族墓である甘家巷蕭秀《しょうしゅう》墓はこのての石門は一つである。したがって、皇帝皇后級の陵墓は二門、王侯級の墓は一門であって、それは支配階級内の一種の制限であるとみなせる。

第二に、墓前にはいずれも長い排水溝がある。この排水溝は、その一端が墓室の底にはじまる暗渠《あんきょ》であり、墓室の磚を敷いた床に陰井口《いんせいこう》をつくって墓内に溜まった水を排水し、別の一端は墓前の低地やため池につながっている。その構造は工夫をこらしたもので、いずれも平磚《へいせん》を七、八層重ねて通路風に築いたものである。たとえば胡橋大墓の排水溝は一九〇メートルに達し、油坊村大墓は残長五〇メートル、富貴山大墓は残長八七・五メートルあり、地形と墓前のため池から推測すると、あとの両者はともに一〇〇メートル以上はあったとみられ、しかもつくりはきわめて堅牢である。

このような排水溝は、ほかの時代や北方ではほとんどみられず、六朝時代江南墓の特徴の一つである。江南の気候が湿潤なため、墓室を築造するときに、これは室内に水が溜まるのを防ぐための必須の条件であり、古代墓の建築を研究するうえでの、時代と地域の特徴をそなえた実物資料となっている。それが地下で墓前の低地やため池につながっていたために、墓が低地湿地にあるとよく後人が誤解したのである。

六朝大墓は、しばしば気宇雄大で、両側に広がった封門墻《ふうもんしょう》

25　富貴山大墓排水溝

26　封門墻（象山王氏墓）

をそなえ、そのうしろにさらに土崩れを防護するための土壁がある。それらは地形や墓坑の大小によってことなり、たとえば油坊村大墓は封門墻が立面が長方形の逆梯子形で、富貴山大墓は封門墻が二層になり、平面が弧形を呈し、防護土壁は磚と土をまぜて築いている。墓門を閉じたあとの埋め土は突き固めるが、その形は地勢によって決まり、山が高ければ墳《ふん》を起こさず「たとえば富貴山大墓」、低ければ墳を起こす「たとえば油坊村大墓」。ただ全体にみれば、墓は山によって築くのでみな高所にあり、墳を起こしたものとみなし得る。しかし、山自体からみれば、棺槨は山内の墓坑中にあるので、墳を起こしていないともいえる。したがって史書にはこれらの墓について、墳を起こすと起こさないとの二通りのいいかたがあるが、実質的にはおなじである。それらは北方の大墓が、平地の地下に築かれ、平地から墳を起こして封土《ふうど》を積みあげるのと決定的にことなるのである。発掘された六朝陵墓は、おおくが破壊され、現在なお遺物・葬具《そうぐ》・副葬品の全体の内容とその法則をみいだすすべがない。いま、墓の大小を基準に推測し、文献を参考にすると、大部分の陵墓は合葬墓《がっそうぼ》のはずであり、あるものは二次葬である。出土遺物はみな壊れて傷ついているが、それでもなお厚葬《こうそう》（葬儀や埋葬を豪華にすること）の風をみいだせる。

六朝《りくちょう》時代、何人かの皇帝はたびたび命令をだし、厚葬を厳禁し、とくに金銀の副葬を許さなかった。たとえば、魏武帝曹操《ぎぶていそうそう》は、遺言して金珥《きんじ》（みみだま）珠玉銅鉄のものは、いっさい葬らせなかったし、東晋は元帝《げんてい》・明帝《めいてい》も陵墓と葬儀は非常に簡素であったという。ただ、いくつかの大墓中には、みな金銀があり、そのうえその製作技術がきわめて精巧で美しいところからみて、いわゆる禁令とは、ただの紙切れであって、形だけのものであった。

新中国いらい、南京、丹陽地区で発掘された百座にものぼる六朝墓は、大多数が破壊されていて、その破壊の程度は墓がおおきければおおきいほどひどい。地層の乱れの状態からみれば、いずれも埋葬されたあと、ほどなくして破壊されたとみられる。ある墓は室内の遺物が何ひとつないか、ほとんどないだけでなく、墓室の四壁と底部の磚もほとんどとり尽くされている。それゆえ、この状況はたんなる盗掘ではなく、報復的な破壊によるものだとわかる。南朝政権は短命で、交替ごとに大規模な墓荒らしがつねにおこった。このような破壊のさまは六朝時代の分裂という不安定さ、支配者階級内部の相互の排斥や闘争の異常な激しさと無関係ではない。墓室自体が建設されたあと、当時の葬制《そうせい》では、陵墓前に享堂《きょうどう》と石刻を建造した。この制度は漢代にはじまる。また六朝では陵前に寝廟《しんびょう》があった。この寝廟は享殿《きょうでん》または享堂であって、陵守と祭祀のためのものにちがいない。推測するに、現在六朝陵墓の大多数の墓前にはいずれも石刻があるが、当時は寝廟のたぐいの建築物もあり、のちに兵火やそのほかの原因で失われた可能性があるのである。いまも陵墓前に残る石刻は、われわれが六朝の彫刻芸術やそれに関する典章《てんしょう》制度を研究するための重要資料であり、別に以下に論ずることにしたい。

墓前の石刻

南京およびその付近の六朝陵墓は、あわせて三三ヵ所に石刻がある。そのうち、帝王陵の一二ヵ所では、丹陽の梁文帝蕭順之《しょうじゅんし》の建陵《けんりょう》の石刻がもっともおおく残っており、石獣一対・石柱一対・石碑一対・石礎《せきそ》［方形］一対のあわせて八件ある。王侯墓が二一ヵ所、南京甘家巷蕭秀《しょうしゅう》墓に残るものがもっともおおく、石獣一対・石柱一対・石碑二対の計八件である。ただ、大多数の陵墓は、三対の場合がもっともおおい。すなわち石獣一対・石柱一対・石碑一対であるが、長い年月の間に失われたり、こわれたりしてしまっている。その配置は形式上は対称となっていて、それがむかしからの葬制の特徴なのかもしれない。現在までのところ東晋陵前では地表石刻を見出したことがなく、六朝陵墓石刻とは実際は南朝陵墓石刻なのだというものもいる。もっとも、唐の李商隠《りしょういん》の「晋元帝廟詩《しんげんていびょうし》」の、「弓箭神霊《きゅうぜんしんれい》、何《いず》くの処《ところ》にか定めん、年年《ねんねん》春緑《しゅんりょく》、麒麟《きりん》に上る」という句によれば、唐代東晋陵の前にはなお石獣と寝廟《しんびょう》［すなわち享《きょう》殿《でん》］があり、あとに破壊されたことがわかる。ただこの「麒麟」とは、宮殿の名称であって、石刻の名称ではないとかんがえるものもいるし、これは李商隠のつくった詩かどうかをうたがうものさえいる。しかし、南朝陵墓前に石刻を置くことが制度化されていたことは疑問がなく、漢の陵前にも石刻があるのであるから、なぜ東晋陵前にだけそれがないのかは研究にあたいする。

石柱と石碑

神道石柱ともいい、あるいは華表《かひょう》・表ともいうが、いまは石柱と通称している。ただそれらは後世の宋明諸陵前の石柱とはことなる。後者のばあい、石柱のほかに華表があるが、華表は碑亭《ひてい》の傍らに立つものであり、石柱は石獣の前に立つ。両漢《りょうかん》時代、華表は桓表《かんひょう》といい、三国時には桓楹《かんえい》といい、六朝になってはじめて華表と称し、もとは役所・浮き橋（舟をならべてつくった橋）・郵亭《ゆうてい》（文書を伝達してとどまるところ）の前に立つものであった。

それは三つの部分から成っている。上は柱首《ちゅうしゅ》の円蓋《えんがい》で、ふつうは円形の蓮花座《れんかざ》である。こ

27　梁蕭景墓石柱題額

れは六朝時代に流行した彫刻装飾であり、あきらかにインド仏教の作風の影響を受けている。座上には小石獣が立ち、たいてい辟邪《へきじゃ》のような姿をしているが、神獣の部類に属する。

なかほどは柱身で、円柱形をなし、表面には断面は波形で、縦に走る直線模様が二四本から二八本ある。ギリシアのパルテノン神殿の石柱と酷似しており、また紀元前三世紀古代エジプトやペルセポリス「百柱の間」でもみかけるものである。柱身上端にはちいさい方形の神道碑がはめこまれており、左右両柱が対称となり、一方が正書、一方が反書、もしくはいずれも反書か正書かであり、墓主《ぼしゅ》だれそれの神道と書いてある。反書は特殊な書体で、神道石柱の題字にだけみられるものである。現在判読できるものには、梁文帝蕭順之（四四四～四九四）と呉平忠侯蕭景《ごへいちゅうこうしょうけい》（四七七～五二三）両墓の石柱神道碑があるが、蕭順之墓は両柱で、一は正書、一は反書である。蕭景墓のは一柱を残すだけであるが、反書である。両墓は大同年間以前に葬られたもので、このての反書は梁代初期にあったが、梁代の前後にはともにみられず、わずかに一時流行しただけである。

石柱上の方形石碑の下に、大きさが石柱の直径とひとしい方石が一つ飾られていて、その上には三匹の怪獣が彫刻され、下には一筋の縄紐の形の帯がまかれ、そのあとにまた二匹の龍が頭を交差させた模様の帯が刻されていて、そのさまは非常にいきいきしている。これらの動物の姿は、漢代の武梁祠《ぶりょうし》〔4〕の彫刻や唐墓中の鎮墓獣《ちんぼじゅう》の作風とよくにている。下部が柱《ちゅう》礎《そ》である。二層にわかれ、上の層は一対の有翼の怪獣［ひとによってはとかげという］を刻し、口には珠を含んでいる。下の層は一枚の方形の石で、その四面には浮彫りがあり、おおくは動物の姿であるが、柱礎はほとんどが長く地中に埋もれていたから、侵蝕のためぼやけてはっきりしないものがおおい。

28　蕭景墓前石柱

石碑はすでに漢代にあり、碑首《ひしゅ》は圭首形《けいしゅ》（将棋の駒の形）であったが、六朝時代になって、碑首は角がなくなり、左右に二匹の龍が交叉し、碑をとりまくような形になった。碑身には文字を刻するほか、碑側には鳥獣花葉紋の浮彫りを飾るようになったが、これはあたらしい装飾方法である。このての装飾はしばしば八つの区画があり、区画ごとに一種類の紋様を刻し、その内容は鳥獣や神獣怪獣の類であり、石柱上の怪獣と類似している。区画したところには忍冬《にんとう》唐草紋《からくさもん》（ギリシャ風の唐草文）が飾られる。碑座は亀趺《きふ》で、亀が頭をもたげ、すこぶる雄壮である。おもうに、亀趺座もまた漢代にはじまり、龍・鳳・虎などとともに、亀が吉祥《きっしょう》の獣であったことと関係がある。

石柱と石碑にはこのようにいくらか西方の特徴をもつ彫刻があるが、それらと中国の固有の伝統的芸術が一つに混ざりあって、一種独特な風格を造りあげている。たとえば、蕭景墓前のギリシア式の縦のすじが波形にとりまく石柱は、インド式の蓮花円蓋柱首を載せ、柱身の下方には中国固有の吉祥獣の柱礎を刻し、全体の造形はそれらがうまくとけあって、たいへん調和がとれている。蕭憺と蕭秀墓前の石碑は、西方の不思議な動物や鳥の装飾があるにはあるが、全体的にみれば、やはり中国固有の伝統がおもになっている。これら石柱と石碑はあたらしい芸術風格を形成し、外来の要素と有機的に結合しているがために、外来の要素があっても、まるでそれが感じられないようにみえるのである。とくに石柱の造形は、はるかにながめれば、華蓋が高くすらりとそびえたち、たいへん典雅で優美な江南の特色をそなえていて、これはまちがいなく当時の芸術家工匠の抜きん出た技量であり、いまでも手本にするねうちがある。

29　蕭秀墓前石刻

30　蕭宏墓前石碣

六朝陵墓の碑文は、現在蕭憺《しょうたん》・蕭秀墓前のものが判読できるほかは、みな読めないし、そもそも存在しない。この両碑はともに呉興《ごこう》の書法家貝義淵《ばいぎえん》の書で、典型的な南朝の楷書であり、書法史の研究の参考になるとともに、従前の「南帖北碑《なんちょうほくひ》」（当時の書の跡は南方では法帖、北方では碑文に残る）説の不十分さを補うものである。そのうえ、蕭敷《しょうふ》夫婦墓誌拓片の発見と蕭融《しょうゆう》夫婦墓誌の出土がある。この両墓誌の書法が北碑の長所をそなえており、また蕭憺《しょうたん》墓碑を凌駕するとみるむきもある。書法芸術は、六朝時代になって、画期的な変化をなしとげ、篆・隷から行・楷へと変化し、やがて現代書法の基礎となっていったのであるが、これは別にのべる。

石獣

墓前の石刻では、現存のものでは石獣がもっともおおく、しかももっともよく六朝陵墓の特色を代表し、芸術価値を有する。六朝墓前の石獣にはおおむね一つの法則があって、皇帝陵前のは角があり、王侯墓前のは角がない。前者には一角と二角の区別があり、天禄《てんろく》と麒麟《きりん》と称し、後者は辟邪《へきじゃ》と称する。両者ともに翼があり、一種の神獣であることにうたがいはない。このような神獣は漢の墓前にみえるものがもっとも早く、漢代の吉成侯州苞《きっせいこうしゅうほう》墓前の石刻には「辟邪」の二字が刻されていたし、河南南陽《なんよう》にある宗資《そうし》の墓前の石獣にも天禄辟邪の四字があった。

古く周代の銅器上に翼のある獣の彫刻があり、たとえば杕氏《だいし》の壷の上には、このての翼ある獣が飛びはねるさまがある。外国では、中央アジアのアッシリア帝国のメソポタミアのニネヴェ宮殿の入口に、二つの翼をもつ人頭牛身の石像が刻されている。また、古代ギリシアの神像彫刻には、このての有翼獣がたいへんおおく、有翼の獅子・馬・牛などがある。現在、動物学上でもベイラ［フサオカモシカ］とよぶ獣があり、有蹄類《ゆうているい》に属して、中央アジア・ペルシア・インドなどに存在しているが、それらは古代の神獣とたがいに関連するものと推測される。

六朝陵墓の石獣は、ある説によれば独角を天祿とし、双角を辟邪とし、また別の説では、角あるものはみな麒麟と称し、角のないものを辟邪と称する。このような神獣は、後漢の頃、中国に伝わった。後漢の霊帝《れいてい》は洛陽に宮殿を建設し、天祿蝦蟇《がま》を鋳造したという。天祿は神獣で、漢代には宮殿前には天祿と麒麟を鋳造し、しばしば天祿閣・麒麟閣の名称があった。それらは最初は宮殿前の装飾であり、のちに墓前に置かれるようになったのである。いずれにしても、六朝陵墓前の石獣は、みたところ漢代の石獣と密接な関係にある。そして漢代の石獣は一部分西方の影響を受けている。したがって、六朝になって、これらの石獣は中国固有の伝統と西方と、この二つの要素を総合したものとなったのである。

いま麒麟と辟邪の両者をそれぞれみてみると、麒麟の体形と形態は二種に大別できる。一種は、獣身が端正で、装飾は簡素であり、ほかの一種は、獣身がたおやかで、装飾は華麗である。

31　宋文帝陵前石獣

前者は、彫刻がゆったりと純朴で、力強く、大部分は首が太く短く、頭部はまっすぐ上をむいている。斉《せい》の諸陵の石獣がそれである。後者の彫刻は弾力的でいきいきしており、大部分は首が比較的長くて傾斜し、頭部はややおおきくて前にむかっている。陳《ちん》の諸陵がそれである。

それらはみな、胸をつきだし、腹はまるく臀部は厚い作風で、円形または方形の口をおおきく開け、口角には細毛のあるちいさな翼様のほほひげがあり、それぞれの角には魚鱗紋《ぎょりんもん》（うろこのもよう）とこまかい巻毛を飾っている。翼部は大部分が短翼で、翼のつけねにも鱗紋と渦巻紋があり、腹部には羽翅紋《うしもん》（羽やつばさのもよう）をあしらっている。胸と臀部にも花紋はあるが、ただ飾りが簡単で、たんなる飾りつけにすぎない。尾はみな長く垂れ、尖端はまいて足の上に載せるか地表に直立している。足には獅子ににた爪がある。

すべての麒麟の装飾の風格からみて、だいたい装飾が緻密で数おおいものほど後期のものである。芸術的作風からみれば、漢代の要素を継承していて、たとえば翼と翼のつけねは武氏祠や宗資《そうし》墓前の石獣と類似するところがあるが、六朝になると、彫刻芸術はさらに豊かになり、短翼のほかに羽翼を造りつけ、みるものに体軀のおもおもしさを感じさせず、翼をはばたかせいまにも飛びそうな様子をしている。

彫刻の技巧も体形によってことなり、宋武帝陵前の石獣は獣身が端正で、装飾は簡素であり、方刃の彫刻刀をもちいている。斉武帝陵前の石獣はたおやかで、装飾も豊富であり、円刃の彫刻刀をもちいている。しかし、全体にみれば円刀法がおおく、簡単粗放であった漢代の彫刻刀法からおおきく進歩している。

辟邪《へきじゃ》の体形には麒麟《きりん》とにたところがあり、頭部［角をのぞく］と翼部にはおおきなちがいはないが、たいていは首が短く、太っていて、舌を前方に伸ばし

32　斉武帝蕭賾陵前麒麟

ている。装飾はおおくは簡素で、彫刻は重厚にして力強く、麒麟とはまた別の味わいがある。彫刻の刀法は、蕭秀《しょうしゅう》墓前の辟邪では方刀法、蕭憺《しょうたん》墓前の辟邪には円刀法をもちいている。全体的な差異は麒麟ほどは顕著でない。それらはほとんどすべて装飾が素朴で、変化もすくない。ゆえに、麒麟の大部分は華麗でたおやかさでまさり、辟邪の大部分は雄壮素朴さでまさっている。

33　蕭秀墓前辟邪

すべての石獣は、その彫刻芸術や形態の作風を総合してみれば、一方では漢代の伝統を継承しながら、もう一方では西方外来のある特色を吸収していて、たとえばそれらはペルシア・ギリシアの神獣の姿と類似する。ただ石獣はこの伝統と外来からもたらされた要素で限定的に特色づけられているのではなく、それらを総合し、発展させることによって、一つの標準形をおのずから形成していったのである。つまり外来の要素と接したとき、固有の伝統を中心にしながらも、それらを吸収したり両者を融合させたりする芸術的いとなみをつづけ、そうしていきいきと活発で優雅な特徴をつくりあげるとともに、享楽的で頽廃的な生活の気風があらわれるようにしたのである。雄壮で素朴、華麗でたおやかなその表現は、中国の固有の伝統にくわえて、外来の神話伝説の要素と芸術的な誇張表現の手法を吸収し、それを時代の特徴と結びつけて、あたらしい芸術的風格を創造したものである。

おおくの芸術家たちが、この石獣の風格に威武勇猛の気迫があるばかりか、かろやかで美しく柔和な情緒もあり、その両者が自然に融合しあい、装飾過多で不自然だったり、生気にとぼしく固陋なところがすこしもないと称賛する。まさしく中国古代の彫刻芸術家のすぐれた作品である。ただ、それらも時代の制約をうけ、いささかものたりないところもないではない。たとえば、宋文帝陵前の石獣は、頭部の装飾が華麗複雑すぎて、たしかに一種ロマン的な色彩はあるにせよ、みるものに頭部が重く脚部が軽い印象をあたえる。総体的にいえば、麒麟と辟邪の区別はあるにせよ、六朝陵墓前の石獣は、素朴で重厚なものから勇壮で機敏なものへと変化しており、この変化が基本的な法則のようである。

第五章　貴族豪族墓と一般墓

周氏墓群

中国の歴史上、魏晋南北朝時代は門閥貴族制度が重要な役割をはたしており、中国の封建社会の形成と発展にかかすことのできない意味をもっている。当時の貴族の等級は厳密で、それは東晋南朝で最高潮に達して、「上品に寒門《かんもん》なく、下品に勢族《せいぞく》なし」〔『晋書《しんじょ》』劉毅《りゅうき》伝〕というありさまであり、そのことは墓にも反映されている。江蘇地区南京象山の王氏《おうし》墓群、老虎山の顔氏《がんし》墓群、雨花《うか》

34　老虎山顔氏墓跡

台《だい》・鉄心橋の謝氏《しゃし》墓群、宜興《ぎこう》の周氏《しゅうし》墓群などの大族墓は、贅沢をきわめた副葬品をもつほか、かれらの族葬《ぞくそう》の地には他人は墓地を設けることは許されない。

同時に、貴族大地主の荘園経済もまた最盛期に入った。この大土地所有制の発展は、封建社会の一つの特徴をあらわすもので、これも考古資料上から証明できることである。一例をあげれば、六朝時代江南に住んでいた大族、たとえば南京象山《ぞうざん》王氏家族墓群は、七墓が発掘されているが、その土地は五万平方メートルを占め、宜興周氏家族墓群は六墓が発掘され、土地は五・七万平方メートルである。かれらの生前の占有地は驚くべきものであったと推測できる。

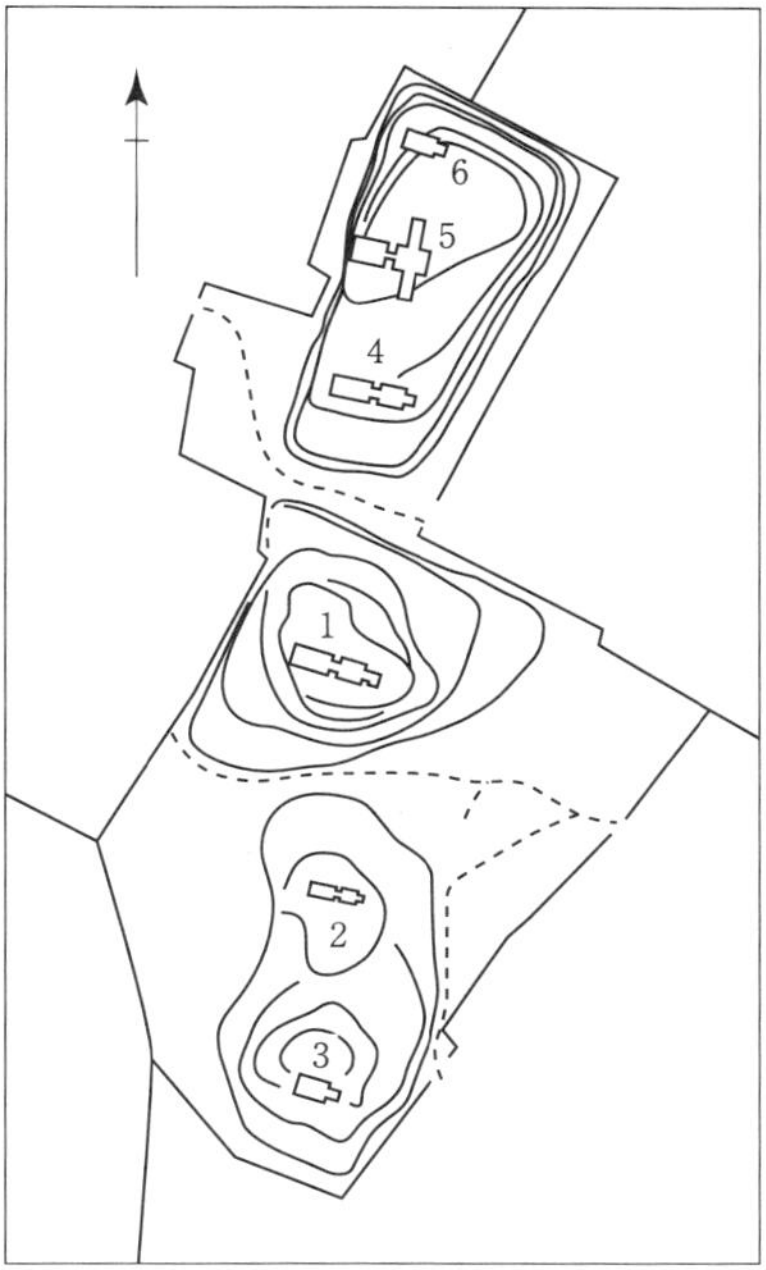

35　宜興周氏墓群

ここで宜興の西晋周氏墓群を例にとって説明してみよう。一九五三年と一九七六年、南京博物院は江蘇省宜興において、二度にわたって西晋の平西《へいせい》将軍周処《しゅうしょ》(呉の出身で、呉がほろんで西晋につかえ、反乱を討伐して戦死)の家族墓群あわせて六基を発掘し、重要な出土文物を得た。この六墓［編号《へんごう》Ｍ一〜Ｍ六］中、紀年のあるのは元康《げんこう》七年（二九七）、永寧《えいねい》二年（三〇二）、建興《けんこう》四年（三一六）で、それらの配列の位置と地理環境によって、西晋時代の江南の大族周氏一族の歴史的状況を確認することができる。

墓群は宜興県城内東南周墓墩にある。墩はほそながい土丘で、南北の長さ約一四〇メートル、東西幅五〇メートル、地表より四〜六メートル高くなっている。それぞれの墓はこのほそながい土丘に一列に北から南にむかってならんでいて、もとは七つの墳丘があったが、発掘時には四つしかなく、早くに盗掘をうけて破壊されている。この六墓はみな磚築の墓室で、単室のものと前後両室のもの、さらに側室をもつものもある。その文字磚が編年と墓主確定の根拠となった。

周氏一族は周鲂《しゅうほう》（呉の武将として有名）の父周賓《しゅうひん》ではじめて有名になり、鲂の子処《しょ》、処の子玘《き》・札《さつ》にいたって「四世顕著《よんせいけんちょ》（四代にわたって高位高官）」「一門五侯《いちもんごこう》（一族で五人の侯爵）」を誇り、東晋初めに王敦《おうとん》（琅邪王氏の出、東晋初に元帝の政治に反撥して挙兵、やがて病死）に族滅《ぞくめつ》されておとろえた。墓磚《ぼせん》の文字と照合すれば、一号墓は周処墓［発掘報告がある］であり、四号墓は永寧二年（三〇二）の年号と「関内侯《かんだいこう》」の称号があるので、周鲂《ほう》墓の可能性がある。五号墓には建興《けんこう》・大興《たいこう》・太寧《たいねい》の年号があり、周玘《き》墓の可能性がある。その両側室にも人骨があり、玘の子勰《きょう》・彝《い》の墓かもしれない。この墓は墓群中最大のもので、墓主は周氏一族中の最有力者である。二、三号墓は人骨の年齢が比較的若く、周処の子札・靖《せい》の墓かもしれない。六号墓は一番北にあり、構造・規模・形式および出土文物がいずれも六朝初期のものに属し、周鲂の父周賓の墓とみられる。

周氏は「江東の豪《ごう》は、周沈《しゅうしん》より強きはなし」といわれたほどの江南豪族で、墓の規模からみても、一、五号墓はともに一二メートル以上もあり、そのほかも六メートル以上で、当時の大型墓とみなせる。墓からはたいへん優れた青瓷が出土し、西晋時代に中国の瓷器《じき》が成熟の段階に達していることをしめすとともに、この地で焼成した可能性があることから、中国の瓷器の発展についての重要な実物資料となっている。それとともに、周氏のような貴族であってはじめてこのような上質の瓷器が使用できたこともわかるのである。

葬地の選択と配列

大族の墓地は、六朝陵墓とおなじく、いずれも土山丘陵の中腹を選び、十分に風水に配慮している。ここに南京北郊の東晋陵と大族墓地を例にとってみると、このことがたいへんはっきりする。

大族は一族が集まって葬られるから、同族中の墓の配列は封建社会の長幼尊卑の序列にしたがい、一定の順序がある。いま王氏、顔氏、周氏一族を例にとってみよう。象山は東晋初年の

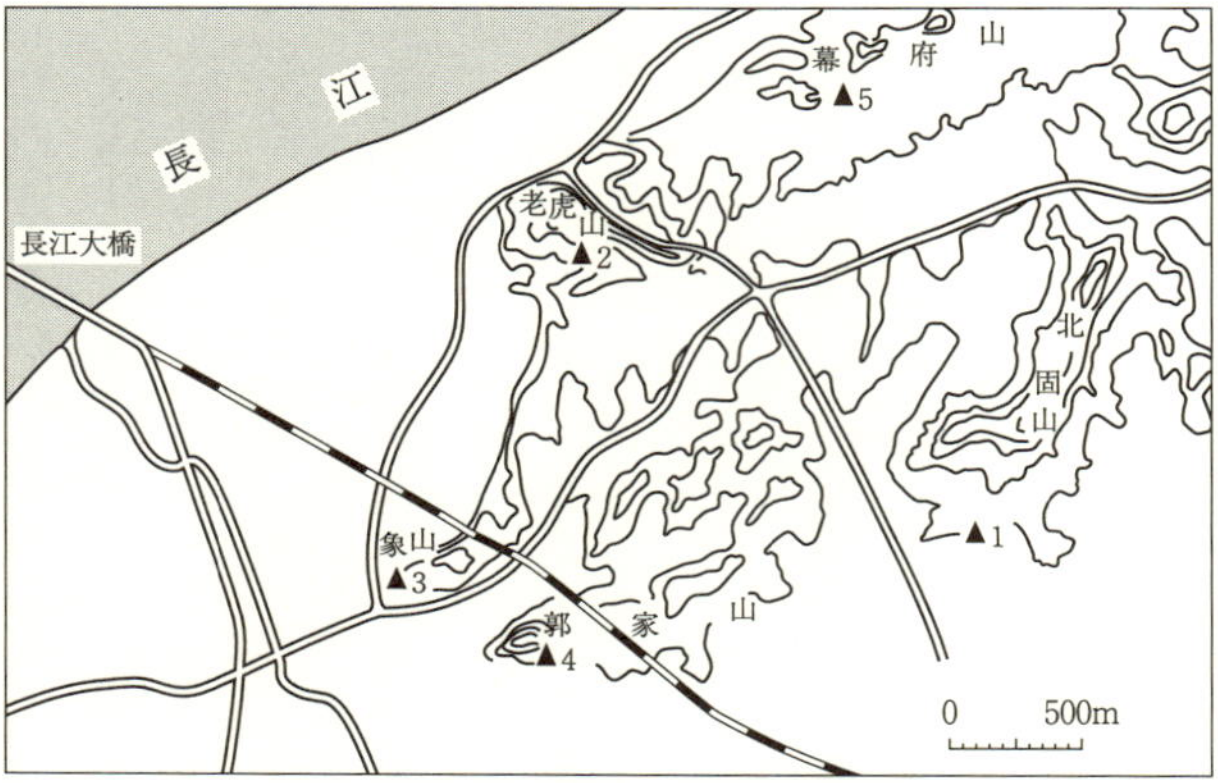

36 南京北郊陵墓と貴族墓位置図
（1．晋陵 2．顔氏墓群 3・4．王氏墓群 5．司馬氏墓群）

尚書左僕射《しょうしょさぼくや》（政治の中心、尚書の第二大臣）王彬《おうひん》の家族の墓地である。王彬は官は「散騎常侍《さんきじょうじ》（皇帝の侍従）、尚書左僕射、特進《とくしん》（三公につぐ高官）、衛《えい》将軍（大将軍のつぎに位置する三将軍の一）、都《と》亭粛侯《ていしゅくこう》」となり、長兄は曠《こう》、次兄は廙《よく》。曠は丹陽《たんよう》太守、廙は荊州《けいしゅう》刺史（州の長官）である。彬には彭之《ほうし》、翹之《ぎょうし》、彪之《ひょうし》、興之《こうし》、企之《けんし》の諸子と、娘の丹《たん》虎《こ》、孫の閩之《びんし》たちがいる。一九六四〜六五年、南京市文物保管委員会はここで前後して王興之［一号墓］、王丹虎［三号墓］、王閩之［五号墓］、夏金虎《かきんこ》［六号墓］などの墓を調査した。王閩之墓は王興之墓と王丹虎墓のあいだの後方にあり、王興之墓と王丹虎墓はならんで前方にあるが、これは王閩之が興之の子であるから後方にあり、興之と丹虎は兄弟姉妹なので、並列しているのである。ただし、王興之の父王彬の後妻夏金虎は左端の後方に葬られている。これは王氏一族の墓ではなく、別の区画に葬られた可能性が強い。このほか、七号墓は王彬の兄廙の墓である可能性がある。すると王閩之の墓の後方右寄りに葬られたことになる。王彬の墓はまだ発見されていない。

　老虎山は東晋の左光禄大夫《さこうろくたいふ》顔含《がんがん》の一族の墓地である。一号墓は顔含の第二子顔謙《がんけん》の夫人劉《りゅう》氏《し》墓、二号墓は顔含の長子顔髦《がんぼう》の子顔琳《がんりん》墓、三号墓は顔含第三子顔約《がんやく》墓で、四号墓は顔含の曾孫顔鎮《がんちん》之《し》墓の可能性がある。墓の配列の状況からみれば、一号墓がもっとも西で、二号墓が東にあり、四号墓がもっとも東、三号墓は一、二号墓のあいだにあり、世代の上のものが右［西］という法則に合致している。一、三号墓は同世代であり、二号墓は一世代下であり、四号墓はさらに一世代下ということになる。

　先述の宜興周墓墩は西晋平西将軍周処《しゅうしょ》とその一族の墓地であり、その配列は北から南へならび、もっとも北が周処の祖父周賓《しゅうひん》墓［六号墓］、そのつぎが周処の子周玘《しゅうき》とその子周勰《しゅうきょう》・周彝《しゅうい》墓［五号墓］、ついで周処の父周魴《しゅうほう》墓［四号墓］、ついで周処墓［一号墓］、そのつぎが周処の子周札《しゅうさつ》墓［二号墓］、周《しゅう》

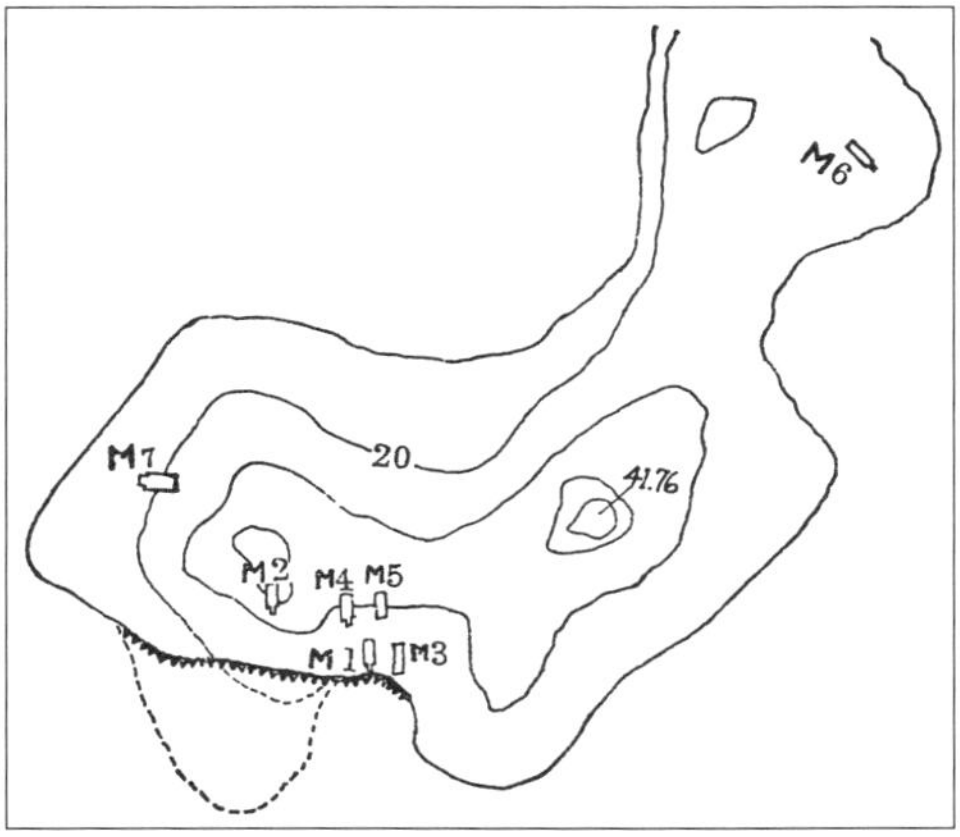

37　象山王氏墓分布図

靖《せい》墓［三号墓］である。これらの墓の配列はおおむね世代の上のものが北で、下のものが南である。

以上の三大家族墓の配列の順序からわかるのは、このような大族の家族葬墓はいずれも親族間の長幼の序列によって墓を配列し、北が上で南が下、あるいは前が下でうしろが上、または西が上で東が下［右が上で左が下］という法則である。ただし、その配列には融通性もあり、たとえば王氏墓地の王廙《おうよく》墓と夏金虎《かきんこ》墓は、世代がすこし上で、配列からいえば前にあるはずなのに、実際はうしろにあり、周氏墓地の周玘墓は祖と曾祖の墓のあいだにある。しかし、全体的な状況からみれば、一族集まって葬り、世代長幼で墓を配列するのは、封建的支配者階級、とくに門閥制度が厳格な六朝時代のうごかせない法則であったにちがいない。これはまた古代封建的支配者階級の思想や意識形態をあらわしてもいる。

墓の構造

六朝墓には普遍的な特色が一つある。それは絶対多数が磚室墓であることである。これはあきらかに漢代の木槨墓《もっかくぼ》を基礎に発展してきたものであって、木槨にかえて磚槨《せんかく》をもちい、磚を墓の普遍的な建築材料とし、長期の保存に都合のよいようにしたのである。この改良は墓葬《ぼそう》発展史上の大改革というべきであって、明清、さらには現代にまでつづいている。江蘇地区六朝墓中の大族墓は、陵墓と同様、すべて磚室《せんしつ》構造である。帝王陵墓は現在のところ、単室の大型ドーム型磚室墓だけであるが、大族墓の形式はさらに多様である。ここに一般的な中型磚室墓［貴族ないし官僚地主の墓であろう］について、のべてみよう。

（一）　凸字形アーチ型墓

これは比較的流行した形式で、主として江蘇地区に分布するが、湖南長沙《ちょうさ》・福建・両広《りょうこう》（広東・広西）地区にもいくらか存在する。

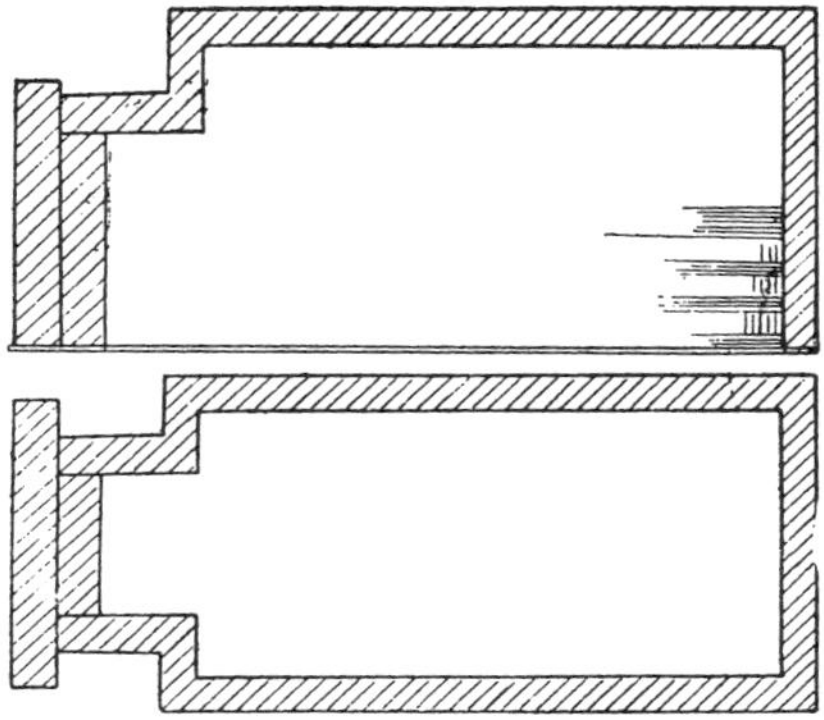

38　凸字形アーチ型墓

一、東晋時期。平面は凸字形を呈し、墓室両壁は平磚を縦に三層に積み、そのあと一層の磚を横にならべ（これを三直一平という）、これを順次くりかえして三段か四段積み、上部は縦に積んで頂上に達する。後壁もこの三直一平の磚の積み方である。おもに墓の左右両壁および後壁に凸字形の小龕《しょうがん》を設け、大型墓には棺床《かんしょう》を設けるものもあり、副葬品を並べる祭台を設ける墓も少数あるが、遺物はたいがいは墓室前半部に置く。甬道《ようどう》の構造は墓室とおなじだが、墓室にくらべてわずかにせまくなっている。甬道の口は磚でふさいであり、甬道中に木門を設

39　排水溝、墓道、封門墻（南京呂家山東晋李氏家族墓）

けるものもある。床に敷く磚は大部分はムシロのような紋である。

二、南朝早期［宋斉］。構造は東晋のものとおなじ。アーチはおおくは楔形磚をもちい、両壁の厚みを増し、凸形の壁龕《へきがん》のほか、まっすぐのれんじのある窓を造りつけてあることもある。棺床と祭台を築くことが普通である。祭台上にならべた副葬品の種類は、後世の祭祀に墓前に設ける供台のものとおなじである。

三、南朝晩期［梁陳］。墓室の構造にはやや変化があり、大、中型墓のあるものは左右壁と後壁が弧形となり、壁龕はすくなくなり、墓内には石の棺床と祭台を設け、甬道には石門がある。

これらの墓には、基本的にはみな、排水溝の施設があり、墓内には方形の井戸を設け、井戸の口には陶または銅製の漏水板《ろうすいばん》を置き、磚床《せんしょう》の下の水槽から、墓内にたまった水を墓外に排水し、さらに墓前の排水溝から排水するようになっている。

このての墓には、別に刀形のアーチ型墓がある。つまり甬道が片方にかたより、平面は刀形となり、単室でアーチ型である。これらはおもに浙江と福建に分布する。

(二)

長方形アーチ型墓。江蘇地区ではおおくなく、大部分江西、浙江、広東に分布する。その平面は長方形で、左右後三壁はいずれも磚を縦に積むが、三直一平の積み方も少数ある。上はアーチに積み、床の磚は普通は平たく敷いている。甬道《ようどう》はない。大部分は棺床もない。全体が三直一平の積み方で棺床があるのは、時代があとで、南朝晩期のものである。

(三)

ドーム型墓。単室と二室墓の二類型がある。

一、単室墓。平面は凸字形、すなわち甬道と墓室からなり、墓壁は全体を三直一平の積み方で壁下部を築き、壁下部の両端は斜めに内側にむかい、四隅は弧形となり、両壁の接合部は逆人字形に積んである。墓頂は方錐形または円錐形で一様ではないが、墓頂頂点は菱形磚でふさいである。大部分は棺床と祭台がなく、遺物は墓室前半部か、甬道と両壁下に置いている。凸字形の小龕《しょうがん》をつくり、龕内には青瓷の小碗が一

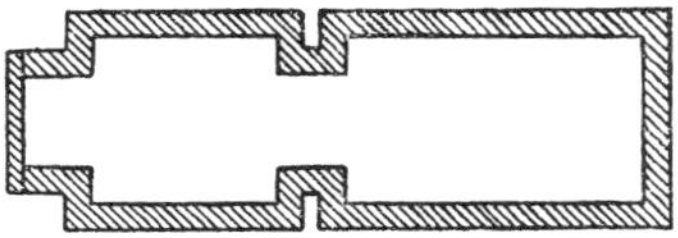

40　前後室アーチ型墓

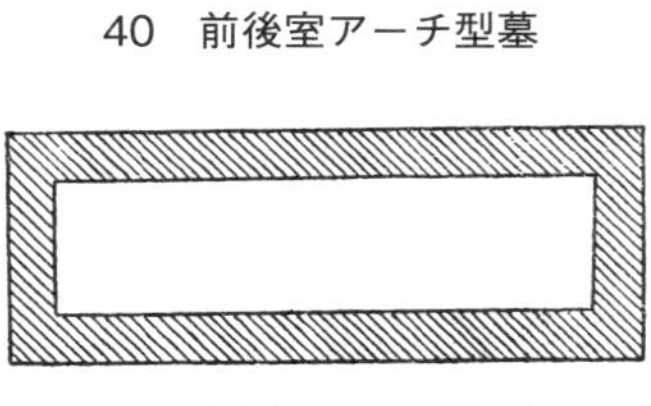

長方形アーチ型墓

個置かれている。甬道は墓室とつながり、アーチ型で、中に木門を置き、そのうしろに磚で密封している。このての墓は西晋から東晋前期にかけてのものにおおい。

二、二室墓。前後両室ともにドーム型と、前室ドーム型、後室アーチ型の二種類がある。その前者は比較的すくないが、前室の構造は単室墓とおなじで、後室は前室にくらべておおきい。墓壁の積み方は三直一平からはじめ、二層積んだあと、逆人字形に斜めに墓壁中部まで積みあげて、四壁がしだいにドーム頂上へ収れんしてゆく。底に敷いた磚も人字形になり、棺床《かんしょう》と祭台はなく、遺物は床の磚の上に置いてある。後者の形式の墓は比較的おおく、その構造は前後室の頂上がそれぞれドームとアーチになっているだけである。たいていは墓室の隅とアーチの天井の接するところに半分にした磚を差しだし、その上に青瓷《せいじ》の小碗を載せているが、これは灯盞《とうさん》(灯明皿)かもしれない。墓室内にはおおくの場合棺床と祭台がある。以上二類の墓にはどちらも排水設備があり、早期のものは瓦管《がかん》をつなぎ、後期のものは磚築《せんちく》である。このての墓は、おおくは三国中期から西晋末期に属する。

(四)

凸字形主室に長方形側室を付した墓。その構造は一般的な凸字形アーチ型墓とおなじであるが、ただ墓室の片側、または両側に側室をつけていて、なかにはドーム型墓室の側面に側室をつけたものもある。このての側室をつける例は、たとえば南京西崗《せいこう》西晋墓、宜興周墓墩《とん》周《しゅう》玘《き》

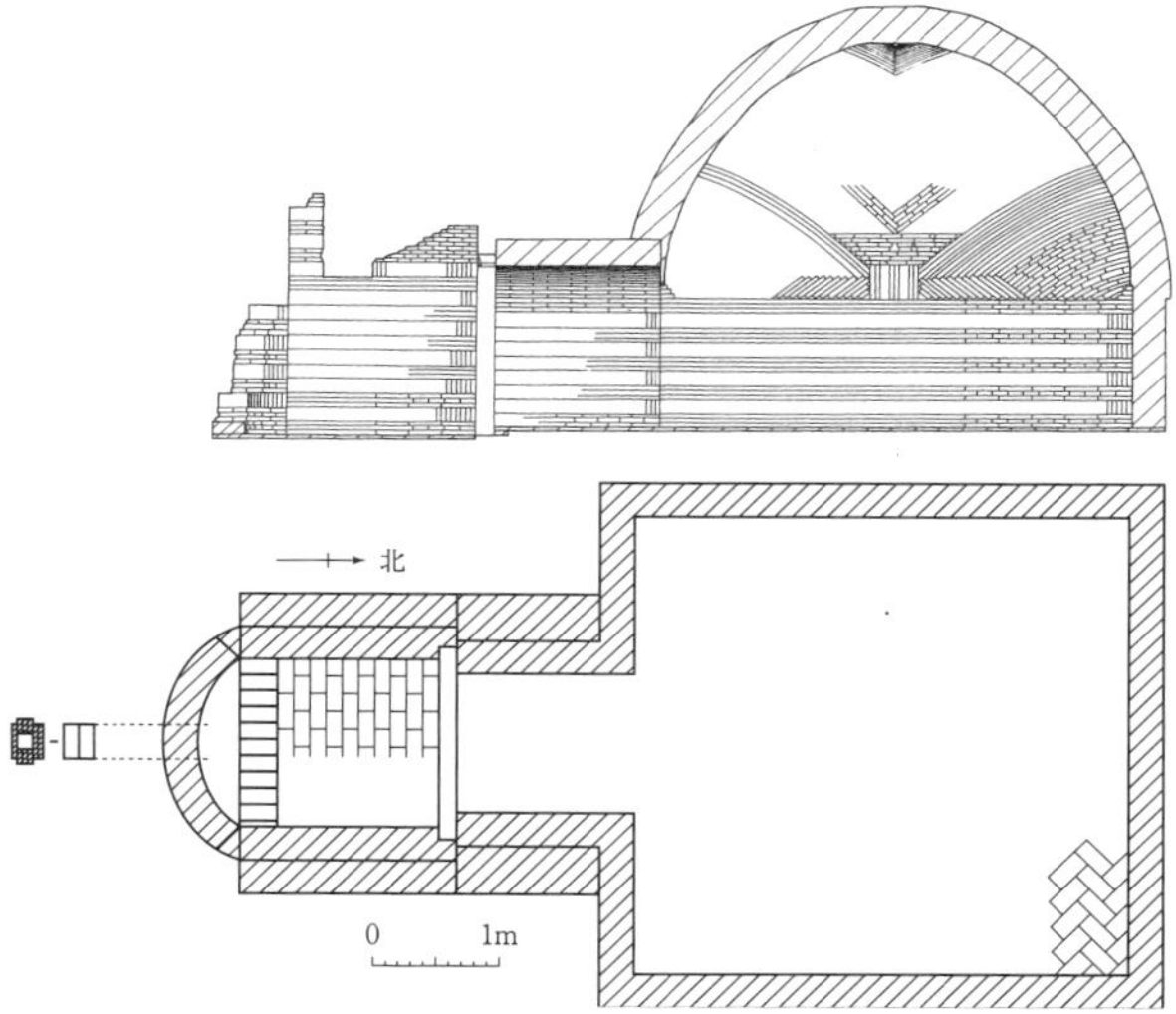

41　単室ドーム型墓

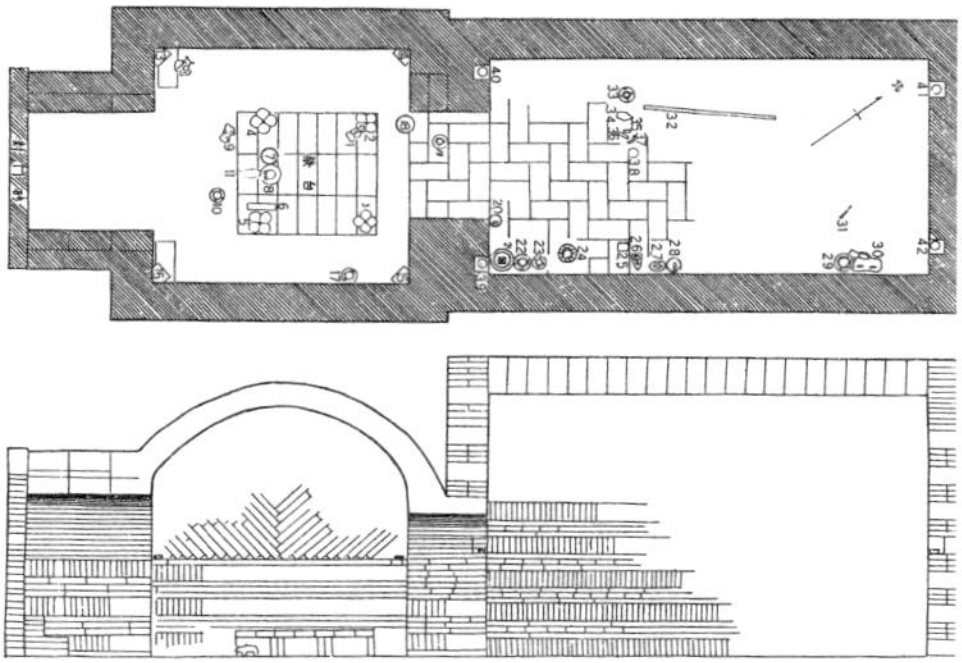

42　前室ドーム型後室アーチ型

43　前後室ドーム型墓（上）
ドーム型前後室付側室墓（下）

墓およびその子周勰《しゅうきょう》・周彝《しゅうい》墓などで、おおくない。

これ以外に、多室墓《たしつぼ》［たとえば二室並列墓、三室並列墓］もある。その平面は重ねた凸字形であるが、数はおおくなく、わずかに江西、福建、広東、広西など少数の地区で発見されているだけである。

44　四隅券進式

六朝墓の磚築構造とアーチ型は漢代にはじまり、ドーム型墓は六朝時代にはじまった。後者の構造には二種類あり、その一つは墓室頂部を四隅から上へむけてアーチ状に磚を積む方式で「四隅券進式《しぐうけんしんしき》」といい、もう一つは四壁から上へ向けてアーチ状に磚を積む方式で「四辺券進式」という。両者は建築原理からみれば、ともにアーチ型より堅固であり、とくに「四隅券進式」の頂部は、封土の重量をすべて四壁にひとしくかけることができるので、土圧を支える力を高めることになる。実物例からみれば、大型単室墓で幅の広い墓室はかならずこの方式の構造をとっているが、それは一般のアーチ墓ではこのような広い墓室を築けないからであるい、ドーム型墓は破壊時、頂部の楔形磚が欠ければ、頂部全体が崩壊してしまうが、長方形アーチ型墓は全部が崩壊してしまうわけではない。いまある資料からみれば、早くも呉中期に、長江下流地区［たとえば安徽馬鞍山朱然墓《ばあんざんしゅぜん》］で「四隅券進式」ドーム型墓が出現している。ある。これが建築史におけるおおきな進歩であることはうたがいない。しかしたいていのば

一般墓

六朝の一般墓はかなり広く分布し、全国各地に存在するが、おおむね長江下流［南京地区］と長江中流［武昌《ぶしょう》地区］の墓はほとんど大部分が磚築墓で、ごく少数の土坑墓《どこう》がある。土坑墓は湖南、江西、広東、広西など少数の地域に出現し、あわせて地方的特色をそなえている。磚室墓は、アーチ型墓は平面の形から刀形アーチ型墓と凸字形アーチ型墓に二分できる。ドーム型墓の平面も単室と二室［前後室］にわけられ、さらに前室がドーム型、後室がアーチ型の種類もある。このほかにも、凸字形アーチ型墓に側室がつき、それが一室であるもの、また複数室あって十字形をなしているものがある。

墓の形態からみて、長江中下流地区の墓は五期に分期できる。第一期は後漢末から呉初期、第二期は呉中期から東晋初、第三期は東晋、第四期は南朝前期［宋斉］、第五期は南朝後期［梁陳］となる。この五期はさらに型式によって四型一五式にわけられる。

この墓にもちいられる磚は、長方形、刀型、楔型の三種あり、大きさはほぼ三二×一六×四・五センチである。

墓磚にはしばしば文字がスタンプしてあり、墓の紀年であったり、埋葬地点であったり、墓主の官職姓名であったり、磚の製作人名であったりする。墓磚の文字は隷書が中心であるが、篆書や楷書もある。おおくの墓磚にはいずれも、網紋《もうもん》、銭紋《せんもん》、菱形紋《ひしがたもん》、花弁紋《かべんもん》などの紋様があり、東晋以後には発展して、多数の磚をつないで一つの図案としたり、一つの画面の模印《もいん》（スタンプ）画像磚墓《がぞうせんぼ》となっているものがおおい。このほかに、さらに貴州《きしゅう》の石室墓、四川の崖墓があり、いずれも地域的特色をそなえた墓であるが、ここでは割愛する。

南京付近から出土した若干の竪穴土坑墓は、それぞれが土坑の底に一重に磚を敷いてあり、かろうじて死者一人を納めること

45　朱然墓

ができるだけで、副葬品もわずかな陶器だけであり、大型墓とは決定的な差がある。これが民衆の貧困生活の姿である。

このほか、平頂の墓が少数ある。その規模はたいへんちいさく、平面は縦長の台形で、甬道《ようどう》と墓門はなく、四壁はともに平磚を立てて積みあげ、上部も平磚で頂上部を封じていて、断面も台形であり、頂上部を封じる磚は左右両壁から順に張りだすように積み重ね、蓋をする方式である。底に敷く磚は一重で、ムシロ様の紋になっている。

墓室はせまくちいさく、長さが約二メートル、幅が前部で〇・七メートル、後部で〇・四メートル前後しかなく、わずかに木棺を一つ納めることができるだけで、あるいはまず棺を納めてそのあとで墓室を築いたのかもしれない。副葬品もまたきわめてすくなく、死者の頭部に置いていて、おおむね銅鏡、青瓷碗など小型の遺物である。これは前述の貧民墓にくらべると、ややおおきく、一般平民の墓とかんがえてよい。ただこの類の墓の発見はかなりすくないので、ここでは簡単な説明しかできない。

第六章　墓磚

墓と磚

前述のように江蘇地区六朝墓は、ごく少数の土坑《どこう》墓［これにも一重の磚《せん》を敷いてある］をのぞいて、大多数は磚室墓であり、すでに磚室構造が漢代の木槨《もっかく》構造にとってかわったとかんがえられる。漢代にすでに磚室墓ははじまっているが、それがさかんになったのは六朝であり、広範に利用された墓磚には、以下のようないくつかの特色がある。

一、規格や大小がしだいに統一される。

二、墓磚上にさかんに紋様が施され、また紀年などの文字がある。

三、文字墓磚は編年をするさいの根拠となる。

四、六朝中期以後、はじめて磚をくみあわせた壁画と浮彫りの画像磚が出現する。その題材は広範で、六朝時代の各種の思想、意識形態をしめしている。

以下、それぞれについてのべよう。

磚は最初は建物にもちいられた。考古資料によれば、瓦の方が磚より早かったようであるが、磚の実物もすでに戦国時代の遺跡で発見されている。戦国晩期から漢代に出現した空心《くうしん》(中空)磚墓は、磚室墓の先駆というべきであり、前漢晩期から後漢に出現した小型アーチ型墓は、六朝時期にさかんであったアーチ型墓の前身といえる。したがって、磚を墓にもちいるのは戦国晩期にはじまり、しだいに普及して漢代にいたったといえよう。ただ、地域差があり、漢代は全国的には大部分はなお木槨墓が中心で、土坑墓と磚室墓がこれについだ。

文字磚

文字磚は漢墓にはじめてあらわれ、六朝時代になってしだいにさかんになった。これらの文字の刻印方法は、実物資料からみれば、おおむね二つあったことがわかる。その一つは、直接磚の生地に刻して、窯に入れて焼くものであり、別の方法は文字を書いた墨本をもちいて磚に陰文を彫刻し、つぎに生地におしつけて陽文を浮きあがらせ、そのあとで窯入れして焼成するのである。

これら文字は、磚の側面にある場合がおおいが、両端面や正面にあるものも少数だがある。

文字には、正書と反書の二種があり、書体には隷書と楷書の二種がある。それらのなかには、きちんとととのったものと、気ままで無造作なものとがある。前者は、磚文が比較的長く、内容もおおい。記載内容は、紀年、墓主の身分や姓名、製造監督者や製造人の身分姓名、もしくは吉祥語などである。後者は磚文が短く、内容も簡単で、わずかに製造人姓氏や磚の規格、寸法、位置、編号を記録したものだけ

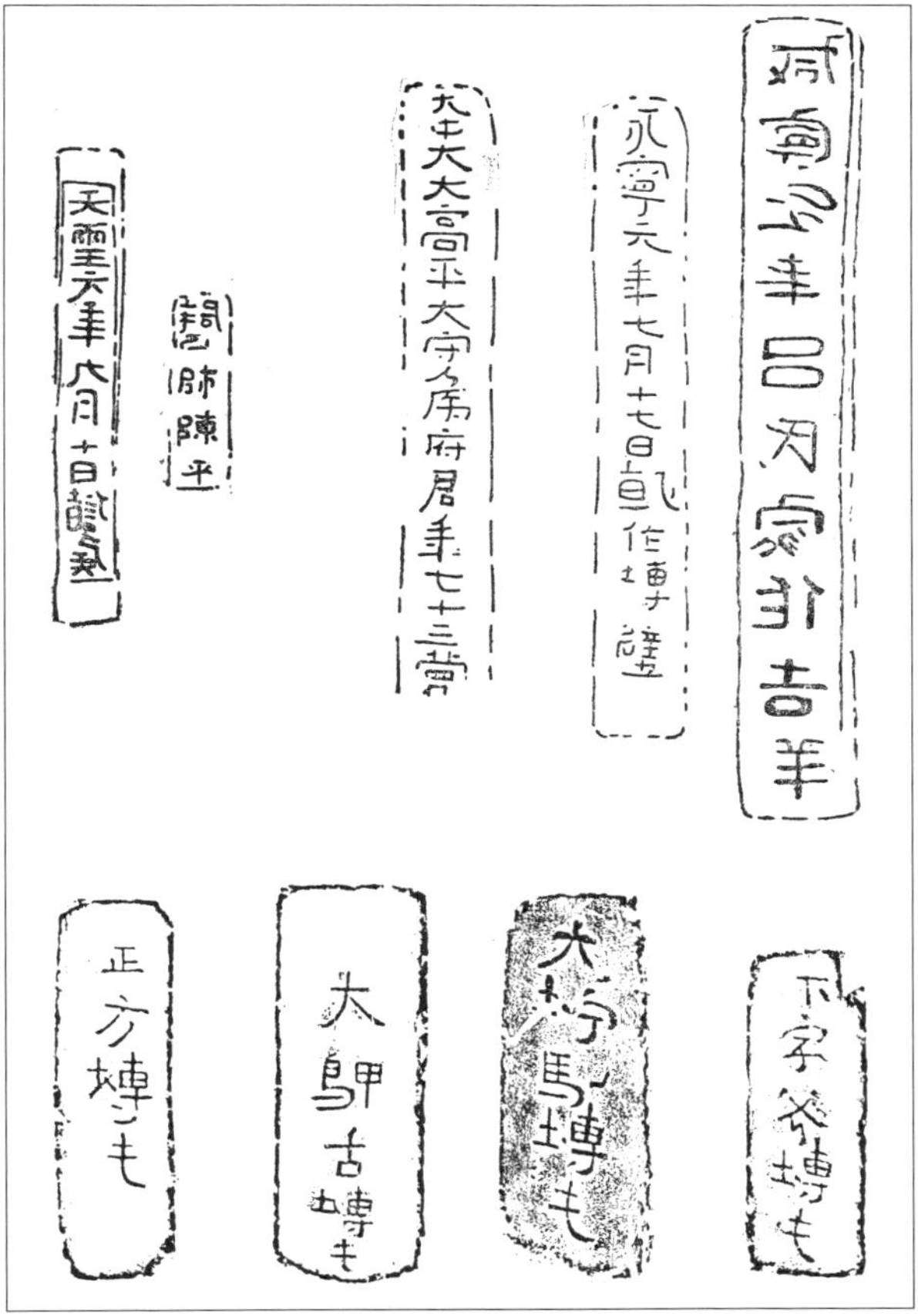

46　磚刻文字

である。前者は模印《もいん》（スタンプ）のものがおおく、後者は刻したものがおおい。文字を書き、刻し模印し、生地をつくるというこの工程でおおくのひとの手がかかる。したがって、直接刻するばあいをのぞき、元版を刻したり模印するばあいにいつも反書ができるのは、あきらかに元版をうらかえしにしなかったからである。ただ、ときには数個の磚や一つの磚の、おなじ内容の磚文において正書と反書両種が同時に出現することがあるが、それはあきらかに元版をうらかえしたり、おもてむきにしたりしたためで、製造職人の疏忽さによるものである。

文字内容は四種にわけられる。

一、墓主の身分、姓名、卒年、日時、場所、もしくは製造監督官と製造者の身分姓名で、早期の墓誌の略式に類似する。たとえば、「大中大夫《たいちゅうたいふ》・高平《こうへい》太守・侯府君《こうふくん》、年七十三、薨《こう》ず」「元康《げんこう》三年四月六日、廬江《ろこう》太守・東明亭侯《とうめいていこう》の主簿・高勅《こうちょく》、作る」「元康七年九月廿日、陽羨《ようせん》作る所の周前将軍の塼、議曹朱選《ぎそうしゅせん》・将功史楊春《しょうこうしようしゅん》・工楊善《こうようぜん》、作る」などである。

二、磚製造の時期と製造人姓名。たとえば、「永寧《えいねい》元年七月十七日、□作りし塼□」、「永嘉《えいか》二年九月十日……陳少珍《ちんしょうちん》専《もっぱ》ら作りし壁」など。

三、各種人名、地名、吉祥語。たとえば、「李康《りこう》」、「郭《かく》」、「丹陽」、「丁丑零陵《れいりょう》」、「永嘉の世、九州空しく、吾が呉土、盛にして且《か》つ豊か」、「永嘉の世、天下荒れ、余の広州、皆平康《へいこう》なり」、「咸寧《かんねい》二年、呂氏《ろし》の家、吉羊（祥）と作《な》る」など。

四、磚の規格や大小、位置記号。たとえば、「正方塼乇」、「中斧塼乇」、「大虎上行第二」、「右獅子下行第三」など。

墓磚の字体はおもには隷書と楷書であるが、篆書もすこしある。模印の磚文の隷書がかなりおおいが、ときには隷書の中に篆書を入れるものもある。全部が篆書であるものは、あまりおおくない。楷書は刻した磚文におおくもちいられ、簡単で字数や内容のすくないものも楷書を採用している。当時、隷書と楷書が併用されていたが、民間で常用する字体にはかならずしも決まりはなかったものと推測される。これは書法の発展段階が、この時代においては隷書から楷書へと転換する時期にあたり、しかもその転換が一律でなかったことをしめしている。

紋様

六朝墓磚の特徴の一つは、花紋の装飾をおおくもちいる点である。これらの花紋装飾は時代によってちがいがあり、三国西晋早期には銭紋《せんもん》、銭紋を斜線でくぎった紋、双十字の線をくわえた紋、幾何紋、蕉葉《しょうよう》（ばしょうの葉）紋《もん》、雲雷紋《うんらいもん》がおおく、そのあるものは漢代の石刻、墓磚、日用器物の装飾花紋の影響を受けている。西晋末期になると、龍虎、朱雀などの紋様がすでに一般的となっている。

東晋になると、そのような花紋のほか、各種植物の花紋があらわれ、同時に写実的なものや、

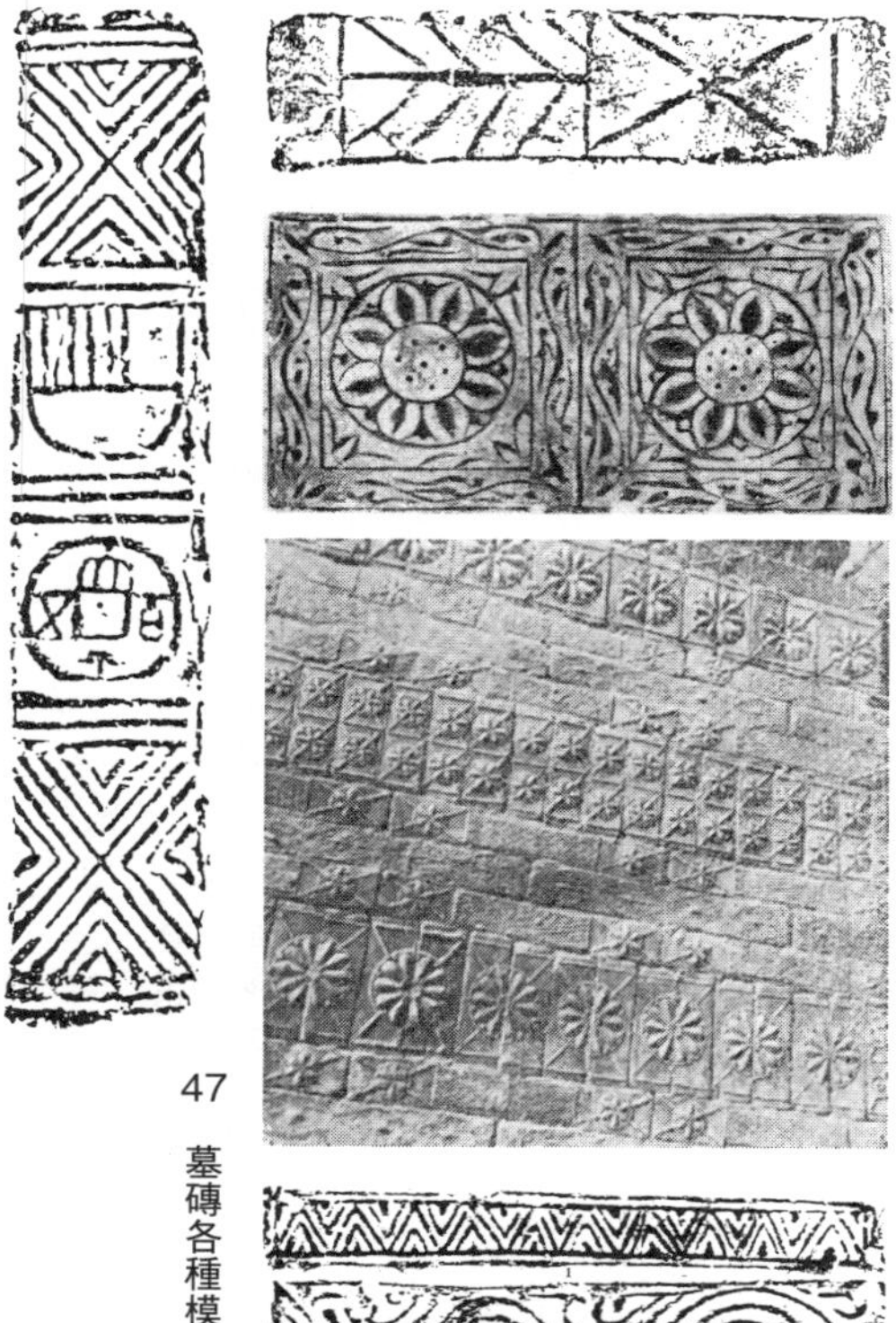

47 墓磚各種模様

神話に題材をとったような紋様があらわれる。たとえば、永《えい》和《わ》四年(三四八)墓磚に、「虎が山丘に嘯《な》く」図があり、隆安《りゅうあん》二年(三九八)墓磚には古代の『山海《せんがい》経《きょう》』の怪異なものごとに関する画像があり、南京仏心《ぶっしん》橋《きょう》六朝墓の二〇あまりの画像磚には朱雀や怪獣などの内容がある。常州戚家村《せきかそん》の六朝隋唐墓の数百の画像磚は、題材や技法が隆安二年墓と類似しているが、画像中央の花と人物は隋唐の作風をそなえている。

南朝からは紋飾の種類はさらにおおくなり、茎や葉のある蓮、蓮弁の間に斜めに格子模様のあるもの、唐草、忍冬、獅子、麒麟などの紋飾があらわれ、とくに仏教芸術の蓮花《れんか》紋がさかんにもちいられた。これらの紋飾は一個の磚の図案、もしくは二個の磚をくみあわせた図案としてあらわれ、一般墓と中型墓に広く流行した。

東晋以後、複数の磚をくみあわせて一幅の壁画とすることがはじまった。この壁画の画面はたいへん見事なもので、あとに詳述する。ただし、それとともに一ないし二個の磚をくみあわせた図案の花紋も依然として流行している。これらの花紋磚の装飾は、漢代を継承した装飾、陰陽五行《おんようごぎょう》や神話昇仙思想を反映した装飾、伝来した仏教芸術の紋飾、の三類に大別できる。

これら紋飾の製作方法はおおむね二種にわけられる。板印《はんいん》と模印《もいん》である。板印とは拍印《はくいん》（叩いて印する）のことで、花紋を木板の上に彫り、磚の生地に叩きつけて印する。そのさい、粗雑な仕方だと、紋飾が二重になったり、なかばしか印されないといった現象がおこる。この板印の方法の紋飾はほとんどが六朝早期墓にみられるもので、南朝ではみられなくなる。

模印の方法は、磚の各面の統一的規格にしたがった木型をつくり、上手に描いた紋飾を、適度の深さと太さのあるはっきりした陰線《いんせん》で彫刻し、それを磚の生地に印したもので、生

48　虎嘯山丘図

地にはむらがなく力強くて、太さのととのった陽線《ようせん》があらわれる。それを焼成し、墓壁を築くと、何列ものきわめて整然とした、美しく壮麗な花紋の図案があらわれる。ある花紋の図案は半浮彫り式で、墓壁の適当な位置にはめこむと、これまたたいへんな美観である。発掘資料からみれば、東晋より南朝にかけて、花紋装飾は単一磚から複数磚のくみあわせへと移行し、したがって花紋図案もしだいに内容と構図のある壁画へ変化したと認められる。これは六朝墓磚装飾のおおきな特徴の一つである。それはあきらかに後漢の画像石の影響を受け、さらに発展させたものであり、同時に隋唐墓で出現する直接壁に描いた各種壁画に影響をおよぼしている。

竹林七賢の磚印壁画

一九六〇年四月、江蘇省文物工作隊南京分隊は、南京西善橋《せいぜんきょう》で、南朝初期〔南朝の宋〕の磚室墓を発掘した。墓室両壁には、「竹林七賢《ちくりんのしちけん》」〔5〕をくみあわせた大型の磚印壁画《せんいん》があった。これは中国で最初に発見された完全な六朝磚印壁画である。それらはおのおの長さ二・四メートル、高さ〇・八メートルあり、おそらくまず絹か紙に全体の下絵を描き、それをいくつかにわけて木型を作成し、磚の生地の一面に印し、さらに磚の別の側面か正面に番号を刻し、焼成したあと、順次くみあわせてできたものである。

南壁の壁画は入口から内にむかって、嵇康《けいこう》、阮籍《げんせき》、山濤《さんとう》、王戎《おうじゅう》の四人、北壁はおなじように、向秀《しょうしゅう》、劉霊《りゅうれい》、阮咸《げんかん》、栄啓期《えいけいき》の四人で、各人の間には樹木を描いて区画し、それぞれ独立した画面としている。

嵆康の画は、左に最初に銀杏を一株描いてあるが、それはそのほかの樹木とおなじく、根が一つで枝が二本にわかれている。嵆康は、頭髪を双髻《そうけい》に結い、王戎・劉霊と同様、頭巾をかぶらず髻《もとどり》をあらわにしている。両手で琴をつまびき、裸足で豹皮の敷物に座っている。『晋書』では、嵆康はいつも生命をやしない、丹薬を服し、琴をひき、詩をよんで満足していたとのべている。嵆康のゆったりとして楽しそうに琴をひくこの壁画は、かれの平生をあらわしている。

そのつぎに、嵆康と一株の松の木をへだてているのは阮籍である。阮籍は頭に頭巾を着け、身には長い上衣を着け、片手を皮の敷物につき、片手は肘を膝の上に置き、指笛を吹いている姿をしており、裸足である。その傍らには把手《とって》のついた酒器を盤の上に置き、器内にはちいさな鴨が一羽浮かんでいるのは、観賞用のものかもしれない。把手つきの酒器は、一九五三年、南京中華門外碧峰寺《へきほうじ》六朝墓から出土した把手つき陶製ひさごとおなじである。

『晋書』や『世説新語』（宋の劉義慶の著、漢から東晋にかけての名士の逸話集）には、阮籍が酒好きで、嘯（声を長くひいて詩歌をうたう）がうまく、そのひびきは絶妙であったといい、世間では「嵆琴阮嘯」というが、壁画はかれのこの姿を描いているのである。

49　竹林七賢磚印壁画（南壁）

阮籍の傍らに一本の槐樹《かいじゅ》があり、そのつぎが山濤《さんとう》である。山濤は頭を頭巾で包み、裸足で膝を曲げて皮の敷物に座り、片手は別の腕の袖をつかみ、その腕に耳杯《じはい》を持ち、前には瓢尊《ひょうそん》（ひょうたん製酒器）を置いている。

『晋書』には、山濤は八斗の酒ではじめて酔うというので、西晋武帝がこっそり八斗以上の酒をのませて、ためそうとしたが、山濤は八斗になるとのむのをやめたという逸話をつたえる。壁画は山濤の飲酒のさまを描いている。

山濤のそばに、しだれ柳が一株あり、ついで王戎がいる。王戎は髻をあらわにし、片手は憑几《ひょうき》にもたせかけ、片手に一本の如意《にょい》をもてあそんでいる。頭をあげて上をむき、膝を曲げ、裸足で皮の敷物に座っている。前には瓢尊と耳杯を置き、瓢尊にはやはり小鴨が浮かんでいる。

『晋書』には、王戎が小柄で気まま、かたひじはらず、議論が上手で、自由な舞を舞ったという話ものこされているが、壁画はその境地をあらわしている。

50　竹林七賢磚印壁画（北壁）

北壁壁画は向秀《しょうしゅう》からはじまるが、その横に先に銀杏一株を描いている。向秀は頭に頭巾を着け、帯を垂らし、片方の肩をあらわにし、裸足であぐらをかいて皮の敷物に座っている。目は閉じ、樹に寄りかかっていて、ものおもいに沈んでいる様子である。

『晋書』には、向秀が老子や荘子の学問に通じ、その精妙で奇抜な解釈で、道家的風潮をひろめたという。壁画は、かれが目をとじ、荘子の真の意義を沈思しているありさまを表現している。

向秀の横にしだれ柳が一株あり、そのつぎに劉霊がいる。「霊」字と「伶《れい》」字は古代は通じてもちいた。劉霊は髻をあらわにし、片膝を曲げ、裸足で皮の敷物に座っている。片手に耳杯を持ち、片手は指で酒をすくう様子をしていて、両眼は杯中をみつめている。劉霊の酒好きに関する記事は『晋書』にはたいへんおおく、この壁画は劉霊の酒を好む姿を実によく描いている。

劉霊の傍らには銀杏一株があり、そのつぎに阮咸《げんかん》が描かれる。阮咸は頭巾を載せ、その帯を頭のうしろに垂らし、袖をたくしあげてばちを持ち、四弦の楽器を弾いて、皮の敷物に裸足であぐらをかいている。

『晋書』は、阮咸が音楽にくわしく、びわをひくのが上手であったというが、この壁画はまさしくその姿である。画のなかで阮咸が弾いている楽器の名は直項琵琶《ちょくこうびわ》というが、またの名を阮咸といい、いいつたえでは咸がつくったものであるが、それゆえその名があるのである。この楽器はこれまではわずかに唐代の画にみえているだけであり、日本の正倉院には唐代の実物がある。この墓は唐代より数百年もさかのぼるもので、楽器阮咸の形状と演奏法に関していずれもはっきりとみることができ、きわめて貴重である。

以上に描かれた七人は、いわゆる「竹林七賢」にほかならない。

阮咸の横に、まっすぐ伸びて節のある闊葉竹《かつようちく》一株がある。それにつづくのが、栄啓期《えいけいき》である。かれは髪を垂らし、長い頬髭で、腰には縄紐を結び、五弦琴を弾き、皮の敷物にあぐらをかいている。栄啓期は春秋時代のひとで、『高士伝《こうしでん》』（西晋の皇甫謐《こうほひつ》の著、散佚、古代の隠者の伝記）によれば、孔子が泰山に遊んだとき、栄啓期が鹿の皮衣を紐で結び、琴を弾いて歌っているのをみて、これこそ古代の「高士」であるといった。磚壁画の作画者は、それでかれを「七賢」と同列にしたのである。同時に、両壁の壁画の配置からみて、七人ではつりあいがとれず、栄啓期をくわえて八人としたのであり、唐代の酒中八仙《しゅちゅうはっせん》（李白・賀知章・李適之・汝陽王李璡・崔宗之・蘇晋・張旭・焦遂）は、最初はこの八人をさしていたのかもしれない。

壁画の人物の描き方はたいへん優れていて、あたかもそれぞれの人物の独特の性格を、各人を表現するもっとも典型的な方法で刻画したかのようであり、姿態表情ともにいきいきしている。壁画の技法からみれば、衣のひだの線は力強いものと、柔和なものとが併用され、人物像はつりあいがとれていて、たいへん完成度の高い作品である。これらをいまなお流伝《るでん》している晋代の絵画とくらべると、たがいににているところがとてもおおい。この墓は宋孝武帝劉駿《りゅうしゅん》の景寧陵《けいねいりょう》の可能性がある。

武士・羽人・獅子の磚印壁画

一九六五年一一月、南京博物院は丹陽胡橋《こきょう》で南朝の大墓を発掘し、一九六八年八月一〇月に、ふたたび胡橋と建山で二つの南朝大墓を発掘したが、この三墓からも磚刻壁画が出土した。その規模は前者にくらべてさらにおおきく、それぞれ上中下各部にわかれていて、一九六五年発掘墓には、比較的完全なものが五幅、一九六八年のものには、それぞれ一二幅の壁画があった。この三墓をたがいに比較することにより、壁画全体を復元することができる。

この三墓の壁画いずれも、磚の一面に画面を陽刻模印《ようこくもいん》しているほか、磚の別の側面に壁画をくみあげるのに都合のよいように磚の名称と通し番号が陰刻されていた。これは壁画内容を研究するうえでのよい材料である。これらの名称と通し番号の磚は、生地をつくったときに陰文を刻し、焼成したもので、筆法がいきいきとして流暢で、これまた六朝の書法を研究するうえでのよい資料となる。このほか、墓室甬道《ようどう》の両壁には、獅子と武士の磚印《せんいん》壁画がある。この三墓はいずれも南斉《なんせい》時代の陵墓である。

いま丹陽胡橋大墓を例にとって壁画内容を説明しよう。墓室東壁は大部分がすでに損なわれているが、外側から内にむかって、わずかに後部下方に一幅の「騎馬楽隊」の壁画が残されている。それは長さ〇・六五メートル、幅〇・四メートルで、磚側には「左家僑……」などの文字と通し番号が陰刻されている。この画の上方にはさらに一幅のかなりおおきな壁画がある。大部分が欠けていて残りの長さが〇・七五メートル、高さが〇・三メートルである。磚側の陰刻に「嵆下行……」などの文字があり、ほかの二墓の壁画位置からみれば、「竹林七賢」の半幅、計四人であることがわかる。

墓室西壁は後方がすでに欠け、前部の中間におおきな「羽人戯虎」（羽人が虎とあそぶ）の壁画があり、長さ二・三メートル、高さ〇・九メートルで、磚側には「大虎……」などの文字記号を陰刻してある。この画の下にあわせて三幅の壁画があり、外側から内にむかって、第一幅は「騎馬武士」で、長さ、高さともに〇・三五メートル、磚側には「右具張……」などの陰刻

51　執戟侍衛磚印壁画

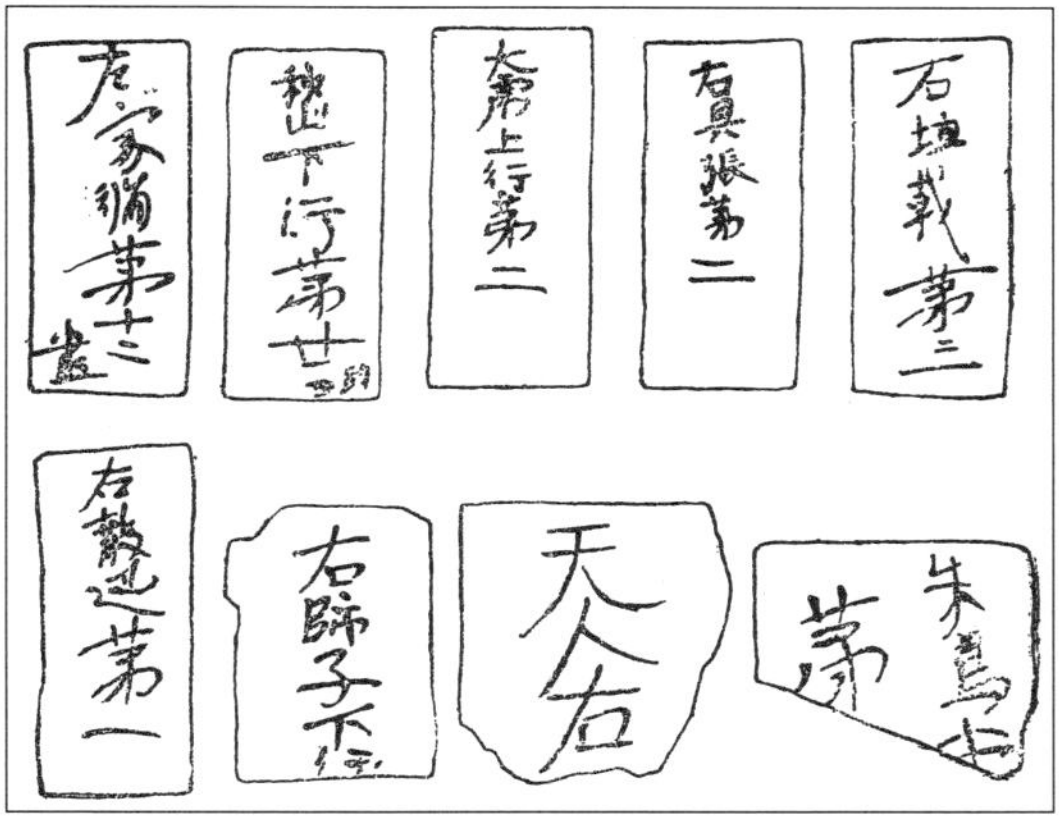

52　胡橋大墓壁画名称文字磚

文字記号がある。第二幅は「執戟侍衛」（戟《げき》をもつ衛士）で、長さ〇・一五メートル、高さ〇・三五メートル、磚側の陰刻文字記号は「右垃戟……」である。第三幅は「執扇蓋侍従」（扇と蓋《かさ》をもつ従者）で、長さ〇・三メートル、高さ〇・三五メートル、磚側の陰刻文字記号は「右散迅……」である。ほかの二墓の壁画の位置からみると、西壁の欠けた部分の後部（すなわち「羽人戯虎」の後側）は、「竹林七賢」の別の半幅の四人のはずである。その下側はやはり「騎馬楽隊」壁画にちがいない。

この墓室両壁の上部は大半が欠けているが、残った磚に「天人」の磚刻文字があり、別の両墓の壁画内容からみて、これは「飛天」の壁画にちがいない。この墓の残磚にはなお「朱鳥（鳥？）」の磚刻文字があるが、これは「朱雀」にほかならず、四神《ししん》（青龍・白虎・朱雀・玄武）の一つにあたるのだが、ほかの二墓にはみえず、位置と内容は不明である。

いまこの三墓の壁画の名称とそれらの文字記号を総合すると、壁画は「羽人戯龍」と「羽人

53　騎馬楽隊磚印壁画

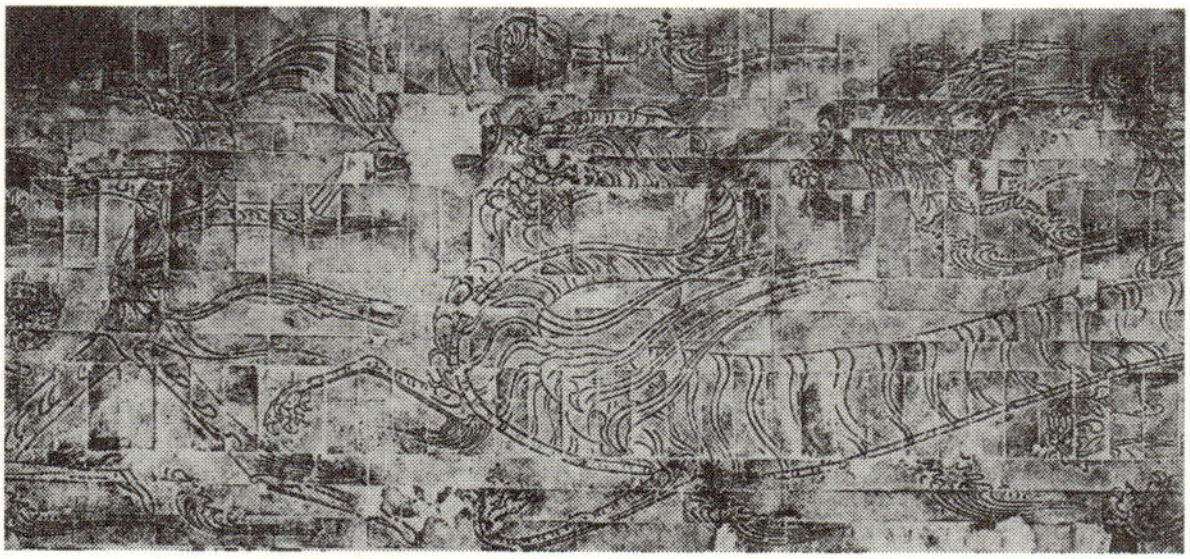

54　羽人戯虎磚印壁画

戯虎」のほか、左右両幅があり、画面の人物や動物はみな墓門をむいている。各幅の壁画の字磚の通し番号は「上」「中」「下」三行か、「上」「下」二行にわかれている。これは順番に行によって磚をならべ、くみあわせたその順序である。この墓の壁画の位置を復元すると、甬《よう》道《どう》両壁には外から内にむかって、「獅子」、ついで「武士」［すでに欠］がそれぞれ両幅、墓室両壁は外より内にむかって、上部はいずれも「飛天」両幅［すでに欠］、中部西壁は「羽人戯虎」と「竹林七賢」の半分［半幅欠］、東壁は「羽人戯龍」［すでに欠］と「竹林七賢」の半分［大部分欠］、下部は

55　獅子磚印壁画

いずれも「儀仗出行」の壁画で、それぞれ四幅である。

これらの比較的完全に残った壁画のうち、最大のものは「羽人戯虎」である。それは墓室西壁の中心的な位置にあり、墓主の意識思想をしめすものにちがいない。「羽人」は画面の片側に立ち、腰にはリボンのような帯を締め、衣の袖や袴の筒はともに羽状で、その上には羽紋がある。左手にはほうきのようなものを持ち、そのほうきの先には花飾りがある。右手はほうきを支えるようなしぐさをしている。全身が舞を舞うような姿勢であり、牙を剝き、爪をひろげて、両の翼で飛上がる一頭の「大虎」〔磚側の文字が「大虎」となっているのでわかる〕とむかい合っている。

虎は画面中央に位置していて、頭をもたげ、尾はふりあげ、四足で走り回るさまで、体軀はすらりと長く、勇ましく力強い。その右上角に二人の「飛天」がいて、一人は仙果を持ち、一人は仙果をまくようすである。画面全体の周囲には、巻雲、蓮弁、草花などの装飾がところどころに刻されている。この壁画の後部はすこし欠けているが、別の両墓の壁画から、そこは虎の尾の部分で、その上にも「飛天」が一人いて、笙を吹く姿をしていることがわかる。墓の東壁は「羽人戯龍」の壁画のはずであるが、すでに欠けている。

このほか、一九六一年一〇月から六二年四月にかけて、南京博物院と南京市文物保管委員会は、南京西善橋《せいぜんきょう》油坊村《ゆぼうそん》で、大型の六朝墓一基を発掘して整理したが、ひどく破壊されていたので、墓室両壁はすでになく、甬道《ようどう》内の両壁に一・〇五メートル×〇・六五メートルの磚印された獅子の壁画だけが残存していた。この獅子はうずくまり、頭をもたげ、長い尾をふりあげて、実にいきいきとしている。磚の正面には「獅子」らしき字が刻してある。

壁画にみる社会と芸術

一

竹林七賢の壁画は、栄啓期《えいけいき》が先秦《せんしん》時代の人物であるほかは、みな三国（二二〇～二八〇）両晋（二六五～四二〇）の人物である。向秀《しょうしゅう》、劉霊《りゅうれい》、阮咸《げんかん》の三人の生卒《せいそつ》年は確定しがたいが、ほかの四人は、壁画の配置の順序がかれらの卒年の前後とちょうど対応していて、この墓の年代を確定するための根拠を提供してくれる。左壁の四人をならべてみよう。

姓名	生卒年	享年
嵇康	魏黄初四年（二二三）～魏景元三年（二六二）	四〇
阮籍	漢建安一五年（二一〇）～魏景元四年（二六三）	五四
山濤	漢建安一〇年（二〇五）～西晋太康四年（二八三）	七九
王戎	魏青龍二年（二三四）～西晋永興二年（三〇五）	七二

右壁四人の順序は、栄啓期をのぞいて、向秀、劉霊、阮咸となっていて、かれらが左壁の四人よりややおそい年代の人物であることがわかる。壁画の字体は八分書《はっぷんしょ》（秦代の書体。篆書と隷書の中間の字体）からすすんだ一種の楷書で、まさしく東晋末年から劉宋初年にあたる。くわえて出土文物もその時期のものであり、したがって、壁画の人物は、もっとも早期が三国時代の嵆康《けいこう》で、もっともあとの阮咸も東晋末年以後ではありえない。この墓の壁画の人物は墓主が崇拝する人物にちがいない。

このような磚印壁画は江蘇省内では比較的完全なものが前後して三幅出土した。南京西善橋、丹陽胡橋（呉家村《ごかそん》）、丹陽建山《けんざん》（金家村《きんかそん》）の各一幅である。このほか、胡橋仙塘湾《せんとうわん》大墓にも一幅残っていた。整理確認作業の結果、この数幅の七賢の壁画が、大同小異であり、画面の大小がおなじで、人物の表情や服装、形象が非常ににていること、ふちどりのような樹木はみなおなじで、各人物の横にはいずれも題名があるが、字体が特異なこと、したがってそれらは同時代の、同一の画師の手によるものであろうということがわかった。

ややちがうところといえば、おのおのの人物の年かっこうの上下、表情がことなり、樹木の根と葉の描き方に疎密があり、器物の形がことなることなどである。それゆえ、西善橋のものが歴史記事と人物の実際の状況にもっとも符合するので、この墓の時代が丹陽の三墓にくらべて古く、もっとも基準とすべき一幅であるとかんがえられる。それ以外の三幅にはいずれもすこしずつちがいがあり、たとえば人物の姿態があらためられていたり、姓名が混乱していたり、ちぐはぐである。

七賢図の発見ののち、国内外の考古学界や美術界はこれをおおいに重視することになったが、この画の作者に関してはことなる見方がある。あるひとは以下のように考える。その画は「女《じょ》史箴図《ししんず》」と同様、「春の蚕《かいこ》が絲《いと》を吐く如き」韻律《いんりつ》のある線と典雅な風格をしめしている。画中の銀杏やしだれ柳と「洛神賦図巻《らくしんふずかん》」中の手法とはほとんどおなじで、中国の山水画《さんすいが》の初期の作風をよくしめしている。その画はまた唐の孫位《そんい》の「高逸図《こういつず》」とにていて、構図、画法、人物、樹木の配置、そのすべてが一脈通じているかのようである。

あるひとはまた「高逸図」は「七賢図」の再現であり、孫位は東晋の名画家顧愷之《こがいし》の影響を直接うけているから、「竹林七賢」の磚印壁画は顧愷之の作品であるとみなしている。しかも顧愷之は生前七賢図中の阮咸と栄啓期の像を描いたことがある。『歴代名画記《れきだいめいがき》』（唐の張彦遠の著、古代の絵画と画家の評論と伝記）には顧愷之の描いたところの阮咸と栄啓期像に対する高い評価がみられ、前人のおよばぬものとしている。

またあるものは、これは戴逵《たいき》（東晋の隠者《いんじゃ》）の作品であるとし、その理由は戴逵もまた「七賢」を描いたことがあり、しかもその画は顧愷之の好評を得たというのである。さらにはまた、それは陸探微《りくたんび》（南朝宋の画家）の作品であるという説もある。

最後の見解は、東晋南朝のあいだにはかれら以外にも七賢を題材にした画家はおおくあり、たとえば東晋の史道碩《しどうせき》、宋の顧景秀《こけいしゅう》、宗炳《そうへい》、斉の毛恵遠《もうけいえん》などがそうで、そのうえ当時の多数の無名の工匠も名画家にならって、おおくの聖賢画を描いた。したがって、これらの壁画も多数の画家の集団創作であるというものである。ただ筆者は最初の説が比較的理にかなっているとかんがえている。

二

丹陽諸墓の壁画は、外より内にむかって、甬道《ようどう》両壁は先に「獅子」、後に「武士」があるが、これは南京西善橋油坊村大墓と類似している。墓室両壁は外側から内側にむかって、上部はともに「飛天」［磚文は「飛人」］であり、中間部は「羽人戯虎」と「羽人戯龍」［各壁に一幅ずつで、磚文は「大虎」と「大龍」］で、そのうしろに「竹林七賢」がある。下部は「儀仗出行」壁画で、「騎馬武士」［磚文は「…具張…」］、「執戟侍衛」［磚文は「…立戟…」］「執扇蓋侍従」［磚文は「…散迅…」］などがある。

これら壁画中最大のものは「羽人戯虎」と「羽人戯龍」で、それらは墓室両壁にあり、たいていは右壁に虎、左壁に龍で、壁画全体の中心的位置に置かれ、墓主の思想意識をしめす作品にちがいない。龍と虎は漢代と南北朝の墓中につねにみられるもので、吉林《きつりん》の高句麗《こうくり》墓には四神の壁画があり、そのなかでの龍と虎はまさしく神獣である。虎は仏教の故事においても神獣であり、仏画には常時あらわれる。「羽人」の伝説故事もたいへんおおく、山東沂南《ぎなん》画像石中には「羽人乗龍」の石刻壁画があり、河南南陽にも「羽人蒼龍」の石刻画像がある。

「飛天」の絵は仏教芸術にはじめてあらわれ、南北朝時期になると、衣冠服飾、顔つきや造形のどれもが、いっそう中国的になる。江南の墓葬では「飛天」ははじめてみるが、それは北方の敦煌《とんこう》壁画の「飛天」が手に花を持つ形象がおおいのとすこしちがっている。当時は南北対立であるとはいえ、「飛天」の絵画技法は双方ともに仏教の影響を受け、基本的には一致したものである。

これらの壁画は当時の支配者階級の迷信や昇仙という風俗思想をしめすものである。

漢代、とくに武帝以後、帝室皇族および支配者階級全体は、昇仙思想にいろこくそまっていた。かれらは財富と繁栄をむさぼり、長生不老の搾取生活を永遠に送ろうとたくらんだ。魏晋南北朝時代になると、政治経済が一種の動揺状態にあり、伝統的な儒家《じゅか》の出世のかんがえは支配者階級の一部のひとたちには受入れられず、一般の没落士大夫《したいふ》は老荘学説中の虚無《きょむ》思想を強調し、玄学《げんがく》（道家の学）を尊重した。かれらの清談《せいだん》は玄理《げんり》（奥深い道理）を題材としたが、そこには厭世的悲観的で、没落への不安の感情があらわれている。このような思想は、仏教の哲理と混合することとなった。仏教理論と清談は本来おなじ趣旨で、たとえば一部士人が崇拝した虚無的な老荘思想と仏教の般若皆空（完全な智恵の理論と実践をとく般若経典の主題）の説は類似していて、いずれも支配者階級によって好まれ、さかんにもてはやされた。

このような儒仏道《じゅぶつどう》三者の思想的な混合は文学芸術上の表現においてもおおいにみられ、「羽人戯虎」「羽人戯龍」「竹林七賢」のような壁画の主要な内容となった。その画面からは墓主の仙人になろうとするおろかなかんがえと、仏教を信仰し、玄学を尊び、清談にふけって無為の内にすごす空虚な心理状態をみることができそうである。

三

「儀仗出行」の壁画は当時の宮廷制度の研究に若干の資料を提供してくれる。たとえば、「騎馬武士」壁画は、一人の武士が鎧をきて、弓を背負い、剣を帯びている。頭には前が低くうしろが高い頭巾をかぶり、頭巾の下にはかんざしを挿している。このての頭巾はたぶん当時の騎馬の吏《り》や武人の吏が着ける「赤幘《せきさく》」であろう。「執戟侍衛」壁画の侍衛は頭に高い冕《べん》（礼装のかんむり）のような帽子を載せ、帽子の下にはかんざしを挿している。この帽子は「赤幘」とはちがうもので、当時の儀仗侍衛がかぶった「広冕《こうべん》」かもしれない。かれは身に袖の広い丈の長い上衣をはおり、手に長い戟を執るが、これは当時「棨戟《けいげき》」といい、侍衛の常用の武器の一つである。この人物の衣冠服飾からして、ほかの三幅の画面の人物と身分がちがい、「戟吏《げきり》」の可能性がある。

「執扇蓋侍従」の壁画では、侍従はみな「赤幘」を載せ、左前の上着を着て、ずぼんを膝でくくっている。「騎馬楽隊」壁画では、どの馬も頭に羽飾りを着け、先頭の一人が「建鼓《けんこ》」（たいこ）を執って鼓を撃つようすであり、なかの一人は「排簫《はいしょう》」（竹をならべてつくった楽器）を吹き、うしろの一人は「塤《けん》」（つちぶえ）を吹いている。かれらはいずれも「広冕」を戴いているが、このての帽子は「爵弁《しゃくべん》」ともいい、当時の楽人がかぶる帽子である。これらは魏晋南北朝時代がおおく漢代の制度を踏襲し、制度の変化がほとんどなかったことをしめしている。

扇と蓋はともに当時帝王が出行するさいの儀仗の一つで、ものをさえぎる機能がある。したがって画中の長い扇は「方扇《ほうせん》」か「繖扇《さんせん》」（いずれも扇の一種）の可能性があり、傘蓋《さんがい》の上にひらひらした帯と羽飾りが飾ってあるのはほかならぬ「羽葆《うほう》」（車のはねかざり）か「幢麾《とうき》」（儀式用のはた）かもしれない。騎馬武士が帯びている剣は木剣のはずであり、それは晋いらいの制度である。建鼓上に飛鳥を立て、その四周をひるがえる帯で飾っているのは、この鳥を「翔鸞《しょうらん》」と称して、その声がより遠くへ伝わることを意味している。出行に音楽をかなで、「建鼓」を持つのは晋宋以後の制度である。この「建鼓」はもと顧愷之《こがいし》の作と題する「洛神賦図《らくしんふず》」のなかのものとおなじであるが、横についている小鼓［応《おう》、鞞《へい》あるいは鼙《へい》という］がない。馬首上の羽飾りは「洛神賦図」の中のものに対比できるが、これまた当時の出行の制度の一つである。

武士と侍衛が帽子に挿しているかんざしは『晋書』輿服志《よふくし》にいうところの「簪白筆《しんはくひつ》」であろうか。それは漢代の珥筆《じひつ》（史官の職にあるものが冠の横に筆をはさむこと）に起源があるとはいえ、晋代になると一種の装飾品と化していて、したがって白筆とよんで一つの制度になっているのである。当時は二品（九等官のうちの第二等）の朝廷官人や公卿、武官で内侍の地位をくわえられたものは、みなかんざしをもちいなければならなかった。それゆえ騎馬する騎吏と戟を執る戟吏は、みな内侍の官位を加官された武官である。南斉の帝室は軍人武将の出で、その陵墓に游猟出行の場面の壁画があるのだから、ここに描かれた侍従、警備、楽人は游猟出行の際に欠くことのできないお供であったろう。

四

丹陽胡橋、建山の三墓の壁画と磚紋《せんもん》図案のうちあるものには、彩色が施してある。したがって、さらにほかに純粋な彩色壁画があった可能性もあるのだが、ながい年月のあいだに、剝落したりぼやけたりしてはっきりせず、みわけることはむつかしい。たとえば甬道《ようどう》の入口の外にむかう面に、青緑を下地に、紅・白・藍の三色で図像を描いてあるが、それは四神《ししん》、あるいは龍鳳のような図案かもしれない。甬道の獅子の磚印壁画の彩色は、両耳・両目・鼻・舌・髭がみな紅色に塗られ、両頰は白色に塗られていた。このような状況は、南京博物院が発掘した西《せい》善橋《ぜんきょう》油《ゆ》坊村《ぼうそん》大墓や、南京市文物保管委員会が発掘した霊山大墓でもみられたことであるが、どれもたいへん図案を識別しにくい状態であった。

魏晋南北朝は中国の絵画発展史上において一つの重要な時期である。それは漢代画像石《がぞうせき》にみられる伝統的風格を継承し、さらに独自の発展もあり、ながれるような線と、いきいきした表情、釣り合いのよさという特質をあらわしている。それらは仏教芸術の精華を吸収し、絵画の主題となる思想、イメージの形成、配置構成のすべてにおいて、細心にアレンジし設計されている。これら芸術上の成果が前代の優れた画風や画法を基礎にして、その上にさらにそれを昇華させ、発展させたものであることはすこしのうたがいもない。それは当時巻軸画《かんじくが》が出現し、一群の優れた専業画家があらわれたことと無関係ではない。これらはのちのちさらに成熟した隋唐の絵画芸術に重大な影響をあたえた。ただ、これまでこの重要な発展段階が残した作品はきわめて稀で、わずかに残ったものもみな唐人が模写したものにすぎなかった。したがって、近年発見された南朝大墓の壁画作品はおおいに尊重すべきものにほかならない。

これら壁画は芸術的価値が高いことは高いのだが、ただそれらは支配者階級のおごりたかぶり、贅沢で淫らなところや、仙人になる迷信や、悲観的厭世的な生活と思想形態を完全に反映したものである。古代の民衆と天才画師の芸術的才能は、しばしばこのような題材上の制約と拘束を受けたために、十分には発揮されなかった。これは階級社会において芸術的創作がもつ重大な矛盾であり、同時にこれら壁画を評価するさいにぜひとも留意すべきことがらである。

つぎに六朝墓中の各種紋様の図案内容をあらためてかんがえてみよう。先にのべた花紋は二類型に大別できる。その一は、幾何形花紋で、たとえば網紋、放射紋、環内六弁花《かんないろくべんか》夾網紋《きょうもうもん》、双銭夾網紋《そうせんきょうもうもん》などである。その二は、植物動物花紋で、たとえば巻草、六弁花《ろくべんか》、八弁蓮紋《はちべんれんもん》、八《はち》弁菱紋《べんりょうもん》、環内円花《かんないえんか》、環内凹弁花《かんないとつべんか》、獅子、龍虎、鳳鳥、神怪動物などである。幾何形花紋の図案はおおくのばあい、墓磚装飾で、各地の六朝墓にさかんにもちいられた。

植物動物花紋は墓磚のほか、北方石窟寺院の彫刻壁画におおくみられる。それらのうち、たとえば環内六弁蓮花と網紋は安徽の六朝墓の花紋とおなじであり、巻草紋は南京六朝墓の墓碑碑側に浮彫りされた忍冬の図案と類似している。そして、江南六朝墓の磚紋、たとえばいまのべた忍冬図案は龍門賓陽洞《りゅうもんひんようどう》大仏の光背《こうはい》や北嚮 山《ほくきょうざん》第三窟の大仏の蓮花座上の忍冬図案、あるいは敦煌魏窟《ぎくつ》壁画の縁飾り、北魏孝昌《ほくぎこうしょう》二年元叉《げんさ》墓誌蓋の縁飾りなどとにかよっている。八弁花紋は北魏侯剛《こうごう》墓誌石碣上の菱花紋《りょうかもん》とほとんどおなじである。各種蓮花紋の装飾はさらに一般的に雲崗《うんこう》、龍門、鞏県《きょうけん》（河南）、天龍山《てんりゅうざん》（山西）石窟寺中の藻井《そうせい》（もようでかざった天井）にみられる。対拼八弁蓮花《たいほうはちべんれんか》と巻草紋は河南鄧県《とうけん》彩色画像磚の花紋磚上の装飾と酷似している。

これらの例は、魏晋南北朝時代、仏教芸術はたんに地上建築のみならず、地下建築の装飾花紋においても、南北で普遍的に流行し、伝播したことをものがたっている。

第七章　墓誌と地券

六朝墓誌の発見

墓誌は、六朝の墓中から出土する重要な遺物のひとつである。しかし、それらについては以前はほとんど注意が払われなかった。一九六五年に南京象山《ぞうざん》の王氏一族墓の王興之《おうこうし》夫妻の墓誌が出土してからというもの、学界において墓誌はことに重要視されるようになった。おおくのひとはその書法に着眼していたが、実際は墓誌がしめしている内容はそれだけにとどまらない。一九七九年に南京博物院が南京堯化門《ぎょうかもん》付近で梁代の墓を発掘し、墓誌四個を得た。この墓は梁の建安《けんあん》王蕭偉《しょうい》の墓であろうとかんがえられている。ここにおいて六朝の陵墓には、墓前の墓碑だけでなく、墓内に墓誌もあったことが証明された。一九八〇年に、南京市博物館は、蕭偉墓からさほど離れていない張家庫《ちょうかこ》で、梁の桂陽《けいよう》王蕭融《しょうゆう》夫妻の墓誌二個を発見、それによって伝世《でんせい》の梁の永陽《えいよう》王蕭《しょう》敷《ふ》夫妻の墓誌の拓本《たくほん》が信頼できるものであることがたしかになった。さらに一九八八年に南京博物院によって、南京石油精製工場で梁の桂陽王蕭象《しょうぞう》墓が発掘され、墓誌一個が得られた。象は蕭融の嫡子であり、墓は蕭融墓から遠くない場所にあった。以上にのべたような墓誌のあいつぐ発見によって、六朝墓誌の研究は促進されたのである。

古代のいくつかの著録には、六朝時代の墓誌が収められている。たとえば、唐の欧陽詢《おうようじゅん》の『芸文類聚《げいもんるいじゅう》』（諸書からさまざまな事項についての文章をぬきだし、配列した類書）と宋の王厚之《おうこうし》の『復斎碑《ふくさいひ》録《ろく》』（各地の碑文の記録）には、「梁故侍中左衛将軍建安敏侯蕭公墓誌」（蕭正立《しょうせいりつ》）がある。し

56　蕭正立墓前の神道石柱（上）と遠景（下）

かし朱希祖《しゅきそ》のように、その誌文は不完全であり墓誌は出土していないはずだとかんがえる学者もいる。現在、南京江寧県淳化鎮《じゅんかちん》には、蕭正立の墓前の神道の石柱が残っており、石柱の表面には「梁故侍中左衛将軍建安敏侯之神道」と書かれてある。周知のように南京の梁代の諸王の墓が早い時期にすべて破壊されている状況からみると、蕭正立の墓もはやくに破壊され、その墓誌も蕭敷の墓誌と同様に墓外に持ち出されてしまい、現在もはや残っていないかもしれない。このほかに、元の陶宗儀《とうそうぎ》の『古刻叢鈔《ここくそうしょう》』（古代の墓誌、刻石などをあつめた書）にも、やはり、謝安《しゃあん》の曾孫である謝濤《しゃとう》の墓誌と、宋の武帝の弟長沙《ちょうさ》景王《けいおう》の孫である劉襲《りゅうしゅう》の墓誌が収録されている。墓は建康県東郷土山里と南瑯琊郡《なんろうやぐん》乗武崗《じょうぶこう》にあるとしるされているが、現在ではなんのてがかりもない。

一九四九年までは、江南地区で発見された六朝墓誌は数えるほどしかなかった。趙万里《ちょうばんり》が『漢魏南北朝墓誌集釈《かんぎなんぼくちょうぼししゅうしゃく》』に収録しているものは、わずかに紹興出土の南斉永明《なんせいえいめい》十一年（四九三）の呂超《ろちょう》の墓誌一個である。宋大明《たいめい》八年（四六四）の劉懐民《りゅうかいみん》と梁太清《たいせい》三年（五四九）程虔《ていけん》の二つの墓誌は、それぞれ山東省と湖北省で出土したが、これは南朝のものにかぞえてよい。しかし趙氏が収集した魏晋南北朝の墓誌のほとんど大部分は西安と洛陽などから出土したものである。そのうち東晋に属するものはきわめてすくなく、しかもそのどれも江南から出土したものではない。端方《たんほう》（清末の官僚、金石書画の収集家）と繆荃孫《ぼくせんそん》（清末の学者）らが収集した墓誌は偽刻《ぎこく》の拓本がおおい。たとえば、宋元嘉《げんか》二十六年高景《こうけい》の墓誌、梁天監《てんかん》十八年司馬婁《ろう》の墓誌、梁大同《だいどう》二年陶弘景《とうこうけい》の墓誌、陳太建《たいけん》十年劉仲奉《りゅうちゅうほう》の墓誌などである。それゆえに当初ひとびとは江南の墓誌は珍しいものであるとし、「北碑南帖」の説を唱えた。

しかしこの三〇年来、江蘇地区でこれまで発表された資料によると、出土した墓誌は二一個、これに解放前に出土したものと著録されているものや、近年南京付近の馬鞍山市で出土した五片一組と、最近新たに発見されたものをくわえると、全部で二六個というかずになる。字数は、最大のもので三七〇五文字「輔国《ほこく》将軍墓誌」、最少のものはわずかに八文字「蔡冰《さいひょう》墓誌」しかなく、そのほかのほとんどは一〇〇文字以下である。

墓誌の大きさは、最大のもので一〇七×八四×一二・五センチ「蕭偉《しょうい》墓誌」、最小のものはわずかに二八×一五・五×四・五センチ「劉剋《りゅうこく》墓誌」しかない。その様式は細い長方形「謝鯤《しゃこん》墓誌」のものも、長方形「王閩之《おうびんし》墓誌」のものもある。二六個の墓誌のうち、十個は磚製で、一六個は石製である。これらの墓誌

57　謝鯤墓誌

は、六朝の歴史を研究するうえで重要な実物資料であることはうたがいない。ここで墓誌の年代、出土時期と出土場所、墓主姓名、墓誌の材料、誌文の文字数、掲載されている資料について一覧表を作成してみよう（一五九ページの東晋南朝墓誌一覧）（なお、本節の記述については、同表により修正が必要である）。

墓誌の歴史

文献記事では『西京雑記《せいきょうざつき》』（漢の劉歆の著、西晋の葛洪の編とされる、漢の長安の記録）に、前漢の杜子春《とししゅん》は臨終に文をつくり、石に刻んで墓前に埋めた、というのが墓誌の早い記録で、また曲阜《きょくふ》の後漢の孔君碑には題額に「孔君之墓」の四文字があるので、趙万里はこれが後世の墓誌のはじまりではないかとかんがえた。

趙万里の収集した実物墓誌のもっとも早期のものは、後漢晩期の延平《えんぺい》元年（一〇六年）の「賈武仲《かぶちゅう》妻馬姜《のつまばきょう》墓誌」である。この誌文は一九〇余文字に達し、死者の生涯と銘辞《めいじ》（死者をたたえた韻文）が書かれてあった。ほかにまた、前漢の河平《かへい》元年（前二八年）左表《さひょう》の墓門の上に死者の官職・姓名と年月を刻んだ文字があった、という学者もいるが、惜しいことに早期に国外に流出してしまい、その詳細はわからない。しかしこれがもっとも早い墓誌の実物である可能性がある。

これと、近年発見の江蘇省邳県《ひけん》にある後漢の画像石墓の墓壁の上に刻まれていた文字とは形式がまったくおなじである。そこには「故彭城相・行長史事・呂長・繆宇……君和平《わへい》元年（一五〇）七月七日を以て物故す、元嘉《げんか》元年（一五一）三月二十日葬る」［一〇七文字］とあって［南京博物院『文物』一九八四年第八期］、墓主の官職、姓名、死亡年と埋葬時期が、ともに墓門の上にある横梁のなかほどに刻まれていた。しかし、この墓の年代は後漢の元嘉元年で、左表墓より一七九年おそく、馬姜墓よりはさらに四五年おそい。

このようないくつかの実物資料と文献史料からみると、墓誌の発展もそのほかの事物と同様、しだいに完成してゆくという過程をたどるが、この過程はけっしてバランスのとれた発展ではない。墓誌の目的は、やはり墓碑と同様に、墓主の生涯の略歴、埋葬の状況と、残されたひとびとが墓主にたいしてたたえたり祈ったりする文を石に刻み、地下に埋めて千秋万歳ののちまで永遠に伝わり、記憶にとどめて忘れないことをねがうところにある。しかし、墓碑のほとんどは地上に立てられ、墓誌は地下に埋められた。

早期の墓誌はわずかに死者の姓名と本籍地、年齢、身分と生年死亡年月や埋葬の時期ならびに埋葬地をしるしただけであり、さらに簡略なものもあった。後世になってようやく生涯の功績と頌詞《しょうし》銘文がしるされるようになっていった。このことからかんがえて、基本的に前者の条件をそなえているのであれば、それは墓誌と称することができ、その起源は前漢だが、後漢になって発展してかなり成熟していったにちがいない。

しかし簡略で初期の特徴をしめす墓誌もまだ同時に存在していた。それは上述の馬姜墓誌から証明できる。なぜなら馬姜は伏波《ふくは》将軍馬援《ばえん》の娘で、明徳《めいとく》皇后の姉という名門貴族であり、身分地位は高く、葬制《そうせい》も比較的丁重で、それゆえに墓誌の内容も比較的豊富で、誌銘の類の文章がある。しかるに繆宇の墓は馬姜の墓よりもややおそい時期であるにもかかわらず、身分が低く、ただ簡単に官職姓名経歴と死亡年埋葬時期および短い銘文が刻まれているだけであり、しかも特別に誌石に刻むこともなく、ただ墓門内側の前室の東壁の横梁の上に刻んであるだけであった。漢代では墓誌を副葬することについては、制度としてまだ確立していなかったはずだとかんがえられる。

魏晋南北朝時代になると、とくに北朝の墓誌が大量に出土し、著録にみられるものもかずおおくなる。ただ東晋南朝のものは非常にすくないのだが、これはなぜであろうか。筆者の推測では、一つには新中国以前は東晋南朝の墓の発掘はきわめて稀であり、それゆえに墓誌の出土もきわめてすくなかったこと、二つ目に東晋南朝は刻石の禁止が非常に厳しく、たとえその禁止が形式的ではあっても、墓中に墓誌を副葬することはおおくなかった。現在墓誌が出土する墓をみてみると、その墓主はすべて高級官僚階層のひとびとであり、一般人の墓では墓誌はほとんどない。三つ目に、当時墓誌の形態には固定した規範がなく、墓誌を副葬することも制度として成立していなかったとかんがえられる。

四つ目に、江南の土質は湿潤であり、南京付近の丘陵地区の墓葬の集中地はすべて「下蜀《かしょく》系黄土《けいおうど》」である。これは一種の酸性灰黄色粘土質土壌であり、きわめて腐食作用をおこしやすい。現在みられるほとんどの墓誌はみな石灰岩でつくられているが、それらは長期に地下にあると浸食され、刻字は剝落し、ぼやけてしまい、はなはだしいものになると墓誌の文字はまったくみえなくなる。これらの墓誌はたいてい墓内に置かれており、発見時には誤って石版あるいは石机とみなされ、墓誌であることがわからなかったこともある。南京で蕭秀《しょうしゅう》・蕭偉《しょうい》等の陵墓を発掘したときも、ちょうどこのような状況にあった。

かれらの時代は銘文をしるすことがはじまった時期であったために、いろいろことなる部分もある。たとえば墓誌に題額がないもの［程虔《ていけん》墓誌］、あるいは銘辞が誌文のまんなかにおかれていたり、誌文の前やうしろにあったりするもの［劉懐民《りゅうかいみん》、明曇憘《めいどんき》墓誌］などがあり、確定されていなかった。だから、六朝時代には、墓誌を副葬することが、普遍的な法則であったとかんがえることはまだできないのである。

ここでかさねて強調しなければならないのは墓誌の役割である。前述したように、墓誌は実際は墓のなかに置かれた、死者の伝記をしるした石刻または磚刻《せんこく》である。表面には死者の姓名、本籍地と生涯がしるされている。しかしここで総称する墓誌には、誌文中の銘もまたふくめなければならない。正確にいうならば、完璧な墓誌とは誌と銘の両方の部分を包括したものであり、誌はおおくは散文をもちいて死者の姓氏・本籍・生涯などをしるし、銘は韻文をもちいて全編を概括した、死者に対する賞賛、哀悼の念や慰問の詞である。現在では前者あるいは後者だけ、または両者ともにあるかどうかに関係なく、すべて誌と称している。

同時に、誌と碑をも区別しなければならない。誌はもっぱら地下の墳墓のなかに埋葬されたものをさしているが、墓誌のことを碑誌とよぶひともいて、碑と誌を混同している。このたぐいの曖昧な定義は是正しなければならないだろう。墓誌の役割は、先にのべたようなものであるが、おもには死者の生涯の経歴をしるすということである。しかし、現在では、墓誌は重要で信頼性のある実物資料の一つとして認識されている。それは墓葬年代の確定の証拠とすることができ、同時に史書の不足部分を補うことができ、さらには史書の誤りを訂正することさえもできるのである。墓誌のこのような部分の役割のために、誌文部分が銘部分にくらべていっそう重要であり、これがまさしく墓誌が重視される理由の一つなのである。

墓誌の形態

墓誌の形態は墓碑と関係があり、墓碑は墓誌より早くできた可能性がある。漢代には碑を立てることが風潮となっていたが、建安《けんあん》十年（二〇五）、魏《ぎ》の武帝《ぶてい》が碑を立てることを禁じ、ま

58　梁始興王憺墓碑

た西晋《せいしん》の武帝も咸寧《かんねい》四年（二七八）に、石獣・碑表を禁じた。このように魏晋《ぎしん》時代に代々禁碑の措置があったために、現在までにみられる江南《こうなん》の東晋時代の墓には、陵墓や一部の墓をのぞくと碑はみられない。それはおそらくこれらの命令の影響をうけていたのであろう。しかし、逆に墓中の墓誌は、発見されることがおおい。南京で出土した六朝の墓誌のうち東晋のものはその半分を占め、禁碑ののちも、完全には墓誌を禁絶していないことがわかる。さらに副葬品も減少せず、陵墓の前の石獣・碑表は依然として存在しており、これらの命令による禁止効果はあまりない。ゆえに、墓誌と墓碑は一定の関係にはあっても、完全におなじではないのである。

漢魏いらい、各種の墓碑と墓誌には円首・圭首《けいしゅ》・方形などの形があるが、江蘇省でみられる墓誌の大部分はみな長方形である。同時期のもので現存する六朝陵墓の前の墓碑はすべて円首であり、蟠螭紋《ばんちもん》（龍がとぐろをまいたもよう）が装飾されており、さらに額文標題と円穿《えんせん》（碑

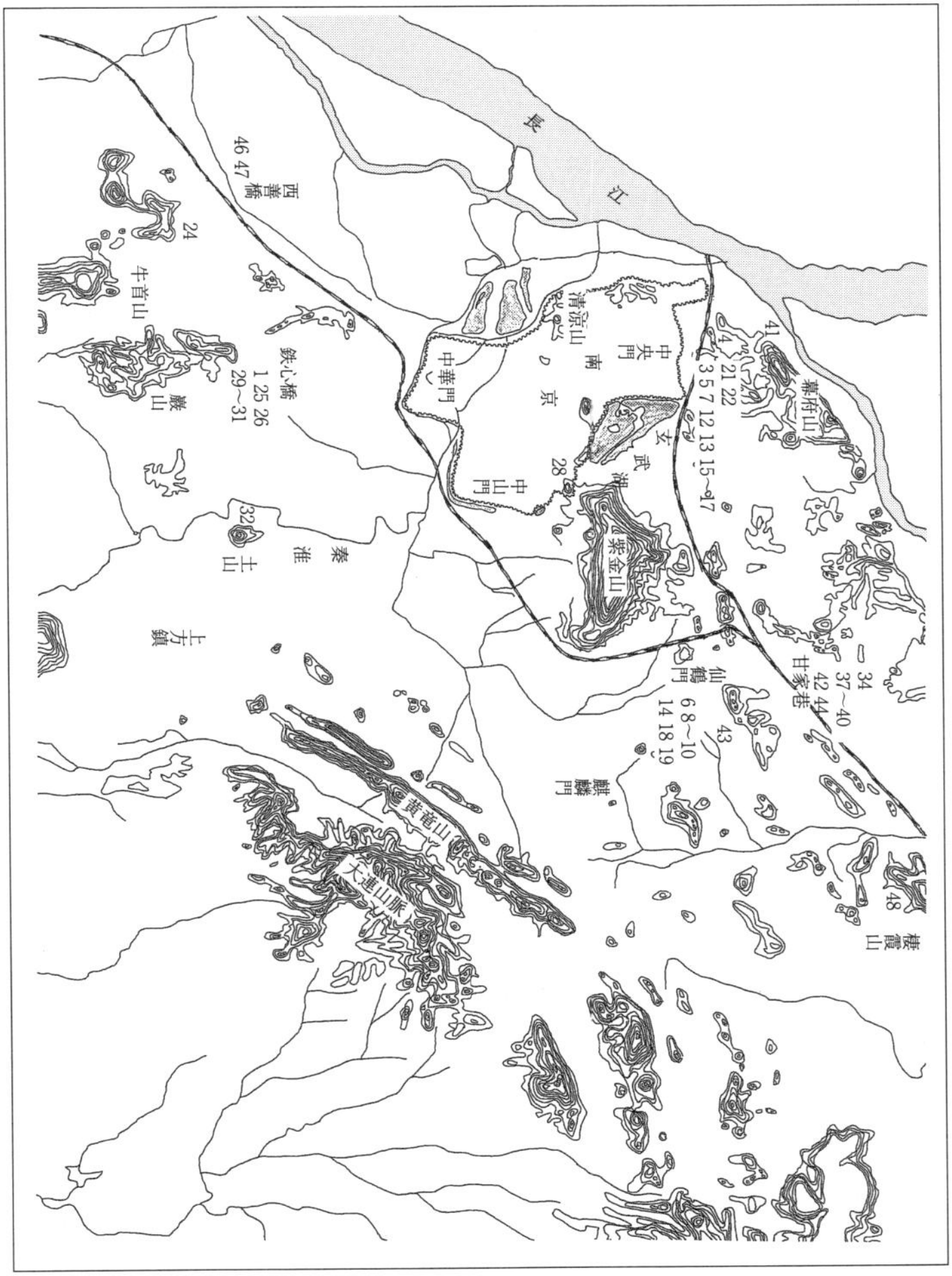
長江
西善橋
46 47
24
牛首山
鉄心橋
1 25 26
29~31
巌山
32
土山
秦淮
上方鎮
清涼山
中央門
南京
中華門
中山門
28
玄武湖
紫金山
41
4
21 22
3 5 7 12 13 15~17
幕府山
仙鶴門
6 8~10
14 18 19
43
34
37~40
42 44
甘家巷
麒麟門
黄竜山
大連山脈
48
棲霞山

出土年・報告書類）

石 60 × 16.5—11	（隷 67）	1964	文 1965-6
石 56.5 × 35—15	（隷楷 98）	1979	文通 1979-10
石 37.2 × 28.5—11	（隷楷 203 両）	1965	文 1965-6
磚 32 × 14.5—4.5	（楷 24）	1958	考 1959-6
磚 45 × 44—6	（隷 104）	2001	文 2002-7
磚 50.5 × 25.2—6	（40）	1998	文 2001-3
磚 50 × 25—7	（44）	2000	文 2002-7
磚 31.4 × 14.5—5	（隷楷 43）	1998	文 2000-7
磚 31.1 × 14.8—5.3	（隷楷 28）	1998	文 2000-7
磚 30.7 × 15.1—5.1	（隷楷 23）	1998	文 2000-7
磚 28 × 15.5—4.5	（隷楷 12 二連）	1963	考 1964-5
磚 42.3 × 19.8—6.5	（隷 84 両）	1965	文 1972-11
磚 48 × 24.8—6.2	（隷楷 65）	1965	文 1965-10
磚 48.1 × 24.8—5.7	（31）	1998	文 2001-3
磚 51 × 26—7	（隷 88）	1998	文 2000-7
石 45 × 35—2.5 磚 51 × 26—7	（171） （144）	1998	文 2000-7
石 47 × 28—5	（275 両）	1998	文 2000-7
磚 29.7 × 14.5—4.8	（隷楷 21）	1998	文 2000-7
磚 29.4 × 14.5—4.7	（8）	1998	文 2000-7
磚 35 × 17—5	（楷 29 五）	1976	考 1986-6
磚 49 × 23.5—7	（80）	2000	文 2002-7
磚 50.8 × 32.7—5.8	（隷 86）	1968	文 1972-11
磚 31 × 24.5—6	（隷草 79）	1972	考 1793-4
磚 34 × 20—5	（9）	1966	六朝芸術
磚	（隷 55+）		叢編
磚 46.4 × 23—6.5	（+98）	1986	文 1998-5
磚 45 × 23—6	（203）	1986	文 2000-7
石 125 × 30—30	（26）	1960	考 1961-5
磚 30 × 15—4	（29）	1986	文 2000-7
磚 33 × 17—4.5	（681 六連）	1987	文 1998-5
磚 34 × 16.6—4 磚 33.7 × 16.4—4 磚 33 × 16.4—4	（隷楷 112） （隷楷 109） （隷楷 127）	1996	考 1998-8

59　東晋南朝墓誌一覧（墓主（出土地）・紀年・材質・寸法・書体字数・

1(1)	陳郡謝鯤（南京戚家山）	太寧元年（323）
2(2)	呉郡張鎮（呉県張陵山）	太寧３年（325）
3(3)	琅邪王興之（南京象山）	咸康６年（340）
4(4)	琅邪顔謙婦劉氏（南京老虎山）	永和元年（345）
5	温嶠（南京郭家山）	？
6	高崧婦謝氏（南京仙鶴観）	永和 11 年（355）
7	琅邪王康之（南京象山）	永和 12 年（356）
8	広平李緝（南京呂家山）	升平元年（357）
9	広平李摹（南京呂家山）	升平元年（357）
10	李纂婦武氏（南京呂家山）	升平元年（357）
11(5)	東海劉剋（鎮江）	升平元年（357）
12(6)	琅邪王閩之（南京象山）	升平２年（358）
13(7)	琅邪王丹虎（南京象山）	升平３年（359）
14	広陵高崧（南京仙鶴観）	泰和元年（366）
15	琅邪王企之（南京象山）	泰和２年（367）
16	王建之婦劉氏（南京象山）	泰和６年（371）
17	琅邪王建之（南京象山）	咸安２年（372）
18	魏郡李纂（南京呂家山）	寧康３年（375）
19	李纂婦東海何氏（南京呂家山）	？
20(8)	孟府君（馬鞍山）	太元元年（376）
21	王康之婦何氏（南京象山）	太元 14 年（389）
22(9)	夏金虎（南京象山）	太元 17 年（392）
23(10)	陳郡謝琰（溧陽）	太元 21 年（396）
24(11)	黄天（南京油坊橋）	
25	陳郡謝重（南京）	隆安３年（399）
26	陳郡謝温（南京司家山）	義熙２年（406）
27(12)	陳郡謝球（南京司家山）	義熙３年（407）
28(13)	司馬徳文（南京富貴山）	永初元年（422）
29	謝球婦王氏（南京司家山）	義熙 12 年（416）
30	陳郡謝琉（南京司家山）	永初２年（421）
31	陳郡宋乞（南京鉄心橋）	元嘉２年（425）

		(68+)		叢編
	石 52.5 × 49	(楷 224)	清	集釈
	石 65 × 48	(楷 660)	1972	考 1976-1
	石 65 × 55—7	(楷 361)	1969	文 1977-6
	石 49 × 37.5	(楷 285)	1916	集釈
	石 60 × 60—9	(楷 485)	1980	文 1981-12
	石 49 × 64.4—7.5	(楷 654)	1980	文 1981-12
	石 66 × 58	(楷 994)		叢編・拓本
	石 50 × 50	(楷 765)		叢編・拓本
	石 100 × 80—8	(楷 3705+)	1978	文 1980-2
	石 106 × 83—13 石 107 × 84—12.5 石 108 × 75—12 石 116 × 86—9	(楷 112+/2250) (?) (?) (?)	1979	文 1981-12
	石 60 × 68—9 石 28.8 × 36.3—4	(?) (?)	1997	文 1998-12
	石 63 × 75— 9	(?)	1988	文 1990-8
	石 56.8 × 31.2	(楷 162)		集釈
	石 65 × 75—10	(750+)	1989	文 1993-11
		(429+)	1991	東南 1996-2
	磚 24.4 × 8.3—6.4	(8)	1966	六朝芸術

32	陳郡謝濤（南京土山）	大明７年（463）
33(14)	劉懐民（山東益都）	大明８年（464）
34(15)	明曇憘（南京太平門外）	元徽２年（473）
35(16)	劉岱（句容袁巷）	永明５年（487）
36(17)	呂超（紹興）	永明 11 年（493）
37(18)	桂陽王蕭融（南京甘家巷）	永元３年（501）
38(19)	桂陽王妃王慕韶（南京甘家巷）	天監 13 年（514）
39(20)	永陽王蕭敷（南京）	普通元年（*497/520）
40(21)	永陽王妃王氏（南京）	普通元年（520）
41(22)	輔国将軍（南京燕子磯）	普通２年（521）
42(23)	南平王蕭偉（南京甘家巷）	中大通５年（*533）
43	臨川王蕭宏（？）（南京白龍山）	
44(24)	桂陽嗣王蕭象（南京甘家巷）	
45(25)	程虔（襄陽）	太清３年（549）
46	黄法氍（南京西善橋）	太建８年（*576）
47	輔国将軍（南京西善橋）	
48(26)	蔡氷（南京棲霞山）	

略号　文『文物』　考『考古』　文通『文博通訊』　東南『東南文化』
叢編『宝刻叢編』　集釈『漢魏南北朝墓誌集釈』
番号の（　）内は原著表番号、（　）のないものは訳者増補
寸法は縦×横－厚さ
字数の＋はそれ以外に判読不能字があることを示す
＊は文献上の卒年

60　張鎮墓誌

の頭部のまるいあな）および亀趺《きふ》（亀の台座）をともなうことにくらべると、墓誌ははるかに簡素で、またちいさい。これは、墓碑は地面に立てられたために、その規格や形態が墓誌より早く制度化したのが原因であろう。南京地区でみられるもっとも早い時期の謝鯤《しゃこん》の墓誌を例にとると、たんなる長方形の刻石で、形状もちいさい。南朝後期になっても、最晩期の梁普通《ふつう》二年（五二一）と中大通《ちゅうだいつう》四年（五三二）以後のものですら、形状は比較的おおきくなるだけで、やはり長方形であり、誌蓋と碑額および底座はまったくない。

現在唯一非常に特殊な墓誌がある。ほかでもない呉県出土の東晋の張鎮《ちょうちん》の墓誌である。碑の形式を採用し、碑と座の両部分があり、碑には円額《えんがく》と穿《せん》があり、座の部分は方形の台座になっていて、甬道《ようどう》内で発見された。発掘者は、張鎮墓の前には元来宗廟《そうびょう》あるいは享堂《きょうどう》があったはずであり、墓外に別に碑があって、この墓誌はその碑の形と、誌文の内容にならってつくられたものかもしれない、とかんがえた。しかし、もしこの墓の前に碑があったとすれば、墓の中の墓誌がどうして碑の形をとったのであろうか。

趙万里《ちょうばんり》氏の収集した墓碑中の西晋のものには、このての円額［しかし座はない］の形式のものがある。新中国になって洛陽から出土した西晋元康《げんこう》九年（二九九）徐美人《じょびじん》の墓誌と、太康《たいこう》八年（二八七）の墓誌は、圭首尖額の形式をしており、このことをかんがえる参考になろう。

一般にいえることは、江蘇地区から出土した墓誌の形式は、おもに長方形で、墓誌の発展にともない、誌文の内容もまた短いものから長くなる傾向があらわれた。しかし全体としての発展でなかったために、南朝になっても、まだたった八文字だけの蔡冰の墓誌のようなものもあったのである。

61　徐美人墓誌（正面）

誌石の大きさと刻字数とは密接な関係がある。早期の墓誌の字数はみな比較的すくなく、よって墓誌もまたちいさい。たとえば東晋中期の劉剋《りゅうこく》の墓誌はたった一二文字であるのに、梁普通二年墓誌は三七〇五文字にと発展し、墓誌もかなりおおきくなっている。だから墓誌の文字の発展も、すくないものからおおいものへという傾向がある。

墓誌の書法は、大部分の誌文はみな右から左、上から下に、一枚の磚あるいは石の片面に刻する。少数ではあるが、劉剋の墓誌のように、二枚に字を書いて、一つにくみあわせているものもある。二枚の裏面にも、またおなじ内容の文字があるが、配列が多少ことなるところがある。蕭偉《しょうい》の墓誌は、四枚に字を書いて一つにくみあわせている。王興之《おうこうし》と張鎮の墓誌は、墓誌の両面に字を書いて一文としている。孟府君《もうふくん》の墓誌は、五枚で一つであり、一枚ごとにおなじ内容が書かれてあるが、字体はことなっている。これらはすべて特殊なばあいである。墓誌の材質は、現在発見されたものでは磚と石の二種類しかなく、ほとんどは石で、磚はすくない。

全体的な傾向からみると、洛陽などから出土した西晋の墓碑はすでに誌銘があるが、東晋の墓誌はただ墓主の姓名、官職、郷里、没年と埋葬の時期と場所、祖先や子孫親族の姓名と官職を列挙しているにすぎない。南朝にいたってはじめて略伝と銘辞のような形式的な文章をもつようになった。たとえば劉宋《りゅうそう》以後の墓誌には、明確に「宋×××府君墓誌銘」と題している。したがって、後漢にすでに墓誌銘の起源があっても、両晋ではまだ普及はしていなかったようであり、東晋でもまだ銘はみられない。劉宋時期になっても、銘辞は誌文のまんなかや前やうしろにあったりして、後代一律に文のうしろに置かれたのとはまるでことなる。これも墓誌がまだ規範化されていなかった、という一つの証拠になるであろう。

これらの墓誌の埋葬位置は、ほとんどは墓室前部に安置されており、あるものは地面にたいらに、あるものは墓壁にたてかけてあった。大部分の墓は破壊や盗掘をこうむっているため、位置は移動しており、そのため正確なもとの位置を知ることはできない。しかし、それらが移動しているとはいっても、おそらくそう大幅には移動していないはずなので、だいたいは棺床《かんしょう》の前か、墓門のうしろの甬道内にあったと推測できる。ただ孟府君の墓誌五個は墓室の四隅と棺床の前に一個ずつおいてあったが、これは特殊なケースである。それは辟邪《へきじゃ》や鎮墓の目的も兼ねているようにおもえる。

以上を総合すると、六朝の墓誌は梁代になると、比

62　たてかけた墓誌（墓誌一覧中14）

較的成熟した段階に達していたことがわかる。この時代の墓誌と後の唐代に盛行した墓誌とは、すでに基本的に一致している。梁代の蕭融《しょうゆう》夫妻の墓誌を例にとって、揚州《ようしゅう》出土の唐の墓誌と対照させてみると、それらにはつぎのような共通点をみることができる。

一、基本は正方形であり、いずれも石製の墓誌であること。
二、いずれも墓誌の題額があり、撰文者の姓名と官職があること。
三、誌文と銘辞がわかれ、あきらかに誌文は墓銘の序であって銘が主であること。
四、銘文にはすでに規範があり、ともに四言の辞銘であること。
五、墓主夫妻は合葬であっても、おのおの墓誌があること。
六、墓誌の出土地点は甬道《ようどう》内の両側であること。
七、南朝時代、中国の書法は変化して楷書となったが、墓誌もまたみな楷書をもちい、唐代の墓誌の書法と一致していること。

ただ、唐代は墓誌が盛行した時代で、大部分の墓誌にはじめて誌蓋《しがい》がついたが、六朝時代はまだ誌蓋はない。これが両者でことなる点である。以前は、一般に、墓誌は隋唐になってはじめて定型化されたとかんがえられていたが、こうみると現在では南朝の梁代にすでに基本的な定型があったということができよう。

墓誌の内容

一

漢魏《かんぎ》以後の門閥制度は、六朝の政治・経済・文化などの各方面において、重要な影響をおよぼした。六朝貴族の墓誌からは、かれらがたがいに婚姻関係をむすび、門閥の結束をかため、たがいに結託し、政治を独占した歴史的事実がみとめられる。皇室の墓誌からさらにすすんで読みとれるのは、有力者や貴族がたがいに婚姻しただけでなく、貴族出身ではない斉梁の皇族が、政治上の必要から社会的地位のとくに高い若干の貴族と婚姻関係をむすんでいることである。南朝は劉宋《りゅうそう》以後、有力貴族の勢力を抑えるために、中央では寒人《かんじん》を起用して機密をにぎらせ、地方は皇族に託し、諸王を地方にだして刺史《しし》にした。しかし実際には、寒門出身である皇族はみずからの地位を強固にするために、貴族と婚姻関係をむすばざるをえなかったのである。

秦漢《しんかん》いらい形成された中央集権政治において、中央官僚機構の組織はますます複雑膨大となり、官僚の人数もますます増加した。政府は官吏を選抜して任用しようと、曹魏《そうぎ》時代には九《きゅう》品中正制度《ひんちゅうせいせいど》〔4〕をたてた。これは「人才の優劣を論じた」制度であるにもかかわらず、実際には大小の中正は「有力貴族」で占められていた。その結果「上品に寒門《かんもん》なく、下品に勢族《せいぞく》なし」という現象を生んだ。貴族大地主は政治上この人事の権力を独占し、何代にもわたって公《こう》卿《けい》をうけついだ。官品の上下は「世資《せし》（代々の家柄）」にたより、門閥貴族は世襲して繁栄し、庶人身分の寒人にはすこしの出世のみちもなかった。

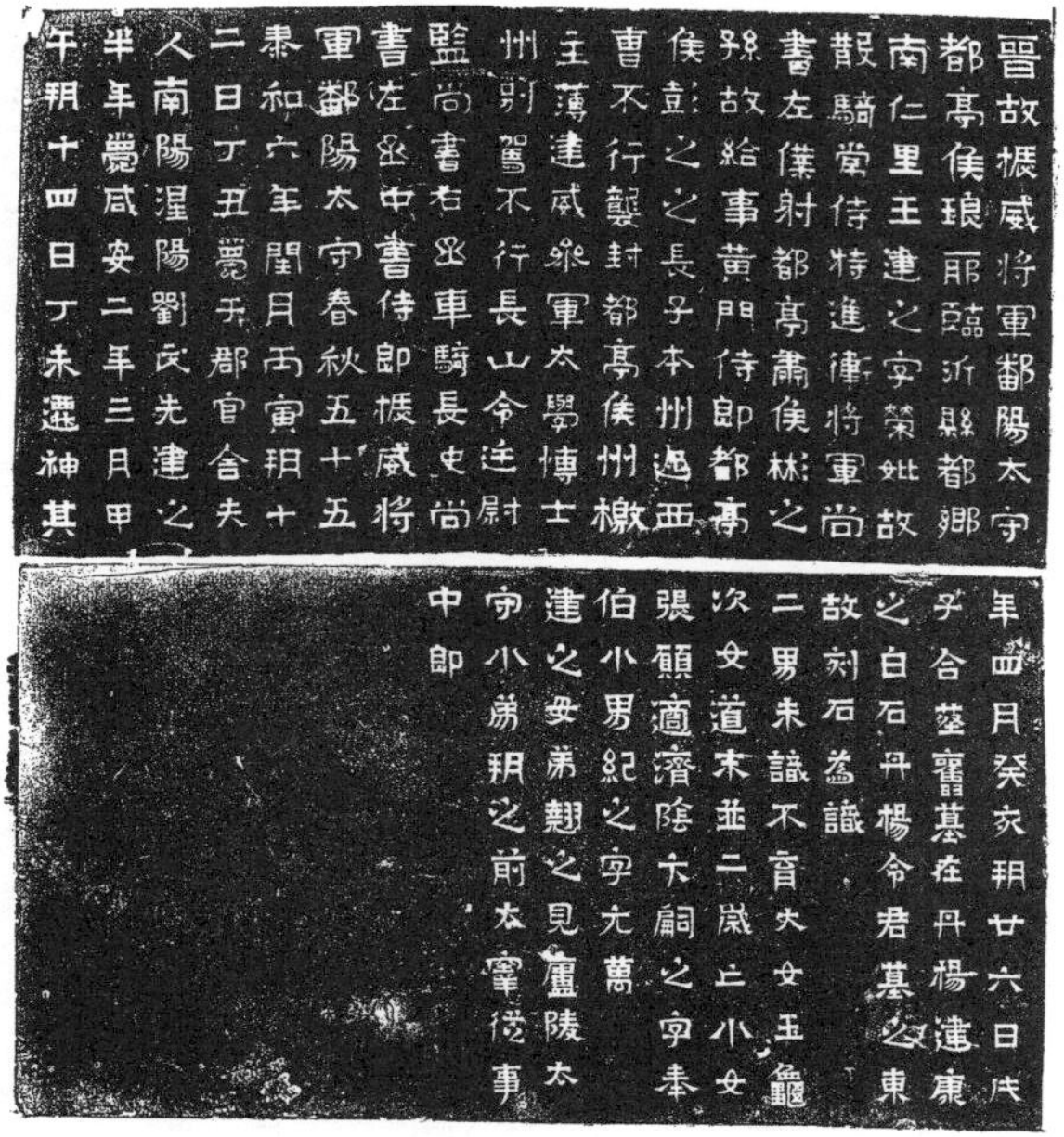

63　**王氏一族墓誌（正面・上、裏面・下）**墓誌中の「彬」は王導のいとこ

墓誌中の貴族をその本籍と祖先の姓をてがかりに文献史料と照合すると、すべてこのような状況と一致する。琅邪《ろうや》（山東省）の王氏を例にとると、王仁《おうじん》が仕えて青州刺史《せいしゅうしし》にいたり、王仁の孫王祥《おうしょう》は魏に仕えて太傅《たいふ》（天子のもり役、三公のひとり）にのぼり、祥の弟覧《らん》は九卿《きゅうけい》（行政府の大臣）を歴任した。祥の甥衍《えん》は西晋で太尉《たいい》（国軍の長官、三公のひとり）にいたり、覧の子導《どう》は東晋に仕えて丞相《じょうしょう》にのぼり、ほとんど代々高官に

ついて南朝におよんだ。さらに陳郡《ちんぐん》（河南省）の謝氏を例にとると、謝瓚《しゃさん》が魏に仕えて典農《てんのう》中郎将《ちゅうろうしょう》（屯田の指揮官）となって以後、瓚の子裒《ほう》は西晋に仕えて九卿にいたり、裒の子安《あん》は東晋に仕えて太傅にいたり、以後は代々公卿を歴任して、何代にもわたって勢力はおとろえなかった。王・謝が江左《こうさ》（江南）の「盛門《せいもん》」であったことは、当時ひとびとによく知られた事実であった。

さらに河東《かとう》（山西）の裴氏《はいし》、京兆《けいちょう》（陝西《せんせい》）の杜氏《とし》、清河《せいが》（河北）の崔氏《さいし》などの貴族の家系は、墓誌と史料においてきわだっていて、ここでおおくをのべる必要はないだろう。

南朝になっても、貴族は高官高位にいすわりつづけ、また法律上の保証も得ていた。自分の門閥にたより、貴族はほとんど世々代々高位に長くとどまり、おのずから政治にたいして無関心となり、何もしようとしなかった。あるいは残酷に民衆から搾取し、官職を奢侈と腐敗の生活を享受するための道具とした。だからこのような貴族制度は、六朝時代の政治に非常に劣悪な結果をもたらした。そしてこのような貴族が形成され、かれらが何代にもわたって「衣冠《いかん》」（官僚身分）をつづけ、それが延々と絶えなかった重要な原因のひとつは、かれらが氏族の血縁制度のなごりを長く維持していたためであり、そのあらわれがこの婚姻制度の形成なのである。

二

魏晋南北朝時代、大量の人口が江南に移住した。復旦大学の歴史地理学者譚其驤《たんきじょう》氏のかんがえでは、それはあわせて四回おこった。すなわち、西晋末年永嘉《えいか》初（三〇七年前後）が第一次、東晋成帝《せいてい》時（三二六〜三四二年）が第二次、康帝穆帝《こうていぼくてい》以後（三四三年以後）が第三次、宋武帝《ぶてい》以後（四二〇年後）が第四次である。

第一次の南遷《なんせん》では、元帝大興《げんていたいこう》三年（三二〇年）に琅邪《ろうや》の国人が長江を渡り、都の建康《けんこう》［すなわちいまの南京］に懐徳県《かいとくけん》をたて、僑戸《きょうこ》（移住戸）が移住先に郡県をたてるはじまりとなった。以後また長江の南北に徐《じょ》・兗《えん》・幽《ゆう》・青《せい》・并《へい》・司《し》の諸州を僑置《きょうち》し、明帝《めいてい》のときにまた江南に徐・兗の僑郡諸県をおいた。第二次南渡もまた、江南がおおく、第三次は四川に遷る者がおおかった。第四次は関隴《かんろう》（陝西地域）にいた者たちがおおく梁益《りょうえき》二州（四川）に遷った。

劉宋時期までで、南遷した人口はすでに九〇万人に達し、全国の人口五四〇万人の六分の一を占めていた。『晋書』地理志によると、両晋《りょうしん》時期の北方諸州の総戸数は一四〇万であって、もし一戸五人で計算すれば、七〇〇万人となる。すると南渡した人口の九〇万人は、北方の人口の総数の八分の一を占めている。だから永嘉《えいか》以後、東晋南朝の所轄区域内は、六分の五が本土の旧民で、六分の一が北方の僑民であったということになる［以上、譚氏「晋永嘉乱後之民族遷徙」『燕京学報』第一五期一九三四］。

このため南朝は江南におおくの僑州郡県〔7〕（出身地の州郡県を移住先にもうけたもの）を設立したが、これは六朝陵墓碑誌にも反映されており、梁代の陵墓碑文で、南徐州・南兗州などとよぶ地は僑州にほかならない。このうち江蘇にいたものがもっともおおく、僑民《きょうみん》は約二六万人あったが、南徐州だけで二二万人と、僑民の総数の九割を占めている。当時南徐州の総人口は四二万余りであったから、僑民は本土の旧民よりも二万人もおおいということになる。これはきわめて特殊な現象である。

ではなぜ南徐州にこれほどおおくの僑民がいたのだろうか。当時僑置された南徐州治［州庁所在地］は京口《けいこう》［いまの鎮江《ちんこう》］にあり、当時の政治の中心であった都の建康ときわめて近い距離にあった。この地はまた南北の要衝にあたり、広陵から邗溝《かんこう》を掘りひらいていらい、山東および江蘇北部を移動する移民が南下するのにかならず経由しなければならない場所であった。さらに土地は肥沃で、南徐州が所轄していた鎮江・江都《こうと》・武進《ぶしん》一帯は山東・江蘇北部の移民の重要な移住地だったのである。

南遷の僑民の数のおおさは、数字のうえからだけでみることはできない。当時のこれらの僑民はおおくが北方の貴族であり、政治上ではつねに重要な地位にあった、『晋書』王導伝《おうどうでん》には、洛京（洛陽）が傾復し、中州の士女の乱を江左に避けるもの、人口の六七割におよんだという。移動したひとびとは貴族だけでなく、北方のおおくの知名の人士をも含んでいた。『南史《なんし》』列《れつ》伝《でん》中に残された「人物」は七二八人、譚其驤《たんきじょう》氏の統計によると、北方出身者は五〇六人で、江南出身者はわずかに二二〇人［前出論文］であり、北方の人物が南方にくらべて二倍以上もおおいことがわかる。これによって、政治経済上だけでなく、文化芸術上においても、北方出身者はみな相当に重要な地位にいたことがわかる。

ところでこれらの墓誌中にしるされている墓の所在地は、あるものは僑州郡県名、あるものは当時本籍が属していた郡県郷里名をしるしていて、当時の地理位置を正確に判断させてくれる。たとえば明曇憘《めいどんき》の墓は「臨沂県弐壁山《りんぎにへきざん》」にあり、これは臨沂僑県に属している。南斉時代《なんせい》に臨沂県は江寧《こうねい》に僑置されていた。いま墓は南京太平門甘家巷《たいへいもんかんかこう》北にあり、ここは南斉の江寧県の所轄範囲であった。蕭融《しょうゆう》夫妻の墓は「戎壁里戎壁山」にあり、郡県の名称はしるされていないが、しかし、明曇憘墓誌の「臨沂県弐壁山」と照らし合わせると、「戎」と「弐」はおそらくおなじ字である。明曇憘墓は甘家巷北一・七キロ付近にあり、蕭融夫妻墓のある張家庫《ちょうかこ》に近いから、この一帯はすべて僑県臨沂県の所属であったことがわかる。蕭敷夫妻墓は「琅邪《ろうや》臨沂県長干里黄鵠山《ちょうかんこうこくざん》」にある。ここはいまの甘家巷の西〇・五キロのところにある蔡家塘《さいかとう》にあたる。これによって、このあたりはすべて梁時代の臨沂僑県に属していたということがわかり、この墓が過去にずっと「長干里黄鵠山」にあった謎が解けたのである。

王氏諸墓は「丹陽郡建康県白石《はくせき》」（王建之墓誌参照）にあるとしるされ、現在南京新民門外象山［人台山《じんだいさん》］にある。ゆえにここは東晋時期に建康県の管轄であったはずである。それらの具体的な葬地は「白石」と称している。すなわち東晋時代の有名な軍事要地「白石壘《るい》」である。『建康実録《けんこうじつろく》』と『輿地志《よちし》』には、その位置は蘇峻湖《そしゅんこ》東岸、県西北二十里、石頭城《せきとうじょう》の真北にあるとしるされていて、墓誌の位置とぴったりあう。『輿地志』はわざわざ「江乗《こうじょう》之白石壘」としるしているから、咸康から升平《しょうへい》年間（三三五〜三六一）にかけて、すなわち王氏諸墓の埋葬時点では、白石は建康県に属していたはずであり、後世のように江乗県には属していなかったにちがいない。

謝鯤《しゃこん》墓は「建康県石子罡《せきし》［崗］に假葬《かそう》す」「旧墓は滎陽《けいよう》にあり」とある。これはあきらかに江南に僑置《きょうち》され、しばらく建康に葬り、やがて中原を奪還したときには、河南の本籍地にまた改葬することをまち望むという意味であろう。石子崗は三国の呉いらいの墓地の一つである。『三国志《さんごくし》』諸葛恪《しょかつかく》伝に、建業の南に長い丘陵があって石子崗といい、死者を葬ったというが、この地はちょうどいまの中華門外戚家山《せきかざん》にあたる。歴代長くここに住んでいる住民によれば、戚家山はまた石子崗ともよばれていたので、墓誌と文献史料がしるしている場所はすべて合致していることがわかる。

劉岱《りゅうたい》は揚州丹楊《ようしゅうたんよう》（陽）郡句容《くよう》県の南郷糜里龍窟《りゅうくつ》山に葬られた。『南斉書《なんせいしょ》』州郡志《しゅうぐんし》によると、南斉のとき揚州の管轄地ははなはだ広く、丹陽・会稽《かいけい》・呉郡・呉興《ごこう》・東陽《とうよう》・新安《しんあん》・臨海《りんかい》・永嘉《えいか》の八郡を統治していた。そのうち丹陽郡は建康・秣陵《まつりょう》・丹陽・溧陽《りつよう》・永世《えいせい》・湖熟《こじゅく》・江寧・句容の八県を管轄していた。句容の南郷糜里龍窟山は、いまの句容袁巷小龍山《えんこうしょうりゅうざん》にあたり、この一帯が当時句容県の範囲であったことがわかる。

文字書法

中国の書法の歴史は、六朝時代に一つの転換期をむかえた。それは全体として隷書から楷書への変化の過程であった。魏晋以後、隷書はしだいに楷書にとってかわられ、草書も同時に流行したことは周知のことである。しかし昔は出土墓誌ははなはだすくなかったため、ひとびとは長い間南朝は簡札《かんさつ》［すなわち後代伝世した書帖］を重視したのだ、とかんがえていた。だから当時の簡札墨本を珍品とみなし、たとえば西晋の陸機《りくき》の「平復帖《へいふくじょう》」の法書《ほうしょ》（習字の手本）の親筆跡と唐人の双鈎《そうこう》［石に模刻した法書］、宋人の刻帖が伝える各種の名家の筆跡などは、すべて今日にまで保存され、ひとびとからおおいに珍重されている。しかし現在二四個ものきわめて信頼できる墓誌の字体が出土した。これはそれ以上に重視する価値がある実物である。

中国文字書法の研究者はみな、書法の変遷を、一方で実用にむけて発展し、他方で芸術方向に発展したとかんがえる。六朝時代の書法は、煩雑な篆隷から簡潔明白な楷書へと発展したが、これは実用性からでた結果であった。字体の変化についていえば、魏晋時代に創立された「書画同源」の理論が、書法と絵画は同様に作者の思想感情を寄託でき、書法はまた絵画と同様の情意を表現するとかんがえた。とくに行草は、よりいっそうひとの心にめでられひとの目をたのしませ、気分や精神を広々としてさわやかにさせることができた。これは芸術性から発展した結果である。そして魏晋以後形成された楷書と行草は、一千年というながい年月を経てしだいに強固なものになり、現在でも使われる字体となった。実際に六朝墓誌と磚文から、さらにはっきりとそれらの変化の過程がみてとれる。六朝時代の書法は、中国の書法史上の全盛時代の一つであるといっても過言ではないであろう。

六朝時代の書法が隷書から楷書へ変化したことについては、いままでのところ、その総合的な変化と発展についてなんの異論もないようである。しかし具体的な時代の変化ではやはり意見がわかれる。筆者がかんがえるに、この議論もまた、墓誌の形態の変化の過程と同様に、かたよっているところがある。まず発掘報告によって、その時代の前後をかんがえながら、各墓誌にしるしてある字体の書法を表にしてみよう（一五九ページの東晋南朝墓誌一覧参照）。

表から以下の数点の見方にまとめることができる。

一、東晋中期以後劉宋初年まで、隷書の字体はまだ存在するが、楷書がすでに徐々に形成されている。

二、劉宋中期以後、楷書が主流を占めているが、隷書も存在する。

三、いずれの墓誌も、隷書楷書をとわず、すべて書法はきっちりしていて、字体は厳格である。一部の墓誌、たとえば謝琰墓誌の若干の文字は行草を帯びている。

四、これらの墓誌の書法は、大多数が筆の運びがたくみできちんとしていて、力強く、とりわけ数枚の著名人の墓誌は、おそらく落款《らっかん》はないけれど当時の名家の筆によるものかもしれず、書法の代表格となしうる。

これらの墓誌の書法を同時期の北魏の墓誌の書法と対照させてみると、つぎのことがわかる。東晋の太元《たいげん》年間以後、江南《こうなん》では楷書がすでに出現していたが、隷書もなお残っており、両者は併存していた。しかし北魏《ほくぎ》の書法では、楷書が主となり、篆書隷書は比較的すくなかった。当時南北は政治上は二分されていたけれども、経済文化上ではやはり交流していたのである。

たとえば、興味深いことに、孟府君《もうふくん》墓誌は五個出土し、内容はおなじであるが、ただ書法においてことなるところがある。五個の墓誌はすべて楷書で書かれているが、そのうち三個は隷書の風があり、書体はすこぶる魏碑ににている。これによってあきらかに、同時期に隷書と楷書があり、かつ南北で近似していたということがいえる。

また、鎮江《ちんこう》東晋隆安《りゅうあん》二年（三九八）の画像磚墓から出土した青瓷洗《せいじせん》などは、底部にもはいたように筆で楷書の「偶」の字をつけているが、非常に流暢明快であり、東晋時代に楷書が流行していた状況がわかるのである。

したがって南北をとわず、当時の誌文の書法芸術はすべてとびきりあたらしい段階に達していた。それらの字体の組成はおごそかでかつ奔放であって、字体の書法芸術はゆるやかなもの、ひきしまったものがあり、おもいのままである。楷書のなかに篆書隷書の遺風を残してはいるものの、それらは融合されて一つの完成体となっており、厳粛にして秀麗、雄壮で上品であり、唐宋以後の書法へむけて、一本の広い路を開いたのであった。

出土墓誌からうかがえるのは、当時の書法芸術の成果がたいへんに優れていたことである。たとえば、蕭敷《しょうふ》夫婦墓誌には、その書を賛美する非常のおおくの題跋《だいばつ》がある。何紹基《かしょうき》（清の学者）は「筆法は精美で卓越しており、南碑でありながら北碑の美点があり、ほんとうの宝である」といい、程恩沢《ていおんたく》（清の学者）は「梁の書で流伝していまにいたり、右軍《ゆうぐん》（王羲之のこと）の書法をそなえているのはただ瘞鶴銘《えいかくめい》（碑銘の名、梁の天監十三年、華陽真逸陶弘景撰）およびこの碑だけである。始興忠武《しこうちゅうぶ》王（蕭憺《しょうたん》）碑のごときはそのつぎであろう」といった。かれらは蕭敷夫妻墓誌は北碑の美点をそなえ、また蕭憺墓碑よりも優れているとかんがえたのである。また任昉《じんぼう》と王暕《おうかん》が書いた蕭融夫妻墓誌は、筆力はやはり力強く、体勢は奔放である。王暕は王導《おうどう》の七世の孫であり、琅邪王氏《ろうやおうし》の書法は歴代ひとびとの推賞するところである。蕭敷夫妻墓誌は誰が書いたかわからないが、しかし、書法の精緻なことは蕭融《しょうゆう》夫妻墓誌に劣らず、これまた名家の手によるものにちがいない。

この四個の墓誌の書法書体はまったくにているが、時期的にそう遠くない蕭憺墓碑は、すでに完全な楷書に変化している。梁代こそが中国の書法が隷書から楷書へと完成した段階だということがわかる。このように墓誌・墓碑は、中国の書法発展史と書法芸術を研究するうえでの、たいへん重要な実物資料であり、蕭敷・蕭融夫妻墓誌は、南朝の書法の優秀な代表的作品としてたたえられるに足るものである。

ここで、別の問題について討論する必要がある。ほかでもなく当時すでに形成されていた草行書体が、なぜ墓誌にはすこしだけしか、あるいはまったくみられなかったのか、ということである。筆者がかんがえるに、磚《せん》石をとわず、篆隷真楷《てんれいしんかい》はすべて彫刻するにふさわしかった。なぜなら筆跡が角だち、筆さばきがはっきりとしているため、書法の筆跡を本物どおりに正確に表現することができるからである。これに反して、行書は、彫刻してその字風を保とうとするのはそれよりさらに困難であり、それが原因の一つである。それとともにこれまで発見された大量の墓誌が、どれも行書体で書かれていないところからして、これはまた当時の葬制の規定であったのかもしれない。それがもう一つの原因である。

では行書は墓の磚石にまったくないのだろうか。そうではない。南京と丹陽《たんよう》付近の九つの六朝陵墓と墓の壁画磚、たとえば南京西善橋《せいぜんきょう》の竹林七賢壁画磚、丹陽胡橋《こきょう》の三座の南斉《なんせい》陵墓の羽人戯龍・戯虎と車馬出行・侍衛儀仗・楽隊などの壁画磚の裏面あるいは側面に、いずれも草書で壁画の名称と磚画の並列順序の編号が刻されている。一枚の壁画を構成している一つ一つの壁画磚は名称がおなじでも、字体の大きさはふぞろいで、彫り方はかなりいいかげんであって、磚に刻した各種の壁画の名称と編号の文字は、墓を造った工匠らの手によるものにちがいないし、その名称は当時のひとびとの壁画についての一般的なよび方である。これらの六朝時代の民間で使われた文字と書法は当時、かならずしもものごとを丁重にする必要がないばあい、一般にはいそいで書くことのできる字体を使用した。ゆえに篆書の時代に草書隷書があり、隷書の時代に草隷書があり、楷書の時代に行草書があったのである［郭沫若《かくまつじゃく》「古代文字之辨証的発展」『考古』一九七二年第三期］。

江蘇地区から出土したすくなからぬ六朝紀年墓磚《ぼせん》には、工匠が姓氏あるいは磚の大小の符号名を刻んでいるものが非常におおい。それらは大多数が行草書体であった。だから六朝時代にはたんに隷書楷書が併存していただけでなく、隷書楷書行書もまた併存していたとかんがえられる。河北平山《へいざん》北斉《ほくせい》祠部《しぶ》尚書《しょうしょ》趙州《ちょうしゅう》刺史《しし》崔昂《さいこう》墓誌（五六六）は、その字体は魏碑体《ぎひたい》に属するが、しかし隷書の風がある。その妻の墓誌は隋開皇《かいこう》八年（五八八）につくられたが、字体はすでに楷書である。南斉蕭道生《しょうどうせい》陵（四七八）は、北斉崔昂墓にくらべて百年ほど早いが、しかしその磚刻の文字はすでに楷書体に近い。これは隷書が楷書に転化する時期の一種の民間の流行体で、これも一種の「行草」のようだ。

このようにみてみると、南朝の文字の変遷は、北朝にくらべてすこし早かったといえる。まさに郭沫若が唱えたように、階級社会にあって、文字は統治階級に属し、しだいに大衆から離れ、徐々に「雅」化し、そのようにしてしだいに硬化していった。ある段階に達すると、民間の文字から新鮮な血液を吸収して再生した。しかしまた、徐々に大衆から離脱し、しだいにふたたび「雅」化し、そして徐々にまた硬化した。文字の発展はこのように循環し、らせん形になされた。中国書法の発展はまったくこのようであった［郭沫若前掲書］。

蘭亭序をめぐって

ここで当時の「書聖《しょせい》」王羲之《おうぎし》の「蘭亭序帖《らんていじょじょう》」の真偽問題にふれておこう。今日この問題を討論するにあたって解決しなければならないのは、この論争の千年にわたる議論、すなわち今日流伝している「蘭亭序帖」の各種の伝世本の真偽問題に関してではなくて、かつて郭沫若がいい出した「蘭亭序」が偽託《ぎたく》であるという問題である。かれのかんがえでは、王羲之の時代の書法は隷書の筆意から離脱しているはずはなく、新出土王謝《おうしゃ》墓誌の書法の筆跡と相似するはずであり、東晋義熙《ぎき》元年（四〇五）「爨宝子碑《さんほうしひ》」と宋大明二年（四五八）の「爨龍顔碑」（いずれも雲南省にあり、隷書から楷書への移行期の書体で有名）とも書法が近いはずで、したがって行書である蘭亭序は智永《ちえい》が王羲之に偽託したものであるというのである。

近年得られた出土文物は、この問題を解決するための非常に重要な材料を提供している。前述の孟府君《もうふくん》墓誌は、そのうち三個の字体は隷書で、王謝墓誌の書法と非常に近く、ほかの二個の字体は楷書で、顔謙婦《がんけんふ》・黄天《こうてん》墓誌の字体にくらべてさらに楷書化しており、とくにそれより二三年前（蘭亭序は三五三年、孟府君墓誌は三七六年）の王羲之の「蘭亭序帖」神龍本《しんりゅうぼん》の書法や構成、筆づかいと相似点がある。

そのうえ上述の墓磚に刻写された、民間で通用し、工匠が使用した行草書体の筆跡はよくみられるものだが、そのなかで早いものは西晋《せいしん》にさかのぼり、遅いものは南斉《なんせい》までくだる。とくに安徽亳県《あんきはくけん》出土の曹操宗族《そうそうそうぞく》墓誌［後漢延熹《えんき》七年（一六四）、一六四文字］の文字墓磚は、合計三八三片あり、そのうち楷書と行書は合計二二〇片で七〇％をしめ［李燦『文物』一九七八年第八期］、すでに民間では広範囲に渡って流行し、使用されていた。

注意しなければならないのは、これらの墓磚にみえる民間の行書楷書の字体が重要な名家の手によるものではなく、また、主要な副葬品である墓誌のように重要な位置におかれてはいないけれども、しかしそれらは当時民間で広範に使用されていた字体であり、幅広い大衆的基盤をもち、それによってずっと流伝してきたことなのである。また、六朝のような過渡と転換の時代に、正規の墓誌と官府文書はなおおもに隷書と楷書が使用されたが、民間では広汎にすでに行書草書体がさかんに使われていたということをしめしていることも注意したい。こうしてこのような大衆的基盤をもつ字体と固有の伝統的な書体が結合した状況下にあってのみ、はじめて二百年後、王羲之《おうぎし》親子のような諸家のすぐれた点をあつめ、芸術的にも高度に完成した字体が、ひとびとに好まれるようなことになったのである。

かくて出土文物は、一つには、東晋時代、隷書・楷書・行書・草書が併存していたことを証明し、二つ目に、当時流行した行書草書体は民間でさかんにもちいられた字体であったことをしめしている。なぜ王謝《おうしゃ》墓誌と「二爨《にさん》」墓碑に共通する隷書の筆づかいでなければ、王羲之の真跡でないとしなければならないのか。ましてや『晋書』王羲之《おうぎし》・王献之《おうけんし》伝に、かれらはすでに行書草書に長じたうえ、隷書もまたよくおこなう、つまり「羲之草隷、江左《こうさ》の中朝、およぶものあるなし」、「献之草隷に工《たくみ》になり」としるしているのだから、もし行草が偽物であるなら、隷書も偽物ということになってしまうではないか。

行草書は広汎な大衆が好み、常用した書法であり、二王はまさしく前人の豊富な経験とみずからの努力をむすびつけ、はじめて「姿態は妖媚《ようび》にして、婉約《えんやく》愛すべし」という行草字体を創造したのであり、真跡《しんせき》が伝世していないからといって、それが偽托であるとどうしてうたがえるだろうか。王羲之の三百年のちの唐の太宗《たいそう》が、王氏の書法筆跡を愛するがゆえに二千二百あまりの作品を収集したが、かれの地位と鑑賞眼をもってして、しかも年代がそうへだたっていないのであるから、それらが偽品ばかりであったはずはない。いままで王氏の伝世の真跡をみたことがないとはいえ、唐人が臨写した王氏の文字のすべてが偽品であるというわけではあるまい。「蘭亭序帖」が偽托《ぎたく》であるという論点は現在では成り立たないようにおもえる。

地券

一

地券《ちけん》は漢代以後、墓から出土する。その名からかんがえれば、地券は実際に墓主《ぼしゅ》のもつ「証券」にほかならず、また一種の「所有権証明書」ともいえる。地券は、材質からは鉛・磚《せん》・木製の三種類にわけることができ、内容からいえば実際に使用した地券と迷信用のもの、広く使用された物券《ぶっけん》や奴婢券《ぬひけん》の三種類にわけられる。

地券と墓誌はおなじように、墓の年代や死者の身分・埋葬地点などを判断するための信頼できる実物資料である。しかし、それにしるされている内容は墓誌にくらべて簡単なもので、おおくは陰陽五行の迷信的色彩を帯びているため、史料的価値は墓誌にはおよばない。とはいえ、六朝出土の地券の内容には、当時の重要な土地制度、つまり地主荘園経済の状況や貴族の特権地位の様子がふくまれていて、これがおおいに注目にあたいする。

いままでのところ、江蘇地区の六朝墓から出土した地券はすべて南京に集中し、合計九個ある［表には別に鎮江出土の一個を付載する］。

江蘇六朝墓出土地券表

時代	紀年 出土時期	出土地点	墓主姓名	材質	字数	長さ・幅・厚さ（cm）	出典
一、呉	五鳳元年（二五四） 一九八〇年	中央門外	黄甫	磚	七八	三六・五×七×三	『文物資料叢刊』八（一九八三）
二、呉	永安四年（二六一） 一九八二年	中央門外		磚	九八	二五×一〇・一×三	南京市博物館未刊稿
三、呉	建衡二年（二七〇） 一九七四年	太平門外		鉛	四六	二五・一×三・四×〇・一	『考古』一九七六―五
四、呉	鳳凰二年（二七三） 一九五五年	光華門外		鉛		？	『文物』一九五六―一一
五、西晋	太康六年（二八五） 一九五五年	中華門外	曹翌	鉛		二八×五×〇・一	『考古学報』一九五七―一
六、西晋	元康三年（二九三） 一九五七年	中華門外		鉛	八四	？	南京市博物館未刊稿
七、西晋	元康五年（二九五） 一九五六年	中華門外		鉛		？	『文物』一九五九―四
八、西晋	永寧二年（三〇二） 一九六四年	中央門外		鉛	四〇	一七・七×五・五×〇・一五	『文物』一九六五―六
九、西晋	太康五年（二八四） 一九八六年	燕子磯		鉛［銅］	四〇［残］	二五・二×二・五［残］	『考古』一九九二―八
十、西晋	元康元年（二九一） 一九八三年頃	句容	李達	磚	九四	二・八×一四・二×四	『考古』一九八四―六

64　元康元年磚地券

鎮江《ちんこう》出土をのぞく九件の地券は七件が鉛製、二件が磚である。六件は公表されているが、あとの三件は未発表で詳細は十分にあきらかとはいえない。四件の文字は比較的はっきりとしており、内容を判読することができるが、五件は腐食あるいは残損しており、復原は不可能である。このような情況では、ほかの地域の六朝の墓券、あるいはほかの時代の地券でこれと関係のあるものと対比させることによって、その内容を分析する必要がある。まず四件の比較的明瞭で識別できる地券の全文を以下にしるそう。

（一）呉五鳳《ごほう》元年墓磚地券　「五鳳元年二月十八日、大男九江黄甫年八十。今莫府山《ばくふざん》後辛辺に冢宅《ちょうたく》を起こす。天より地を買い、地より宅を買い、銭三百を雇《はら》う。土地は東は甲庚にいたり、西は乙辛にいたり、南は丙丁にいたり、北は壬癸にいたる。もしこの土地を争うことがあれば天帝《てんてい》に詣でよ。もし宅を争うことがあれば、土伯《どはく》（土地の神）に詣でよ。天帝の律令《りつりょう》の如くせよ」。

（二）立節《りっせつ》校尉曹翌《そうよく》墓鉛地券　表面「太康《たいこう》六年六月二十四日、呉故左郎中《さろうちゅう》立節《りっせつ》校尉丹楊江寧曹翌《そうよく》、字は永翔《えいしょう》、年　卅《さんじゅう》三にして亡ぬ。石子坑虜牙の土地十里四方を買う。値段は銭百万。ここに葬る。これを侵す者があってはならぬ。券書は明白である」。裏面「奴主《しゅ》・奴教《きょう》・婢西《せい》、右の三人はこれ翌の奴婢なり、故布構一領、故練被一張」。

（三）永寧《えいねい》二年汝陰《じょいん》太守墓鉛地券　表面「永寧二年二月辛亥朔廿日庚子、楊州廬江《ろこう》郡樅陽《しょうよう》県大中大夫汝陰□□□□□丹楊郡江寧頼郷漈湖《さいこ》里《り》の土地五頃八十畝、値段は銭二百万、即日交□□方庚辛、北方壬癸、中央戊己、冢前に証知させる。律令の如くせよ。誰が書いたかと聞くものがいれば、それは魚なり。魚のいるところは、深水に游ぶ。得んと欲するものは、河伯に求めよ」。

（四）句容元康《くようげんこう》元年李達《りたつ》墓地券　「元康《げんこう》元年十一月戊午朔廿七日乙酉、収、鄱陽葛陽《はようかつよう》李達年六十七、今天より地を買い、地より宅を買う。東の極は甲乙、南の極は丙丁、西の極は庚辛、北の極は壬癸、中英［央］は戊己、地を買い宅を買い、雇銭は三百、華巾三尺、任知する者は、東王公《とうおうこう》・西王母《せいおうぼ》なり。もし後に宅を志すならば、まさに東王公・西王母に詣でればこれおわる。律令の如くせよ」。

二

六朝の地券の内容は、ほとんどが冥界にたいして土地を買い、その代金支払済の証明書であり、一種の実用的な証券ともいえる。それがよくわかるのは、建衡《けんこう》二年・太康《たいこう》六年・永寧《えいねい》二年の三つの地券で、死者の姓名のほか、死者が保有している土地の広さと、土地の値段がしるされている。たとえば、建衡二年の鉛地券では、死者の土地は十里四方で、値段は、百万銭であり、永寧二年の鉛地券《えんちけん》では、五頃八十畝、値段は二百万銭である。この種の地券はもっともおおくみられ、たとえば、新中国以後、武漢《ぶかん》地区で発見された黄武《こうぶ》六年・永安《えいあん》五年の鉛地券などはすべてこれである。また、羅振玉《らしんぎょく》（清末民国の学者）の『貞松堂集古遺文《ていしょうどうしゅうこいぶん》』巻一五所収の洛陽出土の西晋房桃枝《ぼうとうし》買地券および端方《たんほう》の『陶斎蔵石記《とうさいぞうせっき》』所収の江都《こうと》出土の元徽《げんき》二年(四七三)高鎮買墳地券《こうちんばいふんちけん》などもこれである。これらの買地券の内容は当時の土地私有制度の発展、とくに六朝時代の大地主荘園経済の発展、山林川沢が地主荘園の拡大によって略奪されるだけであったということを十分に説明するものである。

地券にしるされている土地と値段は誇張されていたのだろうか。上述のいくつかの地券を文献と照らしあわせて当時の土地の値段をすこしかんがえてみよう。呉五鳳《ごほう》元年と元康《げんこう》元年の地券は、「雇銭三百」とあるが、土地の面積の大きさは不明である。これ以外の地券では、建衡《けんこう》二年で三頃が三百万銭、西晋太康元年で十里四方が百万銭、永寧二年で五頃八十畝が二百万銭である。

以上の数例の地券によると、二種類の値段がある。ひとつは一畝の価格が銭一万で、もうひとつは、一畝の価格が銭四千である。三国と西晋時代、土地の価格はその土地が肥えているかどうかでことなっていた。京師《けいし》（都）付近の経済が発達している地区では、地価はやや高めのはずだが、しかし農田と山丘、池沼の値段では格差があった。それで上述の土地は畝ごとに値段がことなっているのである。

それではこれらの値段に誇張はないのだろうか。漢代のもっともよい土地では、一畝あたりの値は銭一万であり、漢からそう遠くない三国から南朝宋の時代にいたるまで、浙江《せっこう》東部の良田はなお一畝あたり一金であった。つまり漢から宋にかけては、土地価格は基本的に変動しなかったことがわかり、地券にある、三国時代の建康付近の土地が一畝あたり銭一万という値段は信頼できる。

曹翌《そうよく》墓の鉛地券には、二人の男奴と一人の女婢の名字がしるされているが、これは当時官僚地主階級が奴婢を私用していたことの確証となる。六朝時代はすでに封建社会に入っていたが、奴隷制のなごりはやはり存在していた。それどころか、魏晋南北朝時代は奴隷社会であるとかんがえる史学家さえいるほどである。さらに重要なのは、死者とその家族が現実社会にたいしてこれらの地券の内容を公然としめしていることで、これは一種の法律上の意味をそなえた契約証券であり、これをもとにかれらの土地を占有し、奴婢を私用するという合法的地位を公認してもらおうとしているのである。

これらの地券はみな主人が買った土地の所在をあらわしているから、歴史上の地名についてのよい証拠となる。たとえば、いまの南京太平門外甘家巷一帯が呉時代には丹楊《たんよう》郡江乗《こうじょう》県に属していたこと、いまの南京中華門外板橋一帯は西晋時代では丹楊郡江寧県に属していたことがわかるのである。西晋時代の曹翌墓はいまの南京光華門外丁甲山《ていこうざん》一帯にあった。ここは当時石子罡《せきしこう》〔崗〕とよばれ、呉から西晋まではずっと墓葬区域となっており、それは東晋時代も変わらなかった。

五鳳元年の地券の出土地点は「莫府山《ばくふざん》後」にあり、「莫」はすなわち「幕」で、この墓は幕府山の南約二キロの地点で発見された。また、永安《えいあん》四年の地券の出土地点は「幕府山前」で、いまの幕府山の南約三キロにある。一つは「前」にあり一つは「後」にあり、その中間にはちょうど郭家山《かくかざん》がはさまれている。したがって郭家山が六朝時代にあっては、当時の幕府山である可能性があり、現在の幕府山は当時の幕府山ではないことがわかる。

三

地券にあらわれている墓主の身分はそれぞれまったくことなっていて、太守（郡の長官）・

校尉《こうい》（軍人）もあれば処士《しょし》（在野の知識人）・白丁《はくてい》（庶民）もあり、したがって、墓誌にみられる墓主の大部分が貴族や皇族外戚であるのと事情がことなる。となると、地券を有する社会階層には、おそらくさらに広汎な部分が含まれるはずである。ただ、かれらは土地やさらに奴婢までも所有しており、したがってけっして貧民階級を含まない、ということはみとめなければならない。

いままでに発見された地券は、おおくが中型以上の墓にあった。しかし、中型以上の墓はすべて地券を有するのかどうか、あるいは土地を保有したら、死後かならず地券を副葬しなければならなかったのかということについては、六朝墓のほとんどがすでに破壊または盗掘されているため、まだはっきりしたことはいえない。現在の発見情況からみると、三国・西晋時代の墓で、地券が出土するものは比較的おおく、西晋以後のものは南京地区では発見されていない。以上から、とりあえずは、南京地区において三国・西晋時代の中小地主階級は死後、墓中に地券を副葬することがおおかったようであり、そこから、これら地主の土地占有の情況がわかるとかんがえておきたい。

目下発見された地券を類別してみると、実際に土地を買ったものが多数を占めているが、そのなかにも多少迷信的な内容が含まれている。たとえば買った土地の方位はだいたい干支がもちいられ、同時に天地に祈って証明とし、「律令の如くせよ」という言葉すらある。これはみな当時の方士術家［おんみょう師］のたぐいがこじつけた言葉である。しかしそれらと後代の「地莂《ちべつ》」（割り符の証券）のようなまったくの迷信のものとはやはり区別がある。地券がしるす墓主の姓名身分と土地の所在はやはりたしかな事実である。

　それから、六朝の地券のなかには衣物券《いぶつけん》（副葬品リスト）の内容のものがある。たとえば曹翌の地券には「布構一領、練被一張」のように物品が列挙されている。ただ湖南長沙《ちょうさ》出土の東晋升平《しょうへい》五年（三六二）の「周芳《しゅうほう》命妻潘氏《はんし》衣物券」［『考古通訊』一九五六年第二期］のような、まったく副葬の衣物を列挙した明細書はみかけない。このての衣物券もまた地券の一種であるはずだが、しかし買地券とは区別があるはずである。

　地券の材質をみてみると、南京でみられる六朝の地券は鉛を鋳造したものがおおく、磚に刻したものは比較的すくなく、木製はまだ

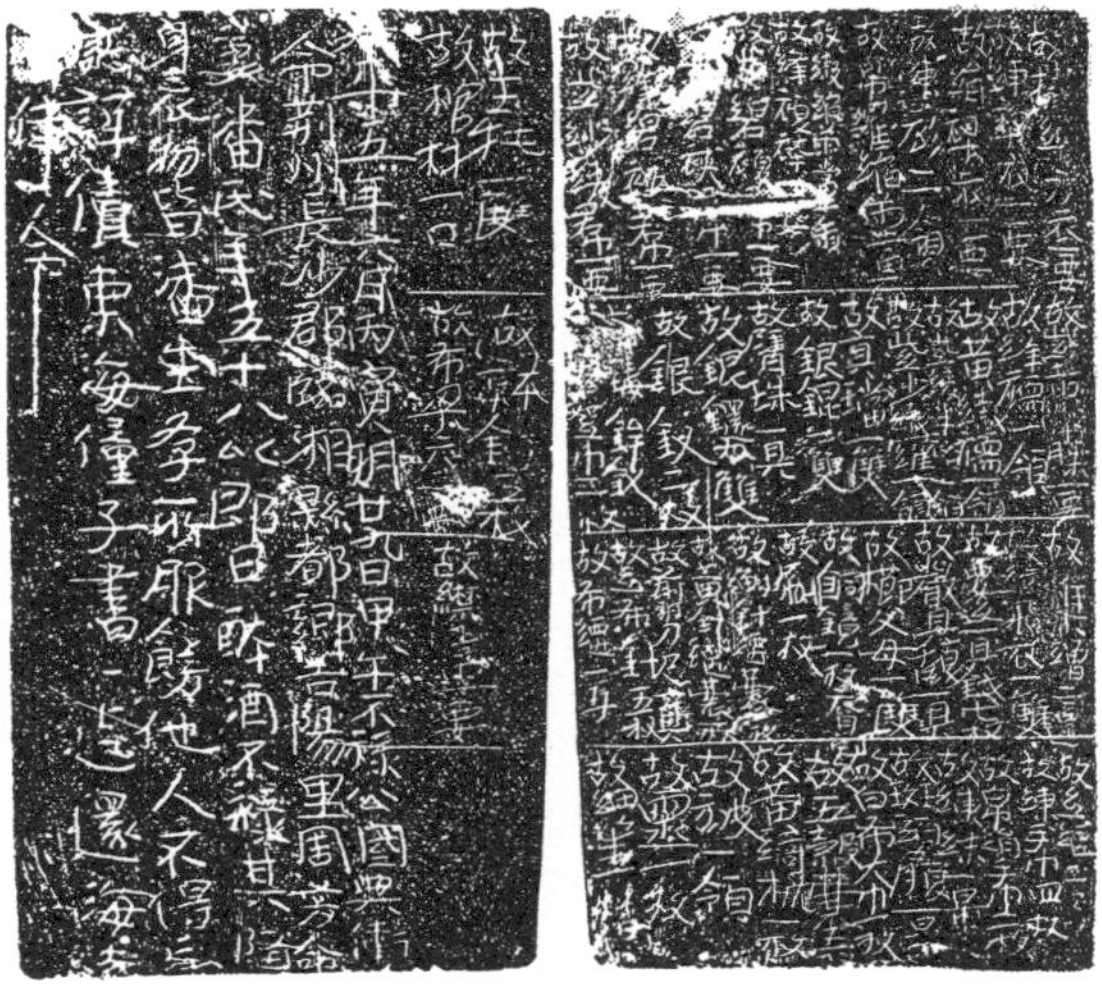

65　周芳命妻潘氏衣物券

みられない。一九八六年南京燕子磯《えんしき》で出土した太康《たいこう》五年の地券には「銅券」としるされており、この地券は「鉛」鋳製であったが、やはり銅製の地券もあったとかんがえられる。いわゆる鉛鋳とは鉛を長方形に鋳て、それから表面に字を刻むのである。しかし曹翌の地券は地券の文字もふくめて完全に鋳型をつくり、鉛をさらに溶かしそそぎこんでつくっている。ところで鉛製の地券は湿潤でしかも酸性成分をおおくふくむ土壌のなかに埋まると簡単に腐食してしまい、字跡はかなり識別しにくい。そのほか石をもちいてつくられた地券もある。たとえば浙江平陽《へいよう》出土の東晋咸康《かんこう》三年（三三七）の「朱曼《しゅまん》妻買地券」がこれである『文物』一九六五年第六期」。

このほか、またちがう種類の地券があり「旅券」の性質と似ている。たとえば一九七八～八二年に湖南で発見された、宋元嘉《げんか》七年（四三〇）、斉永明《えいめい》三年（四八五）、梁普通《ふつう》元年（五二〇）の三件の陶券は、買地の内容はなく、衣物目録もなく、「行く道で難儀させてはならぬ」と書かれ、「五墓之神」の加護をたのむなどの文字がある［湖南省博物館『考古学報』一九八九年第三期］。

これらの地券と墓誌とは非常にことなる部分が一つある。すなわち、地券はみな書写者の姓名をとどめておらず、かつしばしばすこぶる滑稽な口調があったり、あるいは迷信的な色彩を帯びた字句でおわっているのである。たとえば、永寧二年の地券では「誰が書いたか聞くものがいれば、それは魚である。魚は、深水に游んでいる。手に入れようとおもえば河の神に求めよ」とあり、また、周芳命妻潘氏《はんし》の衣物券などは「東海童子が書いた。この書はついに海に還ってゆく」とある。これは当時の社会風潮として道家・方士の思想が流行していたことと関係があるか、あるいは書写者が自分の姓名を残そうとしなかったのか、それとも当時の喪葬《そうそう》制度が本当の姓名をしるさないと規定していたことと関係あるのかもしれない。さらなる研究をまちたい。

第八章　副葬陶瓷と金銀器

六朝陶器

陶器は、瓷器《じき》が発明されて真の瓷器となる以前には、古代人がもっとも広汎に使用した器であり、現在でも後漢から三国時代の、真の瓷器が出現する以前では、陶器が古代の遺跡と墓中から出土する文物のなかでもっともおおい種類である。後漢から三国以後、瓷器がおおくの陶製の器にとってかわったが、しかし陶器は依然として存在し、今日にいたってもまだある。六朝以前、各種の陶器［灰陶《かいとう》・黒陶《こくとう》・彩陶《さいとう》・釉陶《ゆうとう》なども含む］は、副葬品の主要な品目であり、六朝およびそれ以後も、釉陶一種類が瓷器に発展したほかは、残りの灰陶を主要な器物とする陶器は生きつづけた。

陶器はすでに新石器時代に発明され、使用されていた。化学分析によると、陶器の原料については、当時すでに陶土《とうど》を選ぶことを理解しており、瓷土《じど》と高嶺土《カオリン》をもちいてかなり堅牢な陶器をつくることもできたし、砂粒をもちいて粘土状の素地をつくり、陶土を成形しやすいように改善し、また生地の耐熱性を高めた。さらに一歩すすんで石灰石を使用して、釉の原料をつくりだし、釉陶を発明した。また同時に天然の鉱石をもちいて顔料とし、彩陶を発明した。

成形から焼成まででは、ろくろを発明して陶器をろくろ挽き製作し、手びねりと縄状の陶土をまいて積みあげる方法で加工して、ととのった器の形をつくりだした。同時に各種の花紋図案のスタンプの道具も発明し、陶器を装飾した。測定値によれば、当時の最高製陶温度は一二〇〇度前後に達していた可能性があり、これらの技術は後漢以前にはすでに完成していた。いいかえれば後漢以前に、陶器の製作のための技術的な基礎はすでに築かれており、六朝時代の瓷器はこの基礎の上につくられたということもできる。

発掘資料によれば、六朝時代の陶器の大部分は灰陶で、一部が紅陶《こうとう》である。また、瓷器が発明され、大量生産されて、大部分の日用陶器にとってかわったため、六朝墓中に副葬された陶器のほとんどは明器《めいき》であって、実用の器は非常にすくない。以下にそれぞれのべてみる。

陶製明器

一

呉《ご》と西晋《せいしん》時代に副葬された陶製明器《めいき》は、おおくが家禽家畜・生活用具と、一部の農業生産道具の模型である。それらは西晋以後はまったくみられないか、わずかにみられるだけである。家禽家畜のなかには、豚、羊、犬、鶏、家鴨、鳩などがあり、またかごや、かこいがつけられているものもある。たとえば鶏はたいてい鶏かごのなかに置かれてあり、豚は豚かこいに置かれている。それらはみな手びねりの方法でつくられている。これらの小動物は本物そっくりにつくられ、いきいきとしてまるで本当に生きているかのようである。しかし、ぞんざいなつくりで、かろうじて輪郭があるばかりのものもある。これらの模型は墓主《ぼしゅ》が生前保有していた家禽家畜にちがいない。おもしろいことに豚小屋と便所が一所につくられていて、あきらかに豚をかって肥料をためる目的がある。

生活用具のなかには、缸《こう》（大きな素焼きのかめ）、桶、竈《そう》（かまど）、杌、勺《しゃく》、盆、蓋罐《がいかん》（ふたつきの水や酒を注ぎいれる素焼きのかめ）、香薫《こうくん》（香をたく道具）などがあり、それらはたいて

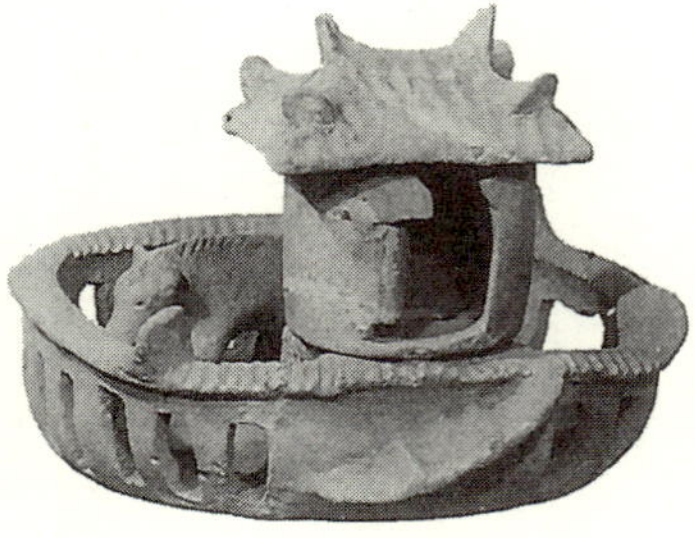

66　灰陶猪圏

い簡単なつくりで、もようがない。たとえば陶缸などはたんなるまっすぐな筒状である。農業加工用具のなかには、磨《ま》（ひきうす）、舂《しょう》（つきうす）、杵《しょ》（きね）、臼《きゅう》（うす）、篩《し》（ふるい）、箕《き》（み）、帚《そう》（ほうき）などがある。これらの用具はたいへん真に迫っていて、実物とくらべても小ぶりなだけである。それらは一千年以上を経ても、なんの変化もなく、ある面では中国農村の封建社会が長期にわたって停滞し、進歩していない状況をしめしているといえよう。

以上の各種小明器はおおくの貴族の墓から出土し、当時の生活のありさまの一部をしめしているが、当時の地主荘園の自然経済の様子をもさらによくしめしている。このような自給自足の自然経済は、地主荘園を一つのちいさな独立王国たらしめ、江南の豊かで肥えた土地はすべて南北貴族門閥大地主の独占するところであり、荘園制度は三百年にわたる六朝の歴史の段階で、当時の経済について相当に重要なはたらきをしたのである。

二

東晋時代《とうしん》には、上述の陶器はほとんどみられない。おもに発見されるものは、憑机《ひょうき》（きょうそく）、椅子、托盆《たくぼん》（うけざら）、耳杯《じはい》、勺、盤、鉢、灯、炉（ひばち）、硯、歩障座《ほしょうざ》、陶倉《とうそう》などである。

ここでのべたいのは、それらと当時の生活習俗との関係である。たとえば、憑机は弓なりにつくられ、三本の曲足は獣足で、一般にやや短い。それとある種の双耳（耳は把手《とって》）の托盤《たくばん》［または一種の机案］は、みな当時のひとびとがムシロに座って使用した器物で、いわゆる「挙案《きょあん》斉眉《せいび》」（夫をうやまい食膳を眉のところまでささげたという後漢の逸民《いつみん》梁鴻《りょうこう》の妻の故事）の案がまさにこれをさすのである。また、硯は円盤状につくられ、なかに水を貯える硯池があり、下は蹄形の足をつけ、同時期出土の青瓷硯と完全に同一である。これは当時の実用器を模してつくられたものである。

67　陶盤、陶勺、陶奩

歩障座は二種類にわけられる。一種類はまるい饅頭の形で、差しこみ穴がある。もう一種類は、円盤形で、上部が龍首か虎首の彫塑《ちょうそ》である。それはあきらかに実用品をまねしたもので、さおをさしこんで歩障［つまり幔幕《まんまく》］を設けたのである。六朝墓には、陶製の歩障座以外に石製のものがあり、それらは北魏画像石墓出土の歩障図とおなじものである［『考古通訊』一九五七年第六期］。

陶囷《とうきん》（円形の穀倉）は穀物倉で、東晋時代にすでに涼帽《りょうぼう》（裾広がりの形をしている夏帽）式頂上から脊《せき》

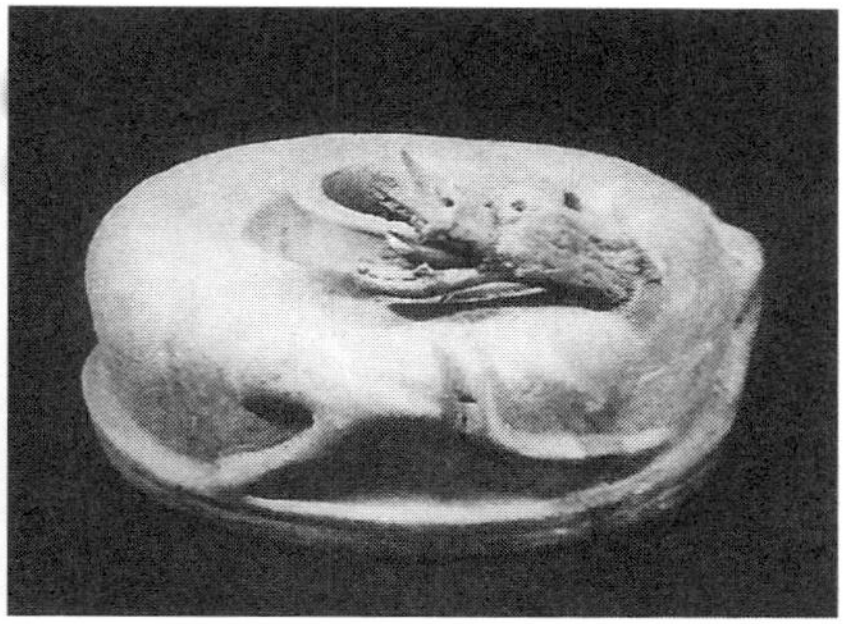

68　◀▲青龍陶歩障座

69　▼灰陶倉

頂《ちょう》式（中央が高くなって両側が低い形）に変わったのだが、これは実物が草ぶきの倉から木造瓦ぶき倉庫に変化したことにならったもののようだ。これらの器物と地主の荘園の発展とは、関係がある。

三

南朝時代は牛車、憑机、罐、鉢、盤、耳杯、果盆《かぼん》、倉、竈《そう》（かまど）および犀ににた動物の「窮奇《きゅうき》」などがおおい。そのうち、あるものは東晋時代のものと類似しており、あるものは南朝時代の特徴をしめしている。たとえば東晋と南朝墓から出土する牛車の車箱はほとんどが立方体で、ひさしは長いものも短いものもあり、後部の片側は乗り降りするための長方形をしたちいさい入口があるが、

70　陶牛車（上）
陶犀牛（窮寄）（下）

前後吹き抜けで出入り口のないものもある。それぞれの車内には、三本のちいさい足のある憑机が一つあり、車輪のスポーク部は透かし彫りのものや、円盤状のものがある。これらの牛車はよく貴族の墓から出土する。

南京出土の王氏一族で東晋平南将軍荊州《けいしゅう》刺史《しし》武陵《ぶりょう》侯《こう》王廙《おうよく》の墓に、一組の牛車を中心にした模型の副葬品がある。車の前には一人の車引きの俑《よう》があり、轅《えん》（ながえ）をもって車を引いている。車内には憑机が一脚おいてあり、墓主の座る位置をしめしている。前後はそれぞれひと組の侍俑《じよう》があり、あるものは笏《こつ》（しゃく）を持ち、あるものは拱手《きょうしゅ》（両手をむねの前でかさねあわせる）している。さらに一人の奴僕俑《ぬぼくよう》が、車前にひざまづき、集合して出発しようとする場面になっている。魏晋南北朝時代、天子以下みな牛車に乗り、それを栄華のしるしとしていた。そのことをしめす文献記事もおおく、たとえば東晋の丞相王導《おうどう》は、別館をいとなんで妾を住まわせていたが、妻曹氏《そうし》がそこに行こうとしたので、王導はあわてて牛車に乗り、清談《せいだん》にもちいる麈尾《しゅび》（ほっす）で牛を駆りたてたというし、北魏の元仲景《げんちゅうけい》は御《ぎょ》史中尉《しちゅうい》となり、召されるごとに赤牛に車をひかせたので、赤牛中尉《せきぎゅうちゅうい》とよばれ、南斉《なんせい》の大臣王倹は、牛があばれて車から堕《お》ちたので、ひとびとは堕車僕射《だしゃぼくや》とよんだ。牛車の模型の副葬品はたくさんの墓から出土するので、このような文献と対照させることができよう。

なお出土した陶犀牛は形は牛ににているが牛ではなく、ふつうは墓の内部の祭壇の前、あるいは甬道《ようどう》に置いてあり、頭は墓門を向いている。これは一種の鎮墓獣かもしれない。

一　陶俑

六朝の陶俑《とうよう》は陶器の副葬品のなかで数が比較的おおく、かつ時代の特徴をそなえた遺品であり、ひとびとの注意を引くことがおおい。これは六朝の服飾制度を研究するための最適な実物資料となる。しかし、発見された陶俑のほとんどは墓主《ぼしゅ》［貴族］の侍従奴僕といったたぐいの人物である。わずかではあるが西《せい》

71　西晋青瓷女俑

晋元康《しんげんこう》七年（二九七）の瓷俑《じよう》一対［南京博物院『考古』一九八五年第一〇期］と、西晋永寧《えいねい》二年（三〇二）の瓷俑一対［南京市文物保管委員会『文物』一九六五年第六期］が墓主の塑像《そぞう》であろうほかは、すべて下層のひとびとであり、そのため研究も一定の制約を受けることになる。

すでに公表された資料を簡単に統計してみると、江蘇《こうそ》出土の両晋南朝の俑は五五件あり［比較的完整品の俑］、そのうち西晋は三件、東晋は二七件、南朝は二五件である。それらは女俑《じょよう》、男侍俑《だんじよう》、文士俑《ぶんしよう》、武士俑《ぶしよう》の四種類に大別することができる。男女の瓷俑と石俑《せきよう》はきわめてすくない。

西晋東晋時代のものは、中型以上の墓中からおおく発見される。その製作方法は、手びねりと型抜きの二種類にわけられ、後者がややおおい。手びねりの俑は手でこねてつくったあと、さらにへらで修整し、かろうじて俑の形象がみてとれるだけで衣飾は不鮮明である。型抜きの俑は、部分にわけて型抜きをしてあわせ、それから装飾をくわえたものと、下半身は型抜きで上半身は手びねりという二種類にわけられる。わけて型抜きをした俑がもっともきっちりしていて自然である。

南朝時代のものは、東晋時代と製作方法はすべておなじだが、ただ装飾がことなる。出土時、大半は男女対をなして発見されており、二対または三対のものもある。大型の墓からは組になった俑群が発見されたが、これは儀仗俑のたぐいかもしれない。

六朝の陶俑はすべて灰陶でつくられ、陶俑の体は白粉を塗ったものがおおく、顔に赤［朱粉］がぬられているものもある。

女俑の大部分は侍俑で、その髪型からいえば単髷《たんきょく》（まげ）のものが西晋、東晋、南朝にあり、双髷《そうきょく》のものは西晋にはなく、東晋、南朝にある。また帽子をかぶるものがあり、南朝だけにみられる。

服装様式からいえば西晋はえりをあわせたそでの広い上着に、もすそを着けたもので、東晋にはみられず、南朝にはある。つぎはえりをあわせた細く長いそでの上着に、もすそのもので西晋、東晋、南朝にある。また三角のえりで「套衫《とうさん》（ひとえの短い服）」ににたものがあり、東晋、南朝にある。最後にマントをかぶったものがあり、南朝のみにみられ、衣はゆったりとして長く、襟にたいして袖が実用的でないほど長い。

男侍俑は頭飾によって三つの型にわけられる。一つは冠を載せているもので、西晋になく、東晋、南朝にある。二つめは幘《さく》または帽子を載せているもので、西晋、東晋、南朝にある。三つめが「風帽《ふうぼう》（防寒の帽子）」をかぶるもので、帽子のうえにかぶったもののようだ。これは南朝にある。

服装様式は四つの型にわけられる。一つは袴褶《こしゅう》（馬のりばかま）。西晋、東晋、南朝にある。二つめはそでが細くたけの長いそでの上着にもすそ。西晋、東晋、南朝にある。三つめは広い

72　男俑　富貴山墓

73　男俑　石門坎墓

そでのたけの長い上着で、西晋と南朝にある。四つめはマントをかぶり、女俑と形がおなじもので、南朝のみ。

文士俑は頭飾は一つの型だけで、冠をかぶっている。西晋、東晋、南朝にある。服飾は二つの型にわけられる。一はそでが細くたけの長い上着にもすそ。西晋、東晋、南朝にある。二は広いそでのたけの長い上着で、南朝のみ。

武士俑は頭飾は二つの型にわけられる。一つは先のとがったかぶとまたは帽。西晋なし、東晋、南朝にある。二つめは帽子、冠、幘をかぶるもので、東晋のみあり。服飾は二つの型にわけられる。一つは袴褶で、東晋のみあり。二つめは右えりでそでの細い上着ともすそで、東晋、南朝にある。

二

これらを、頭飾と髪型と服飾についておなじ時代で比較すれば、服飾内容に数点の注意すべきものがある。

六朝時代になって、北方少数民族の服装が中国に伝来し、漢族の服装と徐々に融合し、一体化した。たとえばいにしえの「襦袴《じゅこ》」は、下着であったが、春秋時代趙《ちょう》の武霊王《ぶれいおう》が「胡服騎《こふくき》射《しゃ》（異民族風の服をきて、馬にのり弓をいる）」してはじめて外着としてから、袴褶《こしゅう》は正式に中原のひとびとに採用された。三国時代には一般民衆まで普及し、下層の兵士から上級の将校にいたるまでみなこの袴褶を着ることが普及していた。

陶俑《とうよう》中にみられる袴褶は二種類ある。一つは筒袖で袴口がちいさい袴で、一つは筒袖で袴口のおおきな袴である。しかし大褶のものもあり、また大褶の下の部分がわかれていて、騎馬や行事をおこなうに便利なようになっているものもある。しかし女俑と文士俑ではみられない。

後漢《ごかん》社会の上層部では袍服《ほうふく》（上着）が制度化され、官爵の等級に応じて一定の規定があったようだ。六朝の陶俑は上層の人物をあらわすことは稀であるが、板橋石閘湖《はんきょうせきこうこ》・江寧張家山《こうねいちょうかざん》から出土した墓主の瓷男俑の服飾からみれば、それらはすべて袖口のせまい筒袖の長衣を着ており、上は体にぴったりとして下は広く、衣裳はゆったりとしており、侍俑とはことなっている。おそらく当時の貴族が着用したものとおなじであるにちがいない。

74　女俑　太和四年墓

75　女俑　西善橋壁画墓

侍俑などの服飾からみると、服飾には貴賤を問わず、普遍的に使用されたものがあったかもしれない。たとえば漢末の平巾幘《へいきんさく》は三国時代におおくは巾幍《きんとう》（かぶりもの、軍帽の一種）にとってかわり、当時は折角巾《せっかくきん》、菱角巾《りょうかくきん》、紫綸巾《しりんきん》、白綸巾《はくりんきん》（綸巾はずきん）などがあって、将軍兵士がみな着用し、魏晋南北朝までずっともちいられた。

また、たとえば女俑の頭飾は、西晋にみられるのは十字式で、東晋は両側の鬟《かみがしら》で顔をとりまき、眉や額をおおっている。晋末から斉梁のあいだは髪をきっちりと束ねて二つの輪にしてそびえたたせている。沈従文《しんじゅうぶん》『中国古代服《ちゅうごくこだいふく》飾研究《しょくけんきゅう》』によれば、このての装束の名は「飛天紒《ひてんけい》」であり、あきらかに仏教の影響を受けて、貴賤上下に関係なくみなおなじ装束をしたという。また、古代の上下がつながっている単衣《たんい》の服装である「深衣《しんい》」［または「単衣」］は、六朝時代には貴賤を問わずみな着用し、上着の「襦《じゅ》

（たけの短いもの）」服も同様に、士庶の区別なく使用された［沈従文編著『中国古代服飾研究』商務印書館・香港、一九八一年］。

六朝時代は服装は男女でおなじものもあり、当時の社会のひとびとはみな着用することができたと推定できる。これは当時の社会風潮を反映しており、男女の衣服に厳格な区別がなかったことをあらわしている。たとえば「襦」は上着の一種であるが、一重と二重の区別はあっても男女の区別はない。史書では、袍服《ほうふく》は男子の服装であるとしており、侍俑、文士俑、武士俑においてみられるのだが、六朝の女俑もまた袍を着ているものがある。さらに「裙《くん》」もよく「襦」とくみあわされ、男女貴賤を問わずみな身につけることができたのである。

以上にあげた各種の服装の名称は、出土した衣物券《いぶつけん》が参考になる。実物と照合してみると、江寧張《こうねいちょう》家《か》山西晋《さんせいしん》墓出土の瓷男俑《じだんよう》の頭にのせた帽子は、上部に横向きのこうがいがさしてあり、それと南京石子崗《せきしこう》出土の東晋男俑の頭上の帽子は「小冠子」とよばれる。同墓出土の女俑が着ている服飾は、頭飾におおきなもとどりを飾り上襦《じょうじゅ》を着て、裙をかさねている。南京幕府山出土の南朝の女俑もまたおなじである。南京小洪山《しょうこうざん》出土の南朝の男俑は頭上の帽子は「平巾《へいきん》幘《さく》」とよぶことがわかる。

これらの陶俑は、沈従文氏の考証によれば、それらが身につけているような上が短く下が大きい服装は、後漢にすでにあったが、六朝にいたってさらに普及し、すべて上がちいさく下がおおきく、えりを合わせた上着で、もすそをくみあわせた形式である。とくに婦女の頭部はほとんどカツラをくわえ、鬢のあまりの髪は下に垂らして耳までおよんだ。西晋の女俑は、ただ後頭部ですいて、ちいさい髻をつくるぐらいで、そのときにはカツラをつける風潮がまだなかった可能性がある。陶俑の足にはいている「屣《し》（くつ）」は、女子は先がまるくて男子は方形である。

陶俑が出土する墓の規模、位置の異同、およびそれらの服飾様式から観察して、おなじ規模、あるいはおなじ地位身分の墓において、おなじ位置にある陶俑でも、その服飾がことなり、逆にことなる位置あるいはことなる地位身分の墓中の陶俑でも、その服飾が逆に完全におなじであることがある。たとえば、南京富貴山《ふうきざん》東晋墓の四件の武士俑は、二件はそれぞれ墓室入口と棺の傍らに別々に位置していたが、それらの服飾は完全におなじで、別の二件はすべて墓室入口にあったが、逆に服飾はことなっていた。

このほかにも規模や身分がそれぞれことなる墓でも、その陶俑の服装が基本的におなじことがある。たとえば南京蔡家塘《さいかとう》一号墓の構造は、四板村《しばんそん》墓にくらべて複雑でかつおおきく、あきらかにことなる階層に属しているが、しかし両墓から出土した各一対の男女侍俑はどれも墓室入口の甬道《ようどう》内に守衛するようにおかれ、その服飾は完全に一致している。

陶俑が出土する六朝の墓は盗掘や破壊をうけており、陶俑の位置は移動している可能性がある。しかしほとんどの墓をみると、やはり前述した状況がみいだせる。したがって、東晋南朝の時代では、すくなくとも江蘇《こうそ》地区の喪葬《そうそう》制度のなかでも服飾制度はあまり厳格ではなかったとかんがえられる。

青瓷の器種

一

六朝時代、江南の手工業での最大の成果は青瓷《せいじ》の焼造であった。焼造の場所や工芸と関係のある問題はすでにのべた。ここでは装飾と造型・用途にわけてのべる。

三国から西晋時代まで、青瓷器で特別製の副葬明器《めいき》があり、おもに陶器の形を模して製作されたが、同時にいくつかの実用的器物も出現した。あるものはまったく使用されずにすぐに副葬されたが、おおくは使用したのちに副葬されたものである。

三国時代は、壷、罐、碗、灯、鉢、盂《う》（小型容器）、羊、虎子《こし》などがあり、装飾は比較的簡単で、弦紋《げんもん》、波浪紋《はろうもん》、菱形紋《りょうけいもん》と蕉葉紋《しょうようもん》などがあり、はじめて堆塑《ついそ》の鋪首銜環紋《ほしゅかんかんもん》や装飾がなにもない器物が出現する。

そのなかで時代性がかなり強いものには、壷がある。これは口が皿のように広がり（盤口という）、くびがみじかく、平底である。罐は口がおおきく、口のへりが立っていて、円腰（器《き》腹《ふく》断面が円形）［最大直径は上半部にある］、把手は二、あるいは四である。碗は口辺はほぼ内にすぼまり、腹部はやや外に膨らみ、底部はやや内にくぼんでいる。器物の下半部と底は大部分は無釉《むゆう》である。

西晋時代は、壷、扁壷《へんこ》、唾壷《だこ》、罐、洗《せん》（物を洗うための用器）、碗、灯、硯、薫、獅子型器、虎子、鎮墓獣、堆塑人物罐《ついそじんぶつかん》などがある。装飾は三国時代の青瓷にくらべると複雑で、前述の弦紋、波浪紋、方格紋と鋪首などの紋様装飾が継続して使用されているほかには、円圜《えんかん》連珠紋が出現し、貼花《ちょうか》（花の型を貼りつけた紋様）もますますおおくなった。これらの紋飾のおおくはすでに位置が固定されている。たとえば蕉葉紋《しょうようもん》は壷・罐の把手《とって》部におおく、方格紋・連珠紋と鋪首は壷・罐・盂の肩部におおく、弦紋は壷・罐の肩部と洗・碗の口縁部におおい。貼りつけた紋飾は鋪首をのぞくと、鷹首、虎首、鶏首、牛首などがある。とくに堆塑罐の人物、飛鳥、楼閣はきわめて豊富で多彩である。

器形の変化については、壷にややおおきな変化があり、盤口はやや深めでおおきくなり、把手が二から四にかわる。唾壷、扁壷はあたらしく出現した器型で、唾壷は浅い盤口で、腹部はだ円、高台《こうだい》［一部は高台状あるいは平底］がつき、魚を入れる籠ににている。扁壷は直筒状の口で、だ円の腹部、器肩の両側にそれぞれ一つのなわの把手がある。罐の形状はおおきな変化はなく、ただ紋飾がおおくなった。洗は大口に縁があり、腹中部の円面が外に膨らみ、一種の

76　青瓷扁壷（西晋）

大鉢ににていて、あるものは腹部の外側に鋪首が貼ってある。碗は口がたち、口縁の外に一つのまるくぼんだうずまき模様があり、平底である。

この時期は盤口壷、大口罐と虎子《こし》などが呉とくらべて比較的区別がむずかしいことをのぞくと、鶏首罐《けいしゅかん》、扁壷、唾壷と硯、薫などはあたらしく出現した器形である。同時にはじめて俑《よう》と鎮墓獣［西晋末期］などが出現する。

これらの器形のなかで、香炉、唾壷および硯、盂《う》、扁壷などは文献に統治階級の奢侈品としてしるされており、一般の民衆が使用したものではなく、またすべて中型以上の墓から出土している。この時期の装飾は、三国末と西晋時代にすでに褐色［すなわち醬色］の点彩が出現し、あるものは全体的に褐釉をほどこし、釉かけの方法は内外にひとしく釉を施したものがすでに出現している。

東晋時代は、盤口壷、罐、鶏首壷《けいしゅこ》、方壷《ほうこ》（器腹の横断面が四角なつぼ）、盤、碗、洗、灯、香炉、硯、水注《すいちゅう》（みずさし）、唾壷、虎子《こし》などがある。装飾は前代にくらべると簡単になり、ななめの格子紋、連珠紋、鋪首《ほしゅ》などは消滅するか簡略化され、蕉葉紋の把手はひも状あるいは半円形に変化し、あるいはブリッジ形の把手にとってかわられた。ある器物はわずかに弦紋がある。黒褐色の点彩の装飾はしだいに増加し、褐彩《かっさい》の上にさらに釉をくわえた器物もある。

この時期の代表的な器物としては、盤口壺《ばんこうこ》があり、盤口はおおきくなり、くびはやや長くなり、肩部が広く、下腹はすぼみ、底はやや内にくぼみ、あるいは肩が折れているものもあり、把手はおおくは複数である。罐は口がまっすぐたち肩がひろく、下腹は内にすぼまり、凹底で、半円形のひも状の把手をもつ。鶏首壺は盤口はくびがほそくて、まるい腹で、平底、肩部に鶏首の飾りがある。別の一端には肩から壺口にかけての把手があり、上端に鶏尾の飾りがある。龍首のものもある。鶏首と把手の両側にひも状のものがあるものが若干あるが、それはやや早い時期のもので、橋の形になったものがやや遅い時期のものである。碗は口部は平直、底部はやや高く、みな高台《こうだい》状のものである。唾壺は円形、平底、一部に仮高台がある。少数の鉢と壺にははじめて蓋がついた。

77　青瓷洗（東晋）

78　青瓷灯（東晋）

79　青瓷扁壺（東晋）

82　青瓷蓮花尊（南朝）

80　青瓷盤口壺（東晋）

83　青瓷鶏頭壺（南朝）

81　青瓷罐（東晋）

南朝時代は、壷、罐、碗、鉢、鶏首壷、唾壷、硯、尊などがあり、装飾は前述の各種のもの、古くから踏襲しているもののほかは、仏教芸術の蓮花紋がこの時期に出現した主要な紋飾で、代表的なものには、南朝陵墓から出土した蓮花尊があり、非常に美しく立派なものである。

同時に、青瓷器にもこのときまたすこし変化があらわれる。たとえば壷は盤口、太いくび、広い肩、複数の把手、長めの器腹《きふく》になる。罐は口がおおきく、まっすぐもちあがり、把手は四つ、器腹は長くなり、一部の罐には蓋がある。碗はまっすぐの口、深めで内にすぼまり、高台状のもので蓮花弁があるものもある。鶏首壷はちいさな盤口、太いくび、長腹《ちょうふく》［晩期はさらに長くなる］で、器体はおおきくなり、把手はふたまたの龍頭状につくられ、盤口より高くなっている。唾壷はおおきな口、太いくび、扁平の器腹、高台状のものである。南朝の青瓷はほとんどみなすでに全体に釉がかけられ、底部にまで施されているが、しかし内部はまだ釉がない。

二

器物の変遷と名称からみると、造型が発展して実用性にむかう傾向にあったことがわかる。たとえば、唾壷はまたの名を唾器《だき》といい、みなもとは漢代にある。安徽阜陽双古堆漢墓《あんきふようそうこたいかんぼ》出土の前漢の漆唾壷には「汝陰侯《じょいんこう》唾器六年汝陰庫訢工延造」の文字がある。東晋の賀循《がじゅん》の『葬礼《そうれい》』（葬儀の器物、儀式の書、散佚）によると、この器は常用の副葬器物の一つであり、南朝時代になって、あるものはふたと受け皿が組みあわされ、さらに衛生的で実用にかなうようになった。

盤口壺《ばんこうこ》は早期は器腹が上部でふくらんだ形で、不安定な感じをあたえたが、東晋以後、盤口はおおきくなり、くびはますます高くなり、腹部は長くなり、重心が下におりてつりあい、輪郭、造型がさらに適当になり、使い勝手がよくなった。

鶏首壺《けいしゅこ》は酒器とおもわれるが、東晋以後は長い把手がくわえられ、くびは高く長くなり、手さげの壺となって、さらに実用的になった。一九七二年南京化繊工場出土の東晋の鶏首壺は、底部に「罌主姓黄名斉之」の七文字が刻まれており、これが東晋では「罌《おう》」とよばれていたことがわかる。

東晋以後、多数の器物の口のへりは折れて凹形になり、ふたとぴったりとあうようになった。こうしてふたをかぶせた

84　青瓷唾壺（東晋）

85　青瓷唾壺（東晋）

が、それは非常によい改良であった。

　実用性と形態からみてみると、すべての羊形、虎形といったたぐいの背に穴がある器物は、燭台であったにちがいない。たとえば一九七五年浙江紹興出土の南朝の獅子形の燭台は、背に四角の台座があり、その台座の上面に三つの円形の管があり、その管が下まで通っていないので、それを燭台と考えることができるのである。しかしまた、同類の器物は酒器である可能性もある。たとえば一九七三年江蘇江寧出土の青瓷《せいじ》獅子は食器と一緒に祭壇上から出土した。漢およびそれ以前では、たとえば犠尊《ぎそん》という銅器は酒器となることがおおかったが、六朝時代は獅子、辟邪《へきじゃ》、麒麟《きりん》をたっとんだので、これも宴会と祭祀の酒器として使用されていた可能性も

86　青瓷薫炉（東晋）

87　青瓷薫炉（東晋）

88　青瓷槅（呉）

ある。

薫炉《くんろ》はまた「香炉」とよばれた。湖南長沙《ちょうさ》からかって出土した漢代の銅薫炉は上に「張《ちょう》端《たん》君香炉」の字がある。西晋時代、方格盤《ほうかく》（方形で内側にしきりのある盆）はまた槅《かく》とよばれていた。江西南昌《なんしょう》出土の晋代漆槅は、底に「呉氏槅」の三文字がある。東晋以後はじめて円形槅が出現する。扁壷《へんこ》は漢晋《かんしん》時代は「坪《こう》」「鉀《こう》」「枰《こう》」とよばれ、劉宋以後はじめて扁壷と称した。江蘇金壇《きんだん》出土の東晋「紫（此）是会稽上虞范休《じょうぐはんきゅう》可作坪者也」の扁壷の刻文《こくぶん》がその証明である。

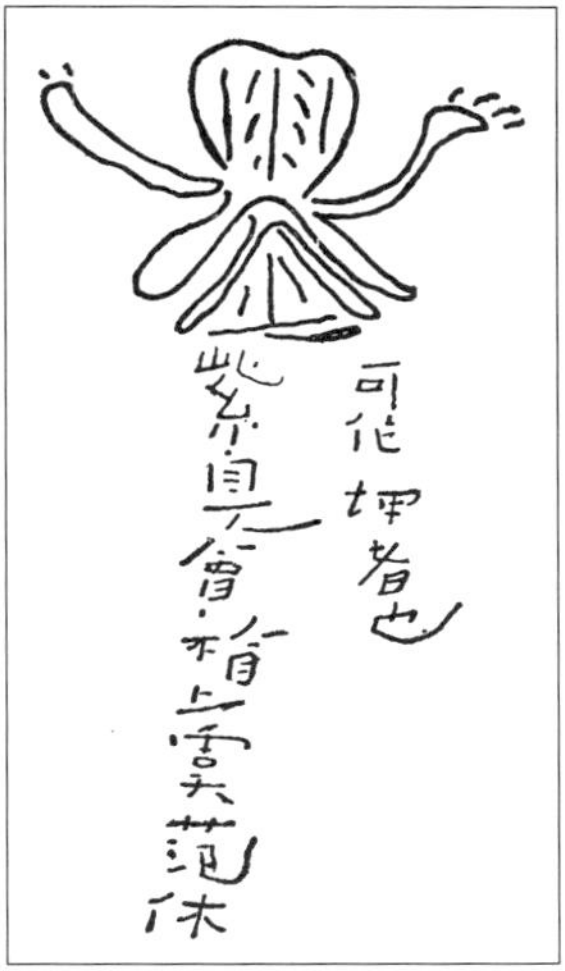

89　東晋扁壷文字

また、上虞百官鎮《ひゃっかんちん》でも西晋「先姑坪一枚」の五文字がある扁壷が出土した。蓋托《がいたく》は耳杯《じはい》と、托盤《たくばん》から発展したもので、漢代の漆耳杯には「酒杯」の文字がある。東晋以後の盤の壁は直線的から弧形に変わり、つき出した一つの円形の器台があり、さらに安定的になった。東晋以後盞托《さんたく》が流行し、耳杯と托盤はしだいにおとろえていった。劉宋《りゅうそう》初年「竹林七賢」壁画には、盞托と耳杯が同時に存在するが、これは過渡期の実物の例証といえよう。南朝以後には普遍的に盞托が流行し、これで茶や酒を飲んだのである。

青瓷の分類と時期区分

以上にのべた青瓷《せいじ》の類別と器形には、すでに時代的差異と変化の過程がみられる。ここであらためてそれらの分期と時代区分の根拠をのべ、また差異と変化があらわれた原因ものべたい。この問題を具体的に論じるまえに、まず二つのことを説明する必要がある。

第一に、青瓷器はことなる類型の墓中においては差異がある。たとえば帝王陵墓と貴族墓中にはたいていきわめて精緻な、もっぱら墓主の副葬のために製造した青瓷があり、それらはあきらかに一般墓のものとくらべてさらに進歩しているはずであり、造型装飾もさらに複雑である。だからといって単純にそれらの墓の時代が比較的晩期に属するとかんがえることはできない。たとえば南京雨花台《うかだい》の呉末期の墓中から出土した青瓷釉下彩《ゆうかさい》のふたつき盤口壺《ばんこうこ》のような褐《かっ》彩《さい》青瓷の工芸は、同類の出土がなければ、当然東晋あるいはそれ以後の生産品であるとされるにちがいない。

第二に、青瓷器の時期区分はかならず、墓の形式とそのほかの副葬品をあわせて考慮する必要があり、このようにして得られた結論は、総合的であり合理性がある。たとえば富貴山《ふうきざん》東晋大墓から出土した青瓷壺は、単独でみるならば、南朝末期のものとほとんど同一である。しかし墓葬構造とそのほかの出土文物からみれば、完全に東晋時代のものなのである。であるからただ時代性が非常にこい青瓷器を対比分析することを通してのみ、時期区分をおこなうことができるのであり、いくつかの個別的で特殊な形態の瓷器を、時期区分の根拠とすることはできない。

いままでのところ、青瓷の類型は四期にわけられる。

〔一期〕この時期の青瓷は日用器物方面ではおもに盤口壺、唾壺、罐、洗、盆、碗、鉢などがある。生活器物方面ではおもに灯、香炉、虎子《こし》などがある。文房具では硯台、水注《すいちゅう》、水盂《すいう》（口のおおきい鉢や碗のような器）、挿（上にものを立てる穴のある器）などがある。副葬明器《めいき》ではおもに、堆塑罐《ついそかん》と各種の小明器などがある。

この時期の器物の時代的特徴については、たとえば堆塑罐と各種の小明器はほかの時期にはまったくみられないか、あるいは基本的にはみられないもので、またそれらはつねに動物の形を器物全体や局部の造型としており、堆塑や浮き彫りの内容は、その形が真に迫り、いきいきとして力強く、写実的性格が強い。器物の造型はおおくは平たく背が低くてぼってりとしており、まるくておおきく豊満である。容器はおおくはちいさい口径で平たく円形で器腹《きふく》がふくらみ、内にくぼんだ平底である。

〔二期〕この時期の青瓷は日用器物では、盤口壺、鶏頭壺、羊頭壺、唾壺、罐、洗、盆、碗、鉢などがある。生活器物ではおもに香炉、虎子などがある。文房具装飾用具では、硯台、挿、鏡盒などがあるが、一期にくらべるとあきらかに減少する。一期の各種明器はこの時期にはまったくみられない。
この時期の器物の時代的特徴は、形式が規格化された定型に変わっていき、盤口壺が基本的に高底の二種にわかれ、生活器物と日常用具が主要となり、あわせて把手《とって》のついた壺や方形の壺のようなあたらしい器物が出現する。煩雑な動物意匠はすこししかみられない。器物はおおくは円球形の腹をしており、口径と底径は比較的おおきく、輪郭の優美さを重視している。ここからは、本期と一期の器物はあきらかに継承発展の関係にあり、また一期の直接的延長上にあると考えられる。

〔三期〕器物の類別はだいたい二期とおなじで、ある種の器物は数量が減少し、消滅していく。それはたとえば方壺、挿《そう》、虎子《こし》などである。おもな器物には、盤口壺、鶏頭壺、唾壺、罐、洗、碗、鉢、灯、香炉と硯などがあり、なかでも器の把手はおおくは方形のブリッジ型か四個の横に出たものとなる。それらは類別すると、日常生活用品に集中し、器形は規格化され、形式は固定化する。ある種の器物は淘汰されて消滅し、器物全体もほっそりとしてひきしまった形となり、輪郭は流暢で曲線の変化が重んじられている。

90　青瓷羊頭壺（東晋）

〔四期〕器物の類別は、おおくは三期とおなじで、盤口壺、鶏頭執壺、唾壺、罐、碗、鉢、灯、硯などがあり、洗、盆と香炉はみられず、あらたに尊、壺などの大型の器物、および仏教芸術の影響を受けた蓮花紋の器物が出現する。

器物の特徴は、種類がさらに減少し、いくつかの重厚な大型器が出現し、焼造技術のあらたな成果をしめしている。器形は画一化され、さらに規格化し、標準的な器がある。これは当時のひとびとの生活様式が改変され、地面に座っていたのが卓と椅子をもちいて高い位置に座るようになったことと関係する。器物の特徴は、形態がほっそりとして長く、大口で腹は深い。壺罐類の長楕円形の腹部は各器に共通する典型的なものであり、その変化に富む曲線的な輪郭は流暢で優美である。

以上にのべた青瓷の全四期の変化と発展は以下のように概括できる。器形はちいさめだったものがやや高大となり、低くてゆったりしていたものがまるくておおきくほっそりと長くなり、器物の輪郭は型どおりの円弧線から変化にとんだ優美な曲線となった。比較的はっきりした数種類の器物、たとえば盤口壺、罐、碗、鉢

91　青瓷碗（西晋）

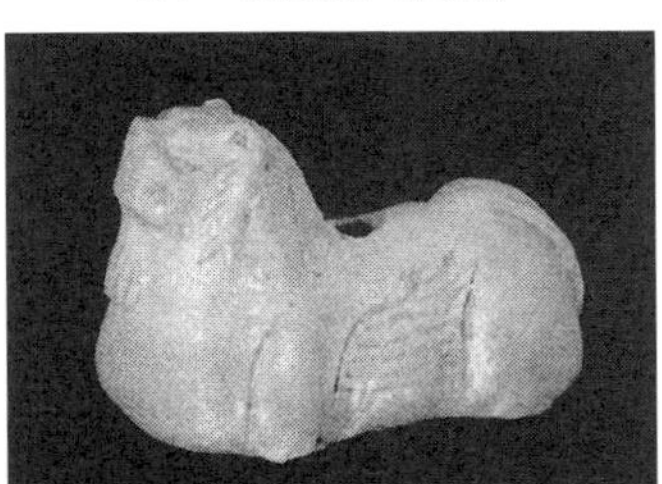

92　青瓷獅形挿器（西晋）

などは、六朝青瓷《りくちょうせいじ》の変化と発展について、時代区分の標準器としてもちいることができる。

　これらの典型な器物がしめす高さ、幅の比率は、第一期は約一対一、第二期は約一・二対一、第三期は約一・五対一、第四期は約二対一である。器形の口部は直径がちいさく、盤が浅く、器壁が直線的なものから、直径がおおきく、盤が深くなり、器壁《きへき》が外側へふくらみ、頸部は太く短い形から発展して細く長くなり、腹部は肩が出てふくらんだ形から下腹が長くなってななめに直線的にすぼまり、さらにすすんで長楕円形となり、底径もまた、これにしたがってちいさくなった。

青瓷の形態と紋様

一

　青瓷器の形態は、紋飾もふくめ、おもにその用途によってきめられるから、その形態は用途がことなることでちがってくる。六朝早期にとくにおおい青瓷罐と壷は、大半はみなふたがなく、口のへりもまたすべて直線的か盤口《ばんこう》であり、後代のようなはっきりしたふたうけの口や、そった形のものはなく、直接碗や盞《さん》をふたにしたが、それはこれらのたくさんの器物がみなふたつの用途が

93　青瓷托盞（南朝）

あったことをしめしている。西晋晩期以降になってはじめて、徐々にふたのある罐と壺が現れた［たとえば南京西崗《せいこう》東晋墓］。当然ながら、それぞれ特殊な事情もあり、たとえば南京西崗西晋早期墓から出土したふたつきの青瓷小罐は、その蓋の上にいきいきとした比翼《ひよく》（二羽が一つの羽を持つ）の小鳥が彫塑されており、このふたの目的はおもにその装飾芸術を表現するためにあったのである。

六朝青瓷の装飾紋様のおおくは、すべてきわめて単純で素朴である。たとえば東晋青瓷香薫《こうくん》は、西晋と後漢時代の浮き彫りの博山炉の香薫にくらべると、わずかに三角形と方形の透彫りの穴が浮き彫りの代わりとなっていて、たいへん簡略になっている。その原因をかんがえてみると、六朝時代の青瓷器のほとんどが実用器であることがおもな理由となろう。この分裂の時代は、経済力が薄弱であった。ゆえに製作の過程にあっておもに実用性が考慮され、さらにおおくの人力と物資を余分で奢侈的な装飾についやすことはできなかった。これも政治的要因と経済的要因に影響されたものである。

おおくの青瓷器の製作は実用性をかんがえたものであったが、しかし六朝青瓷に優れた作品がないというわけではない。とくにいくつかの貴族墓からは格別に素晴らしい典型的な工芸価値のある青瓷が出土する。これらの青瓷がもっぱら貴族のために特別に制作されたものである可能性は十分にある。たとえば南京霊山《れいざん》大墓から出土した青瓷の蓮花尊（二二三ページ）、清《せい》涼山《りょうざん》と西崗から出た青瓷の羊、蘇州獅子山《ししざん》出土の青《せい》瓷《じ》飛《ひ》鳥人物罐《ちょうじんぶつかん》と宜興周氏墓《ぎこうしゅうし》から出土した青瓷神獣《せいじしんじゅう》尊《そん》などは、みな、造型、製作の各方面からみて、ひとしく素晴らしい美術工芸品である。

これらだけでなく、いくつかの大型墓から出土した一群の青瓷器は、その造型と装飾がふつうわれわれが認識している一般的な青瓷の時代水準をはるかに超えている。たとえば南京西崗西晋早期墓の青瓷洗《せん》には、鋪首銜環《ほしゅかんかん》が装飾され、また円圏紋《えんかんもん》（輪模様）・斜放格紋《しゃほうかくもん》（格子模様）が配されている。これらの紋様は同時にまた、罐・盤などの器物にもほどこされており、あるものは西晋晩期にはじめて出現するものである。また、唾壷などは、西崗墓出土のものはすでに高台《こうだい》があり、碗、洗、提籃、把手《とって》が二つの小罐などは高台状のものがつけられている。それらは東晋になってはじめて出現するものとかんがえられていたが、いまではすでに若干の西晋早期墓でみることができる。さらに南京富貴山東晋大

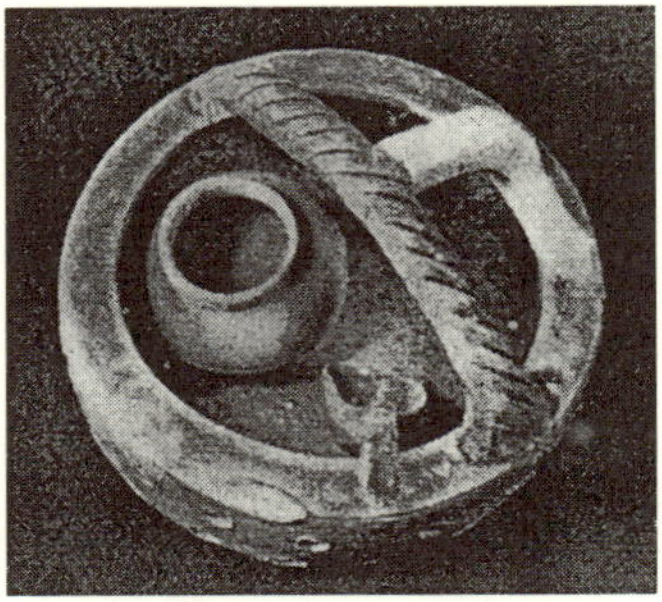
95　青瓷提籃（小罐と勺つき）（呉）

94　青瓷神獣尊（宜興周氏墓）

墓出土の器腹が深く高い台のついた青瓷盅《ちゅう》（酒杯または茶碗）と纏枝花紋を圧印した瓷鉢は、以前南朝から隋代にいたってもおおくみられたが、いまでは三国から西晋時代にすでに出現しているとかんがえられる。上述した南京雨花台《うかだい》出土の呉末期の青瓷釉下彩《ゆうかさい》のふたつき盤口壷は、以前は東晋時代の器物だとかんがえられていた。

以上のような特殊な情況のために、それらを普遍的な法則性をもつ代表的器物とすることはできない。しかしまた、これらの特殊な器物の形態と装飾の出現をたんに瓷器の生産と発展の不均衡を反映しているだけであるとかんがえる必要もない。これらの諸要素の出現は、中国瓷器の発明と発展が時間的にもっとふるくにさかのぼる傾向にあることをものがたっているからである。たとえば、褐色釉の瓷器は、以前は東晋時代にはじめて出現するとかんがえられていたが、いまでは西晋にさかのぼるだけでなく［たとえば南京板橋《はんきょう》永寧《えいねい》二年（三〇二）墓青瓷］、さらに三国までさかのぼるのである［南京甘家巷《かんかこう》建衡二（二七〇）年墓青瓷］。

二

青瓷器にはまた「虎子《こし》」というものがあるが、現在でも見方が一定していないところがある。呉時代、虎子はおおくは蚕の繭ににており、まっすぐの口がうわむきにつき、あるものは腹側に双翼を刻し、提げ手は縄状あるいは螭虎状で、四つ足は腹下についており、伏せた虎の形象ににている。西晋時代の虎子の造型は、呉時代のものとだいたいおなじで、ただ体型がやや長く口の上部に虎首があり、形象はまえのものにくらべていきいきとしている。東晋時代の虎子はすでに円形に変形し、外底はやや内にくぼみ、筒口はまっすぐで、縄状の提げ手がつき、形象は以前のようにいきいきとはしていない。南朝にいたると虎子は消滅してしまうようだ。

これまで虎子の用途については、おおくのひとはこれは一種の便器であるとかんがえた。なぜなら『史記《しき》』『周礼《しゅらい》』『三国志《さんごくし》』『西京雑記《せいきょうざっき》』に、たくさんの虎子についての解釈があり、その描写している形象と現在出土している六朝の虎子とはたいへんにており、それゆえに便器と推測したのである。

しかし虎子のなかには出土に

96　呉赤烏十四年青瓷虎子

97　青瓷虎子（西晋）

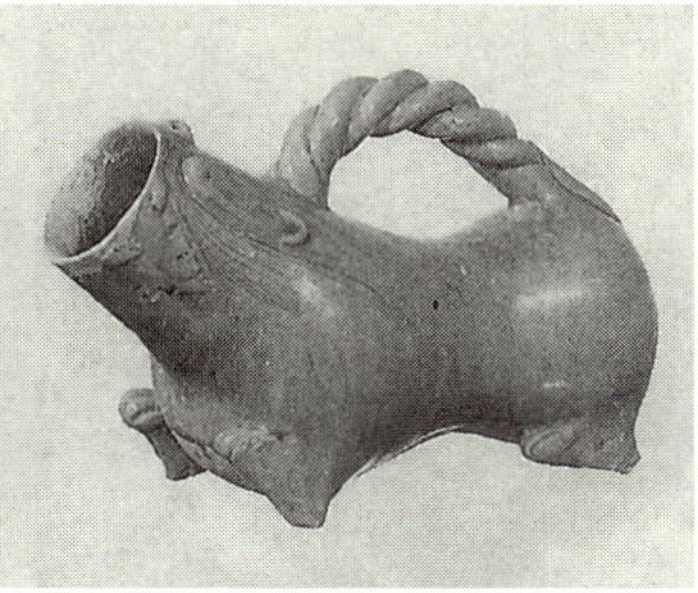

98　青瓷虎子（東晋）

さいして盞、碗、盤、罐《かん》などの飲食用具とともに置かれているものがおおい。ある虎子の本体には銘文が刻まれているものもあり、たとえば「赤烏《せきう》十四年会稽上虞師袁宜作《かいけいじょうぐしえんぎ》」とあるものなどは、直接人名が「便器」にしるされていて、これなどはその理由を解釈することはむずかしい。こうしたことからひとによっては便器ではないとかんがえたり、また漢代にかつて出土した漆虎子と銅虎子は、おそらく匜《い》（片口の什器）と関係があるはずとかんがえ、これは一種の手洗器ではないか、とするひともいる。これによれば六朝の虎子のなかの獣体で長い形のものも水をいれる容器となろう。

六朝の虎子の出土数はすくなく、かつ虎子が出土した墓のおおくはすべて盗掘にあって副葬品の位置が移動している。それゆえ一九五七年に議論が出てからいままで、結論は出されていない。筆者は、六朝時代の虎子は、その形状と出土位置がことなることから、それぞれ用途がちがったのではないかとかんがえる。時代が早いか遅いかによって形態がことなるというのではない。

一　青瓷飛鳥人物楼閣堆塑罐

青瓷飛鳥人物楼閣堆塑罐《せいじひちょうじんぶつろうかくついそかん》は、六朝時代の一種独特な副葬品である。少数の墓からはその形態が青瓷とまったく同一の陶製品も出土しているが、ここで両者をあわせて論じたい。この種の陶・瓷製の罐形は平底器で、口のへりより上の部分に楼閣・人物・飛鳥・走獣などを積み重ねてあり、仏像・孝子守霊《こうししゅれい》・亀趺駄碑《きふだひ》（亀の形をした土台に立つ碑）などがあるものもある。その腹部には無地で紋もないものもあるが、おおくは各種の飛禽・走獣あるいは仏像・鋪首《ほしゅ》などをスタンプしたりはりつけてある。

この罐形器は器じたいに紀年の銘文があるものもあり、紀年磚《きねんせん》あるいは鉛地券《えんちけん》が同時に出土するものもある。注意すべきは、それらが呉から西晋という限られた時代にしか存在せず、地域分布もまた長江中下流の江蘇浙江と江西《こうせい》辺縁地域だけである、ということである。考古学界では、それらを「穀倉」または「魂瓶《こんへい》」とよぶひともあり、あるいは単純かつ客観的に「人物飛鳥罐」または「鳥獣人物罐」などとよぶこともあり、諸説は一致せず、定論もまだない。これらの呼称と用途とはたしかに探究にあたいする問題である。

とりあえず統計をとってみると、現在まで国内で知られた材料では「一九八五年まで」、この罐はわずかに四四件だけである「陶製を含む」。しかも

99　紅陶飛鳥人物堆塑罐（呉）

発表されているものはわずか三〇件で、そのうち呉のものは一〇件［そのうち一件の器の本体に紀年《きねん》があり、二件は鉛地券《えんちけん》および墓磚《ぼせん》の紀年がある］、西晋のものは二〇件［三件は器の本体に紀年、七件は鉛地券か墓磚の紀年資料あり］で、その三〇件中器身に紀年があったり、紀年資料があるものは呉西晋《ごせいしん》あわせて一三件で、総数の四三％を占める。

もっとも早いものは呉永安《えいあん》三年（二六〇）、もっとも遅いものは西晋永寧《えいねい》二年（三〇二）であり、紀年のないものも墓葬年代からみると、呉中期から西晋末期である。これによりこの三〇件中の江蘇出土堆塑罐の上限下限時間は百年を超えないことがわかる。この三〇件中の江蘇出土の一七件では、紀年墓が呉は二件、西晋は八件で、半分以上を占めており、それらの時代は非常に明確で信頼できるものである。その形態、製作と自然環境による研究の結果は、以下の数点にまとめることができる。

二

（一）陶器から瓷器《じき》への転換

西晋以後、青瓷《せいじ》はしだいに発展して普及し、徐々に陶器にとってかわった。その形態の変化は、陶器の影響を受けたことをしめしており、堆塑罐はあきらかに漢代の五聯罐《ごれんかん》から発展してきたのである。江蘇呉墓出土の堆塑罐は、濃厚に五聯罐の遺風をおびており、一脈相つうじる

100　陶五聯罐

101　青瓷堆塑罐（上部）

関係にあることがあきらかにみてとれる。たとえば南京趙士崗《ちょうしこう》出土の一件の陶罐は、ほとんど五聯罐と同一で、趙士崗と金壇《きんだん》唐王出土の二件の瓷罐にはなお五聯の小《しょう》盂《う》がのこり、罐上の中心的位置におかれている。南京鄧府山、甘家巷高場、金壇白塔《はくとう》出土の三件の瓷罐は、罐口がすでに屋根の形になってはいるものの、四隅にやはり四つの小罐をとどめており、あきらかに五聯罐の遺風である。西晋以後になって、この五聯罐の形式はようやく消失していく。

（二）地主の荘園生活の反映

堆塑罐の造型は特殊であり、また実用価値もない。おそらく特別に制作された一種の副葬明《めい》器《き》にちがいない。その豊富で多彩な手びねりとスタンプ・貼りつけ文様の内容からみれば、死者を祭祀し、死者の霊魂をとむらい昇天させる意味があるということをみとめざるをえない。もし民俗学の資料と照らし合わせてみるならば、現在なおある地域では、各種の紙で造った建築・衣物・箱類・人馬・車や轎《かご》など、生前のありとあらゆる物品を飾りつけて、死者をまつったのちに火にくべて、死者に別の世界へもっていかせることがあるが、これは古代で各種の明器を副葬する目的とおそらくおなじであるにちがいない。

102　青瓷堆塑罐（西晋）

別の方面からいえば、罐上の堆塑の亭《てい》（あづまや）、楼閣（たかどの）、倉庫、門闕などは、貴族地主の荘園生活の描写である。六朝時代有力地主が所有していた土地ははなはだおおく、また大量の田園や別荘を保有し、これらのおおくの貴族大地主は江蘇江南部および浙江一帯に集中していた。堆塑罐の出土地点は長江中下流地域、とくに江蘇・浙江一帯だけである。これと江南の大地主の荘園経済とは不可分の関係があると推論できよう。堆塑罐上の亭台楼閣《ていだいろうかく》は地主の荘園生活の一部分をうつしており、これはまたこの一帯だけから堆塑罐が発見される原因を説明することになる。

（三） 思想意識の反映

仏教は後漢末年に中国に伝来して以後、六朝にいたると各地で流行した。呉は最初に建鄴《けんぎょう》（南京）に建初寺《けんしょじ》を建て、西晋時代に仏教はすでにひろく伝播しており、このことが罐上の手びねりやスタンプ・貼りつけの装飾の内容に反映されている。たとえば南京高家山《こうかさん》高場一号墓出土の一件は、罐のうえは方形の陶製家屋となっており、四面にはすべて門があり、門内にはおのおの仏像一尊が安置されている。方形家屋の四周をとりかこんで、また仏像四尊がある。下部の罐のくび部分の正面には一門があり、なかに仏像があって、両辺にはならんだ門柱があり、その周囲にはそれぞれ仏像八尊をつくりつけていて、全部で仏像は二〇尊ある。仏像はすべて趺坐して合掌し、頭上には髻あるいは冠をつけたり、光背《こうはい》があるようだ。罐腹には仏像もしくは僧人が貼ってあり、さながら寺院で仏を礼拝している場面である。

このほかに手びねりで積み重ね、スタンプ・貼りつけされている飛鳥、走獣、人が龍に乗る

103　魂瓶（高場一号墓）

さま、鳳の形象からみると、あるものは実在するもので、たとえば、虎、熊、鹿、飛鳥、亀などはほとんどが吉祥や長寿を象徴する意味がある。実在しないもの、たとえば、鳳鳥、飛龍、仙人が異獣《いじゅう》に乗るさま、翼をもつ辟邪などは、巨鯨にまたがり、大風に乗り、羽がはえて天に昇って仙人となり、世界を気ままにあそぶという夢幻の異境地をあらわしていて、これは当時の貴族たちの無気力で頽廃した道家《どうか》思想のあらわれである。

また六朝時代は貴族制度がさかんな時代で、上層階級は清談玄学《せいだんげんがく》（世俗を離れた議論や老子荘子の学問）をたっとんだが、儒家の孝悌《こうてい》思想（親孝行や兄弟間の友愛）もなお相当に重要視されていた。堆塑罐《ついそかん》の孝子が霊柩につきそい、ひざまづいて拝礼し、葬儀にかなしみをつくすなどの像は、儒家《じゅか》の倫理道徳の範疇にふくまれる。

ようするに、墓主《ぼしゅ》は生前高大な楼閣のある邸宅や、粮食《りょうしょく》を貯蔵した穀物倉を有し、それらを娯楽のための楽舞百戯や、精神的なよりどころとしての宗教崇拝すなわち各種の仏像のために使った。かれらの死後は孝子が霊柩につきそい、各種の神鳥異獣はかれらが死後「霊魂が昇天」「羽化して仙と成る」の象徴である。これらすべてが、墓主を祭祀するときに死者をなぐさめるだけでなく、かれらが別世界でまた生前と同様にその生活を享受できることを幻想し、またこれらすべてが子孫万世に伝わるように妄想した産物である。豊富で多彩な内容をもつこの堆塑罐が反映している意識形態は、儒・道・仏の三家思想がひとつに混合した産物なのである。

（四）堆塑罐の造型

堆塑罐は、造型上から数種の形式にわけることができる。一つは楼閣庭院式《ろうかくていいんしき》で、門楼《もんろう》と双闕《そうけつ》があるものもあれば、角楼《かくろう》と殿堂があるものもあり、西晋の青瓷罐《せいじかん》のおおくがこれである。それらはおおくの場合庭のなかに堆塑の楽舞百戯と儀仗の場面があり、地主の荘園生活の一面を反映している。二つには、穀倉式である。あるものは円形の倉庫であり、あるものは円形罐の腹上にいくつかの小穴があり、数人の人物が杖で鼠をおいはらうさまなどを造型している。三つめは、寺廟《じびょう》形式である。寺廟の建築形式だけでなく、浮彫りの仏像と僧人があり、光背がある。四つめには喪葬《そうそう》礼儀式である。木棺《もっかん》があり、両側に死者の親族がひれふし、身には喪服をつけ、楽士が楽を奏している場面を造型している。

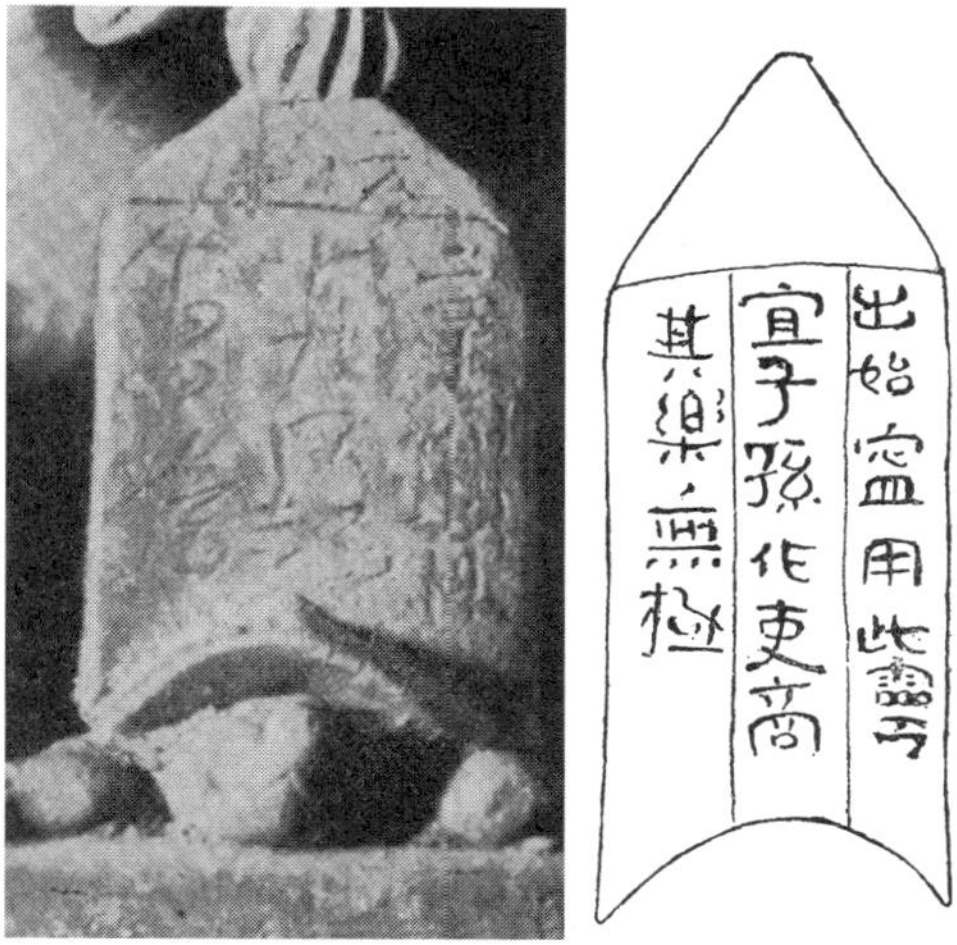

104　青瓷罐上文字

105　鳳凰元年堆塑罐

　このほか、これらの青瓷罐の上部にはほとんど大部分に飛鳥の装飾があり、その飛鳥の形態はすべてことなっていて、あるものは餌をあさり、あるものは休息したりしているが、大部分は翼を伸ばし飛翔していて、頭部を上にむけており、彫塑《ちょうそ》はたいへんいきいきとしている。もっともおおいもので一罐で六六羽あり、飛ぶ・鳴く・食べる・寝るという生態がすべてみられる。これらは漢画像石《かんがぞうせき》上の画面四周に飛鳥を彫刻して、装飾とすることとの関係がかんがえられる。

　それから少数ではあるが、青瓷罐上に亀趺《きふ》（亀の台座）に碑を載せた形をつくっているものもあり、たとえば呉県獅子山出土の一件は、その碑額に「元康《げんこう》」の二字があり、碑面には「始《し》寧《ねい》に出ず。此の霊を用うれば、子孫に宜しく、吏《り》と作りて高く、其の楽しみ極まりなし」の字がある。呉県何山《かざん》出土のものは碑額に「□福」の二文字があり、碑面には獅子山出土のものとおなじことばがある。これはあきらかに吉祥用語である。「用此霊（靈）」の霊字は、「靁」（音はレイ）か、または「䨓」であろう。それは瓦器《がき》の意味である。これはこの種の青瓷罐の当時の名称についてかんがえる際に貴重な資料となる。

（五）墓主の身分

堆塑罐は一般に大型磚室墓から出土している。たとえば南京麒麟《きりん》門外西崗《せいこう》西晋墓は、前後室《ぜんごしつ》と三つの側室からなっており、全長八・一五メートル、幅一一・一五メートルである。この墓は早期に盗掘されて、わずかに青瓷器四〇件、銅鉄器一三件、金銀器四三件を残すだけであった。また南京板橋石閘湖《はんきょうせきこうこ》西晋永寧二年汝陰《じょいん》太守墓は、墓は前後二室で、全長七・五メートル、幅二・八二メートルで、鉛地券《えんちけん》も出土している。これらはあきらかに貴族・大地主の墓である。

さらに三〇件の堆塑罐の造型からみると、ひとつとしておなじものはない。それはおのおのべつべつの求めに応じて特別に焼成されたものであるからである。高さ六〇センチにみたない罐の上に、各種の手びねりの像やスタンプ・貼りつけの造型をほどこすことは、熟練した技巧の工匠でなければできず、工程もかならずそれなりに複雑であることから、けっして一般庶民が作成することのできるものではなかった。この二点からして、墓主の身分はおそらく当時の貴族大地主か支配階級であろう。

（六）青瓷罐の命名

まずそれらの目的からみると、罐上の彫塑の楼閣庭院《ろうかくていいん》、穀倉、寺廟《じびょう》、喪葬《そうそう》礼儀などの内容からして、一見して副葬明器《めいき》として専門につくられたことはまちがいない。これらの内容のほとんどは、当時の地主荘園経済と荘園生活の縮図であり、同時にまた、漢画像石と一脈通じる関係にある。なぜなら漢画像石《かんがぞうせき》中に出現する楼閣、租税とりたて、楽舞、行列などの場面や、飛鳥、動物などの装飾は、堆塑罐上になんでもすべて完全に揃っている。漢画像石とことなるところは、ただこれが平面から立体へと移り、大きさがちいさくなったことだけである。前者はおもに漢代の地主貴族の物質生活を照らしだしているが、後者は六朝になって仏教が盛行し、玄学清談《げんがくせいだん》が上層のひとびとの思想意識のなかに一定の位置を占めたので、そのため罐につけられた彫塑は漢代にくらべて内容がさらに豊富となり、あわせて墓主の精神生活の状態までも反映するようになった。この角度からかんがえるならば、この瓷罐《じかん》はどちらかといえば「魂瓶《こんへい》」と名付けるのが妥当であろう。

金銀器の類別と用途

六朝墓の帝王陵墓と貴族墓のおおくには金銀器が副葬されており、盗掘や破壊をまぬがれていたならば、その数はかなりのものになったはずである。また出土文物からみると、金銀器の工芸技術は、当時の金属加工における手工業の水準と、上層階級の奢侈の風潮をしめしている。以下に若干の陵墓と貴族墓中に副葬された金銀器の数量と類別を列挙しよう。

金銀器は合計一八の墓からあわせて四一一件出土しており、金器のみで三六三件にものぼり、なお若干の残片もある。これからみても、大、中型の墓から金銀器が出土するのは偶然ではないことがわかる。そのうち金製装飾品がもっともおおく、二三二件あり、そのほか釵《さ》（婦人の髪にさす二本足のかんざし）、簪《しん》（かんむりをとめるために髪にさすかんざし）、環《かん》（ゆびわ）、圏《けん》（丸いつぶ）、鐲《しょく》（うでわ）、釘などがある。銀器の形態は大体金器とおなじである。このほか、銀製の柿のへた形のかけらは、おそらく漆木製の盒奩《こうれん》（ふたつきの箱）の装飾かその付属品で、たとえば銀製の鎖は刀剪《とうせん》（刀やはさみ）のたぐいの付属品であろう。しかしながら銀器は長期間地下に埋もれていたために、腐蝕してくちはてているものがほとんどで、大部分はすでに錆びて鉛灰色になっているか、断裂して破損しているかであり、さらにそのうえ盗掘による破壊をうけており、完整品は非常にすくない。

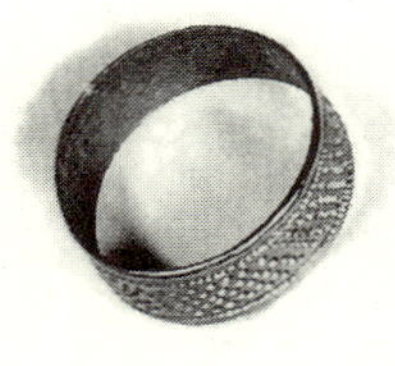

106　金指環（西晋）

副葬金銀器物表

墓名	数量（件）	金器（銀器）	出典
南京西崗西晋墓	四三	片二一、釵一、圈七、環二（銀九）	『文物』一九七六—三
南京大学北園墓	四七	飾件四、片四二、（銀一〇）	『文物』一九七三—四
宜興周氏家族墓群	三〇	簪頭一、小籃一、釵四、環一九、珠三、牌一、頂針一	『考古学報』一九五七—四
南京富貴山東晋墓	二五	帽釘七、環三、釘五	『考古』一九六六—四
南京老虎山顔氏墓群	七	鐲四、珠一、飾二	『考古』一九五九—六
南京象山王氏墓群	四三	鈴四、珠一、釵一四、簪一一（銀一七）	『文物』一九六五—六、一九六五—一〇、一九七二—一一
南京郭家山王氏墓群	一三二	釵二、虎一、飾片一二九	『文物』一九八一—一二
南京幕府山大墓	不詳	条式片、小金葉残片	『文物参考資料』一九五六—六
南京甘家巷六朝墓群	二八	すべて飾件残片	『考古』一九七六—五
丹陽胡橋大墓	八	各種歩揺飾件残片（銀二）	『文物』一九七四—二

金銀器ではアクセサリーが大半を占める。二例をあげて説明しよう。

南京大学北園東晋墓から発見された金の透彫り飾片は、すべて大小ふぞろいの連珠紋《れんじゅもん》をもちいて獣面形をつくり、比較的おおきな一片で仏龕《ぶつがん》状をつくり、二つの半円形の金珠の上に二つの目があり、一つは龍首のようで、もう一つは虎首のようである。金飾片と同時に出土した細長い金葉片は、小珠をはめこんだまるい穴と、銀合金の釘で象眼したまるい穴がある。それらの裏面に少量の漆皮が付着してあったため、これは漆器上の飾りであったとおもわれる。金片からそう遠くないところから、漆盒《しっこう》（箱）の銅蓋が発見されており、これにより破損していた漆盒を復原すると、長さ、幅、高さともに六・八センチで、その四つの立面はみな上述の細長い金片が縁飾りとなり、龍形あるいは虎形の透彫りの金の飾片が立面のまんなかにはめこんである。盒の正面と裏面にはおそらくその両側におのおの一つの龍頭が前をむいた金片があったはずである。この復原は、そのほかのいくつかの墓から出土した類似の金飾片を復原するにあたっての参考となろう。

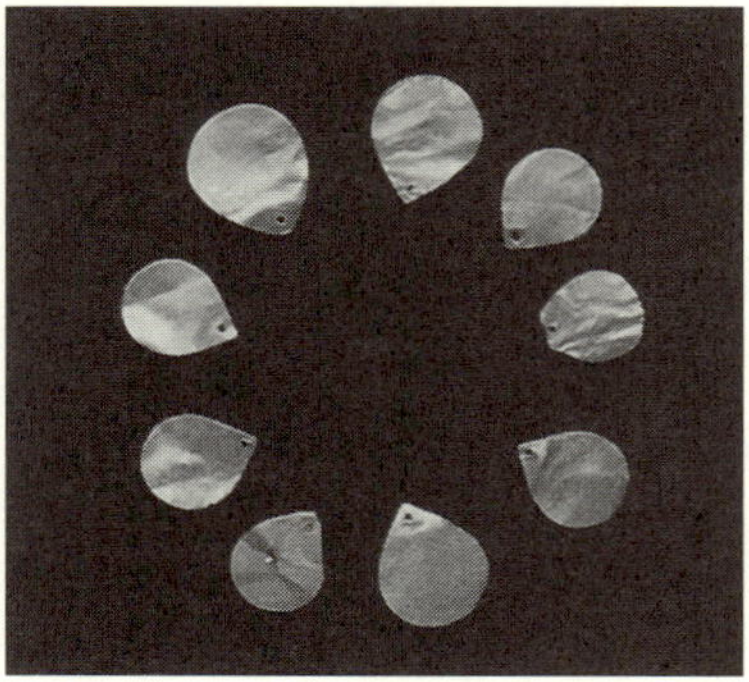

107　金葉

丹陽《たんよう》胡橋《こきょう》南朝大墓からはたくさんの金・玉・ガラス質などの飾りが発見された。なかでも金の装飾品は飛鳥、鶴、蜥蜴、花葉の形をしたものがあり、玉と琥珀《こはく》、水晶の小管の上にさしてあり、また小粒の玉、ガラス珠、瑪瑙《めのう》珠などもあり、おそらく婦女の髪飾りであったろう。沈従文氏の考証によれば、晋の『女史箴図《じょししんず》』の婦女の頭飾りで、簪としてさしているのは金雀釵であり、雀は爵である。この装飾は前漢の馬王堆《まおうたい》の帛画《はくが》にもはっきりとみとめられる。そこには歩揺《ほよう》のほか、金爵釵《さ》もあり、これらは実際に漢代の習俗を踏襲したもので、この飾りはおそらく「歩揺」と「金雀釵」にもちいられたものだろう。

六朝の大、中型墓から金銀器が出土するのは、よくみられることで、もはや珍しいことではないようだ。漢以後、金銀は仏事に消費され［たとえば仏像に大量に貼金するなど］、また民間に比較的おおく流入した。『晋書』食貨志《しょっかし》に、斗米（一斗の米）金二両とあり、金の単位に斤だけでなく両ももちいていたことがわかる。つまりその用途は広範で、量もおおくもちいられていたことがわかるのである。侯景《こうけい》の乱のとき、王朝の援軍が秦淮《しんわい》北岸に達すると、民衆は一家総出で勤王の軍をむかえたが、おもいもよらないことに兵士は秦淮を渡るやいなや、あらそって略奪し、「金銀」を奪いとった。そののち江南は大飢饉となり、ひとびとは逃亡し死者は地にあふれ、門戸をでるものはおらず、羅綺《らき》（うすぎぬとあやぎぬでおった美しいきもの）をきて、金玉を抱いてかさなって横たわり、命の絶えるのをまつだけであった。史書が描いてみせたのは、搾取階級の貴族が奢侈におぼれ腐敗し、権力に寄生して堕落し、侯景の乱がおこると、死が目前にせまっても金玉を肌身離さず、追いつめられてなすすべもなく死んでいった情景である。

　とはいえ、当時もちいられた金銀のおおくは、貨幣をつくるのではなく、おもに装飾にもちいられた。『晋書』輿服志《よふくし》には、佩剣の首には玉、烏貝《からすがい》、金、鼈甲《べっこう》で装飾を彫刻したとある。金の腕輪、金の環などはたいてい臣下、おきさきへの賞賜にもちいられた。したがって、六朝墓から出土する金銀がみな、装飾品であることは不思議ではないし、そのうちのおおくの金器は鑑定してみると、純金の含量は最高で九五%に達しており、冶金技術が発達していたことがわかる。

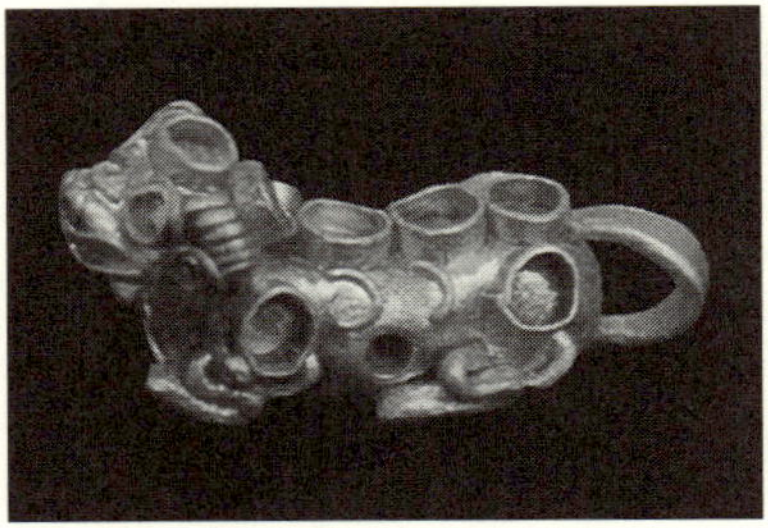

108　金羊

　六朝墓でもとくに大、中型の墓からたくさんの金銀器が出土することから、厚葬《こうそう》の風潮がまったくおとろえていないことがみてとれる。六朝時代、何人かの帝王はくりかえし厚葬を厳禁し、とくに金銀を副葬することを禁じたが、しかしその効果はあらわれていない。たとえば前述したように『晋書』礼志《れいし》によると、魏の武帝は金珥珠玉《きんじしゅぎょく》を埋葬させなかったが、東晋になると、康帝《こうてい》の陵には宝剣、金鳥が埋葬されていた。実物から厚葬が実証できたのである。

金銀器の製作技術

金属の鋳造と彫金加工は、六朝時代において青瓷《せいじ》手工業と肩をならべる重要な手工業であり、出土した金飾品は、その工芸製作の精密さを証明している。六朝以前、ときには小装飾具や帯飾りに粟粒状の金珠をくっつける精巧な技術を使用しており、この時期かなりおおく各種の釵珮にそれがみられる。またおのおのことなる種類の形像や、透彫りの技術が、相当に硬い金片や金塊の上に施されており、どれほどむずかしいかがよくわかる。また、金器中比較的おおい環《かん》は、大きさのちがいがあるが、いずれもその直径はちいさく、開口部がないので、これは直接鋳造したのちにふたたびみがきをかけてつくったものであろう。このような細工もまた、すこぶる精緻なものである。

なお補足しておくと、この金環が指輪か耳環かどうかもまた、検討する価値がある。なぜなら、一つには、開口部がないので耳にうまくつけることはできず、二つには指にはめるにはややおおきすぎるからである。『晋書』傅玄《ふげん》伝に、金環は衣物上のアクセサリーであるとしるしているのはこのことをかんがえるヒントとなろう。

109　蝉紋金かざり

金銀製作工芸の過程と工具の使用について、実物資料からは証明が十分にできないが、関連文献にいくつかのてがかりをみいだすことはできる。金銀は六朝時代におもに賞賜と装飾に使われており、わずかに少数の地域［広東・広西一帯］だけで貨幣として流通していたからである。したがって金銀の製作が、装飾から出発したことは、技術の性格からみていうまでもない。斉《せい》の高帝《こうてい》は金釵《きんさ》二〇枚を周盤龍《しゅうばんりゅう》の愛妾杜氏《とし》に贈り、斉武帝は金をきざみつけた柄と銀のこじの琵琶を褚淵《ちょえん》に賜り、王敬則《おうけいそく》は金鈴を周寿叔《しゅうじゅしゅく》に贈った。これらはみなはなはだ精美に制作された器物であった。

六朝の世では、熟練した工匠はたいへんおおく、たとえば祖冲之《そちゅうし》、杜預《どよ》、薛憕《せっとう》、蔣少游《しょうしょうゆう》、張永《ちょうえい》などのひとびとは、みな当時の帝王に目をかけられていた。御府の衣服、金銀、珠玉、綾羅《りょうら》錦繍《きんしゅう》（あやぎぬやにしき）や、官僚たちの乗り物、弓矢などはすべて専門の工匠が制作した。

金銀の製作加工はおそらく前代とくらべてさらに改良された工具を使っていたのだろう。とくに金器の上の円洞は、このように硬度のかなりたかい金属上に穴をあけることは非常に困難なことなので、簡単な旋盤《せんばん》の研磨器具などがあって、はじめて正確な作業ができるのである。この点も今後研究が必要であろう。

瑠璃と玻璃の種類

一

六朝墓《りくちょうぼ》において、瑠璃《るり》と玻璃《はり》も金銀器と同様、珍貴な遺物であり、おおくは大、中型墓、すなわち帝王陵墓と貴族の墓から発見される。この種の器物はこわれやすいので、完整品をみることはめったにない。とりあえず確認できるのは、それらの大部分が装飾品で、少量が日用器物であるということである。

この問題を論じるについては、古代の玻璃と瑠璃が明確に分類されていないことがおおいので、簡単な説明が必要となる。

古代の玻璃と瑠璃という名詞はもとはおなじもので、みな梵文《ぼんぶん》からきている。仏経経典でつねに言及される頗胝（Poti）は、梵文のスパティカの音訳である。この字源は石英《せきえい》の意味で、玻璃が石英の成分をふくんでいることをしめしている。瑠璃は碧《へき》玻璃あるいは番《ばん》（外国の）玻璃とよばれた。したがってそれらはともに玻璃であって、一方は有色で他方は無色というちがいがあるにすぎない。俗に料器《りょうき》（ガラス）というのは、実は有色の玻璃の世間での名称なのである。

本当の瑠璃はじつは鉛硝《えんしょう》をフラックスにして焼きあげた玻璃ににた釉色をもつ陶器のことで、鉛釉を陶器にかけたものであり、のちには建築にももちいられた。つまり瑠璃はレンガの建築用の陶器材に施された彩色釉《さいしょくゆう》と、後代の銅器に塗られたエナメル質と、瓷器《じき》のガラス質釉の装飾の総称である。瑠璃釉の陶瓷器をもって玻璃とみなし、あるいは玉石、水晶をもって玻璃とみなすものがあるが、これらはきちんと区別しなければならない。

二

一九七二、七三年に、南京象山《ぞうざん》東晋王氏家族七号墓と南京大学北園《ほくえん》東晋大墓から出土した刻紋玻璃杯とその破片は、ひとびとの注目をあびた。王氏墓の玻璃杯は口径九・四センチ、底径二・五センチ、高さ一〇・九センチ、厚さ〇・五～〇・九センチであった［南京市博物館『文物』一九七二年第一一期］。南京大学北園墓の玻璃杯は口径約一〇センチ、厚さ〇・一センチである［南京大学歴史系考古組『文物』一九七三年第四期］。一九八一年には、南京中央門外にある東晋大墓からいくつかの彩色玻璃破片が発見された［南京市博物館『考古』一九八三年第四期］。王氏墓出土の玻璃杯二件と北園墓の一件はすべて白色で、やや黄緑色を帯びている。わりあい透明でそのなかに気泡がある。どちらもまるい口とまる底で、口はやや外に

110　玻璃杯（東晋）

そり、へりの外と腹下に弦紋がひとまわりまたはふたまわり刻してあり、上下どちらも対称な花弁花紋があるのがわかる。

一九七九年、ギリシア共和国考古代表団が南京にきた際に、この実物をみた団長のテッサロニケ博物館館長ケサド・ロメポロ氏は、これらは玻璃器であり、ギリシアで発見されたローマ時代の玻璃器とおなじで、西方から伝来したものであると認めた。

一九八三年、トルコのイズミル博物館館長フェクレト・ポーク氏は、王氏墓出土の玻璃杯をみて、おなじくトルコで発見されたローマ時代の玻璃器とおなじであると認めた。

一九四八年、河北景県《けいけん》封氏《ふうし》墓群《ぼぐん》中の北魏《ほくぎ》祖氏《そし》墓で出土した網紋の玻璃杯は、シリア、イランなどで出土する古代玻璃杯とくらべると、器物の造型も花紋の装飾もみな非常ににている［『文物』一九八二年第八期］。清華大学工学物理系がX線蛍光定性分析をおこなったその結果は、玻璃杯の材質は硅素、カルシウム元素が主であり、塩素、カリウムの元素も比較的おおく、くわえて微量のマンガン、鉄、銅、ストロンチウム、銀、インジウムなどの元素もふくんでいるが、鉛はなかった。したがってこれは、カリウム・ナトリウム玻璃製品に属するもので［今回の分析はナトリウム元素を検出できなかった］、およそ五世紀ごろにローマあるいはペルシャから中国に輸入されたことを傍証することとなった［范世民・周宝中『文物』一九八二年第八期］。

前述の王氏墓と北園墓玻璃杯はほとんど完形品で、数量もすくなく、破片を分析することはできない。しかし中央門外墓から出土した彩色の玻璃は、南京地質鉱産研究所と北京建築材料研究院の化学成分分析結果では、古代ローマ・エジプトの玻璃と化学成分がにており、ナトリウムカルシウムの玻璃の系統であり、おそらく舶来品にちがいない。さらにこれと類似する揚《よう》州《しゅう》邗江《かんこう》県甘泉《かんせん》二号漢墓出土の彩色玻璃の測定成分も西方の玻璃成分とにており、ナトリウムカルシウム玻璃に属するはずである［建材工業部建材科学研究院陶瓷科学研究所一九八二年五月測定］。そうすると漢代においてすでに輸入玻璃が存在していた、とかんがえられる。

以上、南京には四基の東晋墓から出土した玻璃器があり、それらは

一、象山王氏墓の二件の玻璃杯
二、南京大学北園墓の一件の玻璃杯
三、中央門外大墓の薄い黄緑色の玻璃破片
四、石門坎《かん》墓の彩色玻璃破片

である。この東晋墓出土の玻璃器には楕円形の紋様があり、また研磨技術を採用し、玻璃成分はほかの中国玻璃ともあきらかにことなり、典型的なローマ玻璃にちがいないということである。分析では、その主要成分は硅素、ナトリウム、カルシウム、カリウム、マグネシウムの含量は非常に低く、原料が精選されていることをしめしているし、そのなかに微量の二酸化マンガンを含んで脱色剤と澄清剤としていることから、技術水準がかなり高いこともわかる。

またその成分とドイツケルンの四世紀墓出土のローマ玻璃もおなじであった。同時にローマでよくみられる筒形のクリスタルガラスの形からいっても、これは中国にはないものである。中国では隋代になってはじめて、濃鉛の玻璃が鉛バリウム玻璃にとってかわり、ナトリウムカルシウム玻璃器物もまた隋代になってはじめて出現するのである［安家瑶『考古学報』一九八四年第四期］。

瑠璃器は六朝墓では、大部分は瑠璃の小珠［俗称は料珠《りょうしゅ》］であり、一般に楕円形で、淡い黄色、不透明で両端に通し穴の小穴があけてある。おおくはそのほかの珠類［たとえば水晶、瑪瑙《めのう》、琥珀《こはく》など］とともにあり、アクセサリー用品の一つであったにちがいない。あるものは「歩揺《ほよう》」のたぐいの髪飾りであろうし、あるものは衣服の装飾であろう。おおくは金銀器の飾りとともに出土する。

三

西方の学者のかんがえでは、玻璃と瑠璃は西方で同時に発明されたが、中国では漢代以前にわずかに瑠璃器がみられるだけで、玻璃器はみられない。同時に、中国の文献史料にみえる玻璃の製法は、もっとも早い時期の玻璃は西方からつたわったことをしめしているようだ。たとえば東晋の葛洪《かっこう》著『抱朴子《ほうぼくし》』（道家の神仙術の書、外篇は道徳や政治をのべる）内篇には、外

111　玻璃碗（仙鶴観東晋墓）

国では水精碗をつくるが、これは五種の灰を合わせてつくるのであり、いまの交広《こうこう》（広東・北部ベトナム）でおおくその方法で鋳るものがあるといい、唐の段成式《だんせいしき》著『酉陽雑俎《ゆうようざつそ》』（人物逸話、故事、風俗、事物など多彩な内容の書）広知篇《こうちへん》には、瑠璃瑪瑙は自然灰を煮てつくるが、自然灰は南海に生じるという。かれらがしるしているのは水精［晶］と瑠璃であるが、それはじつはすべて玻璃の製法であり、また、この方法は海外から伝入したものであることもしめしている。

『南史《なんし》』（唐の李延寿の著、正史の一、南朝の歴史記録）には、大秦国《たいしんこく》がかつて使いを遣わし、海道を通って劉宋《りゅうそう》の都の建康にいたり、各種の瑠璃を献呈し、その数年後、一人の瑠璃工人がやってきて、石を精錬して水晶にかえ、あわせてその技術を伝えた、としるしている。南宋の趙汝适《ちょうじょかつ》著『諸番志《しょばんし》』（諸外国の風物をしるした書）には、大秦国は玻璃を産出し、玻璃瑠璃は大食《たいしょく》諸国よりでる、とあり、西方学者の見方と一致している。

　漢代以後中国からインドへの航海の道はすでに開かれていて、大秦・天竺《てんじく》などの国のおおくの商人が遠路外国へわたり、交趾《こうし》［越南《えつなん》］を経由して、海の道から中国へ来て貿易し、また玻璃などの商品をもたらした。そのなかでもっとも遠いのは大秦で、西晋太康中《たいこう》（二八〇～二九〇年）に中国へ使いを遣わした。インドのグプタ王朝のチャンドラグプタ二世は、劉宋元嘉《げんか》五年（四二八）に、使いを遣わし、宋文帝へ書をしたため、「両国の信使の往来が絶えざることを願う」と書いた。当時外国との往来が頻繁であったことがわかろう。

玻璃などの商品は、製作や輸入がむずかしいため、ほんのわずかな皇室貴族官僚の家庭が使用できただけであった。『晋書』崔洪伝《さいこうでん》、『世説新語《せせつしんご》』汰侈篇《たしへん》、言語篇、紕漏篇《ひろう》などに列挙されている瑠璃鍾《しょう》（さかずき）、玻璃碗、瑠璃屏《びょう》（ついたて）などの玻璃の器物は、ひとにぎりの帝王貴族の家庭で宴会や装飾において金器とともに重宝され、貴重な価値をもっていた。唐代になると、インド伝来の碧玻璃鏡は、なおその価値は銭百万貫に達し、倉庫を空にしてもたりないというありさまであった。このように貴重な国外伝来の玻璃器は価値も法外なので、ほんの少数の貴族の墓中からしか出土せず、数量も非常にすくないというのも不思議ではない。

玻璃の来源

一

玻璃の起源については、かつて二つの説があった。一つは、エジプト人が沙漠から金をとるのに、ソーダ［Soda］をくわえて溶剤としたところ、おもいがけず玻璃に変成したというものである。もう一つは、フェニキア商人がエジプトから船でソーダを運んでいるとき、河辺で炊事をし、ソーダで支えた水差しのなかでものを炊いたところ、二つが混合して玻璃に変成した、というものである。この二つの説はみな、玻璃の最初は偶然に得られたというもので、前説が比較的信憑性が高いとかんがえ、そこでエジプト説が正しいとかんがえるひともいる。

イギリスの著名な科学者ニーダム氏は、「玻璃はあきらかに古代フェニキアの発明」と考えたが、エジプト人が紀元前一二世紀に玻璃を発明し、その後フェニキア人がこれをまなび、フェニキア商人が国内の魚類、葡萄、オリーブ油、柏木と各種の花色の織物、銀器と玻璃器物も含めた手工芸品と一緒に輸出し、それで東方に伝わったとかんがえるひともいる。現在一般には、玻璃工業は西方で発明された、とかんがえられているが、とくにイタリアなどの土地が良質の原産地であり、ローマ統治時代、イタリア、エジプトのみならずシリアにいたるまで、みな古代玻璃の製造中心地であった。

当時おおくの新しい技術方法が発明され、また広く使用された。紀元前一世紀後半にはシドンの工匠が玻璃を吹いてつくる方法を発明して、古い鋳造の方法にとってかわり、より大量の質の高い玻璃を製造しやすくなり、ローマ属領地に広く伝播していった。ポンペイ滅亡（七九年）前後の時代には、ローマ各地の手工業生産はとても有名で、とくに玻璃製品は玻璃工房で大量生産されていた。ローマ共和国の最後の一世紀では、フェニキア、エジプトなどの玻璃の生産は、きわめて発展していた。一世紀、この技術は、西ではノルマンディーとイギリス南部に伝わり、ケルンに達した。東では海上ルートから東方にはいり、インドと中国に伝わった。その対外貿易は二世紀にピークとなり、ローマの貿易収支は以前の赤字から黒字へ転じたが、それはおもに大量の銅、錫、葡萄酒、毛織品と玻璃製品を輸出し、奢侈品の輸入を帳消しにしたからである。

二

これらの記述は中国の古文献の記録と符合する。『漢書《かんじょ》』地理志《ちりし》には、武帝《ぶてい》が人を遣わして、海上を行き明珠《めいじゅ》、璧《へき》、瑠璃を買ったといっているし、漢元光《げんこう》二年（前一三五）には瑠璃を輸入している。『塩鉄論《えんてつろん》』（漢の桓寛の著、前一世紀初の塩と鉄についての経済政策の議論をおさめた書）力耕篇《りきこうへん》には、璧玉、珊瑚、瑠璃はみな国の宝で、外国の物が国内に流通し、国用は饒《ゆたか》である、とある。

南北朝の梁天監《てんかん》はじめ（五〇二年ころ）、天竺王屈多は長史《ちょうし》の竺羅達《じくらたつ》を遣わし、上表していった。いまここに、瑠璃唾壷、雑香、吉貝（棉花）等の物を奉献致します、と。天竺とはインドのことで、屈多王とはグプタ朝皇帝である。この瑠璃唾壷は玻璃杯のことではないかとおもわれ、器形は南京王氏墓などから出土した直桶《ちょくとう》形円口圏底状のものとおなじ可能性がある。それはローマからインドへ輸入され、それから中国に伝わったとかんがえられる。

当時中国と西方の海の道がとった航路や貿易商品の来源は、インドがもっともおおかったはずである。前漢時代、西方と交通した航道はインドがもっとも遠く、漢武帝が江南を平定していまの広東一帯に珠崖《しゅがい》、儋耳《たんじ》諸郡を設け、また遣使して海南、都元《とげん》国、邑盧没《ゆうろぼつ》国、諶離《たんり》国、夫《ふ》甘都盧《かんとろ》国、黄支《こうし》国、皮宗《ひそう》国、已程不《いていふ》国を訪ねさせ、明珠璧瑠璃、奇石異物を買ったという。これらの国家は向達《しょうたつ》氏の考証によると、黄支国はインド東岸のカンチプラ、すなわちのちに唐の玄奘三蔵がしるした建志補羅《けんしほら》国であることがすでに確認されている。

魏晋南北朝になると、海上交通はさらに発展し、『南史《なんし》』には南朝のとき、マレー半島の丹丹、盤盤《ばんばん》、狼牙修《ろうがしゅう》などの国も何度も中国に使いを送り、象牙、火斉珠《かさいしゅ》、吉貝、瑠璃、沈檀香《ちんだんこう》などの贈り物を贈った、としるされている。仏教が東に伝わり、僧侶もまたそれにしたがって頻繁に行き来し、医薬、芸術、玻璃の製作技術なども中国に伝入した。東晋の法顕《ほっけん》（インド、セイロンへ求法の旅をした僧）がしるした『仏国記《ぶっこくき》』（インド、セイロンの仏蹟旅行記）には、非常に貴重な記録がおおく残されている。

海上貿易は唐代になると、『新唐書《しんとうじょ》』によれば、すでにネパールにまで達していた。ネパールとインドは隣接しているので、その君主が「珠、頗黎（玻璃）、車渠《しゃきょ》（玉石）、珊瑚を服した」というのは、当時玻璃が伝播していた広さをしめすものである。

今日西方の学者は、さらに一つの見方をしている。中国の玻璃は中国芸術と中国人の生活の中での役割はさほど重要ではなく、中国は玻璃の分野では先駆的存在ではないばかりか、またその中心でもないというかんがえである。かれらのかんがえでは､東方の玻璃の歴史からみて、中国は宝石社会、青銅社会、漆器社会であり、またずっと陶器社会であったが、玻璃社会ではないという。だから後漢時代、玻璃が舶来品とみられ、珍蔵されたのであり、このての習俗は六朝時代になっても依然として変わらなかったのである。

玻璃の製作工芸

瑠璃と玻璃の成分は、二酸化珪素、酸化アルミニウム、酸化鉄、酸化カルシウム、酸化カリウム、酸化ナトリウムなどである。それらはみな同時に陶釉《とうゆう》、瓷釉《じゆう》の基本的な化学成分であり、なかでももっとも主要な成分は、二酸化硅素で、中国の古代陶瓷釉中の含量と古代エジプト、バビロン、古代ローマの玻璃の含量とはほとんどおなじであるが、ことなるのは酸化アルミニウムの含量で、中国の古代の陶釉、瓷釉の含量は古代エジプト、バビロン、古代ローマの玻璃の含量にくらべると、一〇%以上高い。これは酸化アルミニウムが釉の素地部分に付着する作用を高めることができたためである。

同時期の古代エジプト、バビロン、古代ローマの玻璃にふくまれる酸化ナトリウムの成分は、一五%以上の高さに達し、酸化カルシウムの平均比率は七%前後であるが、中国の古代陶瓷釉中の酸化カルシウムの含量は一五%以上で、逆に酸化ナトリウムの含量は一%にもおよばず、これはたいへん大きな差異である。この標準値を、鑑定ずみの漢代と六朝の彩色玻璃の化学成分と対照すると、それらはすべて輸入された玻璃であることがしられる。

112　トンボ玉玻璃環

現在の研究によれば、中国の古代玻璃は鉛［方鉛礦《ほうえんこう》、白鉛礦《はくえんこう》、鉛丹《えんたん》］が主要な助溶剤の鉛玻璃であり、古代西方では天然の炭酸ソーダでつくるか、または炭酸カリウム、炭酸ナトリウムを含んだ草木灰を主要な助溶剤とする、カリウム・ナトリウム玻璃である。このての玻璃は高温と低寒にたえることができ、破裂しない。これは中国の南宋時代になってもまだ生産できなかったようだ。

化学成分構造の分析によって、陶釉、瓷釉を玻璃体（ガラス体）とよぶのは、完全に科学的原理にかなっている。しかし、玻璃体は玻璃そのものではなく、玻璃体から発展して玻璃の製造に達するには、さらに一つの過程が必要である。玻璃体が独立した器物になってはじめて、玻璃が出現したといえる。そして玻璃にはその独自の特徴がある。つまり前述したように、二酸化硅素、酸化ナトリウム、酸化カルシウム、酸化カリウムなどを基本原料とし、高温の溶化を経て、表面は光沢のある透明あるいは半透明のものとなり、有色あるいは無色で、質は堅いがもろく、実際の用途にあうようにつくられた器物ということである。

六朝時代、中国では独自に玻璃を生産できたのだろうか。答えは、可能だということだ。たとえば『魏書《ぎしょ》』（北斉の魏収の著、正史の一、北魏・東西魏の歴史記録）西域《せいいき》伝大月氏《だいげっし》のところに、世祖のとき、大月氏の国人が京師《けいし》で商売し、石を鋳して五色瑠璃をつくることができるといったので、鋳させてみると、光沢は西方から来たものより美しかったという。この瑠璃が玻璃かどうかは一考に値する。これだけでなく『諸番志《しょばんし》』によると、琉璃は大食諸国からでるが、焼煉の法は中国とおなじである。大食は南鵬砂《なんほうさ》（蓮砂）を添入するので、滋潤してわれず、寒暑にたえ、水をいれても壊れないから、ここ中国で貴重なのだという。南鵬砂はおそらく石英の類の物質で、いまあるひとのかんがえでは、これはホウ砂にほかならず、玻璃の光沢をもっていて、玻璃をつくる原料となる［『文物』一九八二年第八期］。

ストラボンとプリニウスの記事をもとに前述の『漢書《かんじょ》』地理志《ちりし》の記事を解釈してみると、当時大秦《たいしん》は海陸両路で中国と通商し、その輸入品のなかの瑠璃は、玻璃であり、大秦［ローマ］より来たものにちがいなく、そのなかにはまた、彩色されたものもあった。

また、当時エジプトのアレキサンドリアは玻璃工芸の中心地であり、そこでつくられる玻璃には半透明の紅色白色のものもあり、玉ににた美しい石や青玉、あるいはヒヤシンス（宝石の一種、ジルコンの結晶）ににたものや、黒耀石《こくようせき》ににた黒色の玻璃杯や碗など、種類ははなはだおおかった。透明なものには藍、緑、黄、紫、褐色、紅などの色があり、不透明なものには白、黒、紅、藍、黄、緑、橙などの色があった。なかでももっとも貴重とされたのは石英のような純白の玻璃である。このようにかんがえると、当時なぜ白色をもって玻璃とよび、彩色したものを瑠璃とよんだか、という理由がおおよそ理解できるし、同時に、西方の玻璃は珍貴で白色玻璃はすべて西方から輸入していたという理由もまたこれでわかる。

113　玻璃罐（富貴山六朝墓）

一九六四年、河北定県塔基《けいけんとうき》北魏太和《たいわ》五年（四八一）の石《せき》函《かん》中から発見された玻璃器、一九六五年遼寧北票北燕馮《りょうねいほくひょうほくえんふう》素弗《そふつ》墓から出土した吹きガラス製品は、研究者の推測ではともに西方の製品であろうということであったが、これもその証明になる。しかし新中国以後、各地から出土するたくさんのガラス製品には鉛ガラスでできたものもある。一九八四年に北京で開かれた国際ガラス学術討論会における参加者のかんがえは、世界中のことなる産地での鉛鉱物では、すべて鉛の同位元素比率値がことなるということであった。中国戦国時代と両漢《りょうかん》時代の玻璃が含有している鉛の同位元素比率についての説明は［六朝時代の玻璃についてては未提出］、このての鉛鉱物が中国固有のものであることをしめしていて、これによれば早く戦国時代からすでに中国特有の鉛玻璃をつくっていた可能性がある。

金剛石

六朝墓の遺物には、上述したもののほかに、銅器、鉄器、玉石器と漆器などがあり、このほかにもまだ若干の特殊な遺物、たとえば、金剛石《こんごうせき》（ダイヤモンド）、丹丸、水晶、琥珀、松緑石、珍珠、象牙などといったものがある。これらをまとめて以下にのべよう。

金剛石は、南京象山《ぞうざん》王氏家族七号墓の男性の棺の中部から、玻璃杯と同時に出土したが、このダイヤモンドは金の指輪に象嵌されてあった。環は楕円形で無地で紋がなく、直径二・二センチ、指輪には四角いますのような孔があり、縦横それぞれ〇・四センチで、金剛石一粒がはめこまれてあった。その金剛石は八面体で、錐体の先端を外にむけており、それは直径一ミリであった。当時、非常に堅硬な金剛石を金の指輪の方形のくぼみに固定するのは、金飾の上に粟粒ほどの小金粒を溶接して散りばめる方法などと同様、一種の特殊な技術をもってしてはじめてできるものであり、これは注目にあたいするものである。

金剛石がアメリカや南アフリカで発見される以前は、セイロン、ペルシャ、インド一帯だけで産出されていた。著名な考古学者夏鼐《かだい》氏がかつて「金剛石という名詞は後漢《ごかん》晩年の仏典訳文中にすでにみられる」とのべたことがある［夏鼐『考古』一九七二年第四期］。すなわち、『太《たい》平御覧《へいぎょらん》』（宋の李昉らの著、代表的な類書、さまざまな事項についての記事を諸書から抜粋して収録）巻八一三に引く『晋起居注《しんききょちゅう》』（起居注は皇帝の毎日の言行の記録）に、「咸寧《かんねい》三年（二七七）敦煌《とんこう》が金剛を上送した。これは玉を切ることができ、天竺より出たものである」とあるのは、金剛石がインドから来たことを説明している。

『宋書《そうじょ》』夷蛮伝《いばんでん》には、啊羅単《あらたん》国が元嘉《げんか》七年（四三〇）、使いを遣わし、金剛指鐶、摩勒《まろく》金環等諸宝物、赤オウムを献じた、とあり、『南史《なんし》』西南夷伝《せいなんいでん》にはまた、天竺迦毗黎《てんじくかびれい》国は、元嘉《げんか》五年（四二八）国王月愛《げつあい》が使いを遣わし、表を奉って、金剛指環、摩勒金環諸宝物、赤白オウム各一羽を献じた、とある。天竺迦毗黎国とは、すなわち玄奘《げんじょう》の『西域記《せいいきき》』のなかにある、劫比《ごうひ》羅伐窣堵《らばつそつと》国のことで、迦羅衛《からえい》国ともいい、法顕の『仏国記』では迦維羅衛《かいらえい》城としている。これはカピラヴァスツのことで、国王月愛はグプタ王朝のチャンドラグプタ二世であり、いずれもインドの国名と王朝名である。

金剛石はきわめて硬いので、よく玉細工にもちいられた。『元中記《げんちゅうき》』（時代不詳の郭氏の著、古伝説や各地の山川、物産の書、散佚）には、金剛石は、金環にはめて玉細工をするという記事がある。南京王氏墓出土の金剛石の指環は無地無紋で、金環にはめこまれた金剛石が四角いくぼみから平面上にややつきでていた。これは削玉用であった可能性がはなはだ高い。

その当時、南海と西方各国は中国と貿易するのに、まずは交趾《こうし》に到着して、しかるのちに北上するのをつねとした。ゆえに南朝の各王朝へはスマトラおよびジャワ島の阿羅単《あらたん》、闍婆婆《じゃばば》達《たつ》、干陀利《かんだり》などの国が常時使いを遣わして往来し、金剛石の指輪、玉盤や各種の香料および赤白のオウムなどの贈り物を贈っていた。これらの史実は史書ではよくみられることであり、当時金剛石はインド産で、南海から玻璃器と一緒に貿易商人の手でか、あるいは貢ぎ物として中国に輸入されたということがわかるのであり、文献史料と実物資料が一致するのである。

丹丸

南京象山王氏家族三号墓［王丹虎《おうたんこ》墓］から二百粒あまりが発見され、一部はすでに粉末状になっていた。出土の位置は棺内の死者の頭部におかれた円形の漆盒《こう》の中で、顆粒丸状になった丹薬は、円形の朱紅色で、直径〇・四〜〇・六センチ前後、大きいものは〇・四六八グラム、小さいもので〇・二七五グラム、平均は〇・三七二グラムであり、大きさはふぞろいであった。

容器の漆盒はすでに腐蝕していたが、その残跡から直径約一〇センチであったことがわかった。粉末状の丹薬も漆盒のなかにあり、朱紅色、ピンク色、白色の三種類があった。

一九六五年に南京薬学院でこれら丹薬の三粒［各々重さは〇・三九三、〇・三一五、〇・二七五グラム］を化学分析した結果は以下のとおりである。定性分析では、硫化水銀で、二価水銀の特性反応があった。定量分析では、硫黄が一三％、水銀が六〇・九％を占めたが、残り二六・一％の成分についてはなお、今後の分析が必要である。化学分析の報告の結果、それらは当時の貴族階級が服食した「丹砂《たんさ》、硃砂《しゅさ》」の類の薬であった可能性がはなはだ高い。王丹虎墓出土の紅色の丹薬は、中国の古代練丹化学史上最初に発見された実物であり、中国の化学史、医薬史を研究するにあたり、みな重要な意義がある。

魏晋南北朝時代、服食《ふくしょく》の風俗が盛行した。「服食」とはつまり「服石《ふくせき》」で、これは一種の長生不死の丹薬を食べることであった。『神農本草経《しんのうほんぞうきょう》』（梁の陶弘景の著、古代薬物学の集成）、葛洪《かっこう》の『抱朴子《ほうぼくし》』はみな、丹砂服食の記録であり、これと後漢《ごかん》末年の金丹術および道教の盛行とは密接な関係にある。当時貴族階級で道教に依存し、道を修めて仙人になる風潮があらわれ、金丹家は鉱物から仙薬《せんやく》を煉製し、金丹を服食することで、腐蝕しない黄金の性質と丹に昇華する水銀の作用を人体中に転移させることをくわだて、そうすれば長生不老できるとかんがえた。これにより当時上流階級で服食しないものはなく、王氏家族内でもおおくの人が道教と丹薬を服食することを信奉していた。たとえば、王羲之《おうぎし》、王献之《おうけんし》などである。王丹虎は王彬《おうひん》の長女で、王氏家族の一員でもあり、彼女が生きていた時代はちょうど魏晋南北朝で服食が盛行していた時であった。墓中で丹薬《たんやく》が発見されたということは、彼女が服食をおおいに愛好し、かつまた道教の信奉者の一人であったことを証明している。

魏晋時代、服食者はたいていは中毒して死にいたり、信奉者は成仙せず、また長寿ともならなかったために、魏晋以後この風潮はしだいに衰退していった。しかしたとえば葛洪《かっこう》、陶弘景《とうこうけい》などの金丹家《きんたんか》は、煉丹《れんたん》の実践経験から古代の化学と医学にたいして重要な貢献をすることとなり、かれらが長期にわたって実践したことにより、おもわぬ収穫を得ることができ、おおくの有用な化学知識が蓄積され、応用範囲を拡大し、化学の発展にたいして一定の結果をもたらした。

たとえば紅色の硫化水銀［丹砂］は、分解すると水銀となり、ふたたび硫黄をくわえてまた黒色の硫化水銀を生成し、ふたたび紅色に変わることとや、煉丹の過程で、鉄を銅と置換することを発見した。これはたぶん藍銅礦《らんどうこう》または、孔雀石《くじゃくせき》［葛洪《かっこう》は「曾青《そうせい》」とよんだ］からできたものであろう。また、雌黄《しおう》や雄黄《ゆうおう》の二つの硫化物は加熱すれば、昇華し赤乳《せきにゅう》［昇華後の結晶体］となること、また、鉛を酸化鉛に変成し、加熱したのち、四酸化三鉛をつくり、また分解して鉛をとりだす、などといったことである。

王丹虎墓の丹薬の主要成分である硫化水銀は、古代の金丹術では主要な薬物で、葛洪が煉成した丹薬の記載と基本的におなじである。これらの丹薬の薬をどのようにして成型したかということは、当時の医薬水準に関係してくる。それらの製作方法のうち煉合剤の方法では、薬を成形するということは非常にむずかしいことであり、さらに研究するにあたいする。ニーダムは中国の金丹術について非常に高く評価し、「西方の現代化学の開祖がその基礎を固めるのにあたって、これらの影響を受けており、この発展過程は一脈通じるところがある」という。金丹術は戦国時代の神仙術からはじまり、秦漢《しんかん》を経て、魏晋南北朝から唐宋時代まで絶えまなく発展し向上しつづけた。それらの実験操作技術と各種の無機薬物の運用は、おおくは化学原理に合致していた。また金丹術が煉成過程でもちいた類推方法や素朴な唯物主義思想の視点、また金丹家《きんたんか》が同時におさめた医薬の成果「たとえば本草学《ほんぞうがく》、医薬科学方面の知識」は、みな今日参考とし、総括する値うちがある。それは中国の古代金丹家達による貢献であり、かれらが化学や医学の発展のために道を開いたといわなければならない。

王丹虎墓の丹薬の残りの二六％の成分については、なお分析が必要であり、たとえば硫化水銀の正常比率からすると、このなかの硫黄分は四・六％おおく、それが遊離した硫黄なのか、ほかの硫化物なのか、そのなかの丹砂は自然物か、あるいは人工的につくられたものなのかという問題があり、はっきりわからない。丹砂中、水銀に有毒性があるが、しかし硫化水銀の毒性は非常にすくない。そのために、このような丹薬を服食して死にいたった原因についてはさらに探究が必要となる。

銅銭

一

六朝《りくちょう》時代、呉《ご》の孫権《そんけん》は各種の大銭、たとえば大泉五百《たいせんごひゃく》、大泉当《たいせんとう》千《せん》などを鋳造し、呉興《ごこう》の沈充《しんじゅう》（周氏とならぶ江南の豪族沈氏の出、王敦の乱に加担）もまた小銭を鋳造し、これを「沈郎銭《しんろうせん》」とよんだ。しかし呉の大銭はほとんど改鋳され銅器となり、沈充もしばらくして殺されたために、この種の銭がつくられるには限りがあった。東晋の南渡（三一七年）以後、江南《こうなん》では貨幣がつくられることはなく、東晋末年安帝《あんてい》のとき、桓玄《かんげん》が貨幣を廃止して、穀・帛を使用することを主張した。このようなことからわかるように、当時は銭不足で、銭は市場で流通の中心的手段ではなかった。王玄謨《おうげんぼ》は一匹の布を八百個の梨に替え、漢川《かんせん》長江中流一帯は絹を貨幣としていた。これらは当時政府の財源が欠乏し、銭を鋳造する力が

114　大泉当千（左）、大泉五百（原寸大、朱然墓）

なく、ただ物々交換するだけであった、ということをしめしている。そのため梁のときでさえ、沈約《しんやく》は貨幣の使用を停止することを主張した。

　このような実物交換の主張は、あきらかに時代に逆行するかんがえ方ではある。しかし、貨幣使用は、商品交換の結果であり、また生産力の影響の結果でもある。経済が発展したのちは、生産価値が増加し、商品交換の増加を促し、必然的に貨幣の需要もまた増加し、その結果銭幣を廃棄し穀帛だけをもちいることは不可能となるから、政府は貨幣を鋳造せざるを得なくなる。

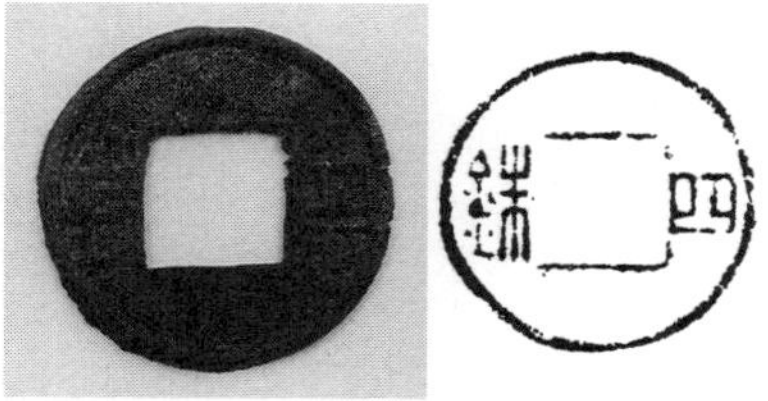

115　四銖銭（拓本原寸大、南京南朝墓）

　劉宋《りゅうそう》の「元嘉《げんか》の治《ち》」（四二四―四五三。文帝の治により天下は安寧であったことに対して称していう）時代、江南の経済は一時的に繁栄した情況となり、元嘉七年（四三〇）、皇帝は銭署を設立することを命令し、はじめて四銖銭《ししゅせん》を鋳造した。その形は五銖銭《ごしゅせん》とおなじであった。原価がかなり高かったため、つくったのは少量であり、そこで民間では盗鋳やあるいは古銭を削って銅をとり、銭につくりかえる現象も発生した。元嘉二四年（四四七）になると、古銭の流通を許可し、大銭［古銭《こせん》］の価値を高くして、大銭一枚を四銖二枚にあてる方策をおこなった。それでも依然としておおくの弊害があり、銭幣がなお欠乏していた。孝建《こうけん》元年（四五四）にも、四銖銭を鋳造し、「孝建四銖《こうけんししゅ》」とよんだが、形はいっそう薄くてちいさく、民間の贋金づくりがもっともはげしく、はなはだしいものでは鉛や錫を混ぜたものもあり、物価はいたずらに上昇して民衆のうらみを買う結果となった。永光二年（四六五）までのあいだに、銭幣はますます劣化し、ふたたび二銖銭《にしゅせん》を鋳造し、貨幣制度はさらに混乱した。

同時に民間で銭の私鋳を許可したため、いよいよ収拾がつかなくなった。当時の贋金づくりの銭は輪郭がなく、削られた銭とおなじく「夾子《きょうし》」とよばれ、一千銭をまとめても厚さは三寸に満たないものは「鵝眼銭《ががんせん》」とよばれ、さらに劣悪な銭は「綖環銭《せんかんせん》」とよばれた。それらは水にいれて沈まず、手にとれば砕けるものであった。そのため商人はそれを使用しようとしなかった。泰始《たいし》二年（四六六）、政府はおもいきって使用を禁じ、もっぱら古銭を使用させた。

このように二回にわたって鋳造された新貨幣は普及せず、斉武帝永明《せいぶていえいめい》二年（四九〇）にも、蜀で銭を鋳造させたが、費用がかさんで中止になった。貨幣の不足から貨幣価値はあがり、布の価格は逆に低落し、元嘉《げんか》二七年から永明年間（四五〇～四九三）までは四、五十年にすぎないのに、布の価格はついに五、六分の一に下落した。元嘉時代、布は東晋《とうしん》末の一匹一千文《もん》から一匹五六百文におち、永明年間では布一匹はたったの一百文の価格しかなかった。布の価格の下落は、一面では布の生産量の増加によるが、しかしこ

116　綖環銭（原寸大、朱然墓）

れは銭の価値があがったことにより、布の価格がさがったのである。

梁武帝《りょうぶてい》のとき、ただ京師《けいし》（建康）および三呉《さんご》（江南一帯）、荊《けい》、郢《えい》、江《こう》、湘《しょう》（みな湖北・湖南・江西一帯）、梁《りょう》、益《えき》（ともに四川）のみ銭をもちい、それ以外の州郡は穀帛を併用して、交易し、交広《こうこう》の地域では金銀を貨幣としたということで、ふたたび銭を鋳造して需要に応じた。鋳造した銭は「五銖」と「女銭《じょせん》」の二種類で、後者は「五銖女銭」［前者にくらべちいさく内郭がない］ともよばれた。これらの銭は重量がおなじではなく、古銭が民間で依然としてもちいられており、貨幣制度はまったくの混乱状態となり、普通四年（五二三）になると、銅銭をすべて撤廃し、鉄銭を鋳造せざるをえなくなった。その結果、鉄銭が山のように堆積し、民は使用せず、物価も高騰し、交易するものは貫をもって計算単位とし［千銭が一貫］、侯景の乱後は鉄銭は使われなくなった。梁末敬帝《けいてい》の紹泰《しょうたい》二年（五五六）、また二柱銭《にちゅうせん》と四柱銭《しちゅうせん》をつくり、一枚を二〇銭とし、のちにまた改めて一枚を一〇銭とした。

陳《ちん》のはじめ、梁末の二柱銭と鵝眼銭がもちいられていたが、文帝の天嘉《てんか》五年（五六四）、また五銖銭をつくり、一枚を鵝眼銭一〇枚にあてた。宣帝《せんてい》の太建《たいけん》一一年（五七九）、大貨六銖《たいかろくしゅ》をつくり、一枚を五銖一〇枚にあて、また改めて六銖一枚を五銖一枚にあて、のちにまた六銖を廃止して五銖ばかりを使用した。

二

以上のように、当時貨幣の発行と使用はまったく混乱しており、政策が一定していなかった。南朝の経済は中国の伝統的封建経済の一部分で、ひとえに農業を基本とする小農経済であり、事実上一種の自給自足の自然経済であった。そのため銭の需要のある地域は、経済が比較的発達した長江流域の地区だけであり、商品経済の活動範囲には限界があった。

さらに南朝時代、穀帛と貨幣の併用は、ひろくおこなわれ、これにくわえて銭の質量もまたことなっていた。これは当時の自然経済が支配的な位置をしめたことによる必然的な現象である。だから交換の媒体は長期にわたって穀帛を使用し、貨幣の混乱は根本的には経済の発展に影響をおよぼさなかった。貨幣制度が混乱すれば、穀帛の使用範囲がさらに拡大するだけであった。このような状態であったが、銭幣の鋳造が社会の需要にたちおくれたために、鋳造貨幣数が不足し、贋金づくりがさかんとなったのは、江南社会経済の一つの重要な問題である。

また、南朝墓は南京地区で発見されることが非常におおく、帝王貴族大地主の墓がおおい。しかし、墓から銭が出土することは稀で、これはおそらく墓の破壊と、貨幣が腐蝕し残らないのが原因であろう。しかし出土情況からいくつかの統計をおこなってみると、ほぼ副葬された銅銭の九〇％が五銖銭《ごしゅせん》〔8〕あるいは剪輪《せんりん》五銖銭で、ひとつとして二銖、四銖、六銖あるいは両《りょう》柱《ちゅう》、四柱銭《しちゅうせん》が出土した墓はなく、少数の墓には半両《はんりょう》、貨泉《かせん》、大泉五十《たいせんごじゅう》、大泉五百《たいせんごひゃく》、大泉当《たいせんとう》千《せん》など早期の銭が副葬されていたことがわかる。

それとともに、かなり普遍的な現象として、南朝墓はいずれも磚室《せんしつ》で、磚上にひとしく紋飾があるが、その紋飾に五銖銭文あるいは銭文《せんもん》が押してあることがすくなくない。この現象は、当時銭の欠乏がひどく、銭文磚を財力の象徴として墓中に置かなければならなかったということをしめしているのではないかとおもわれる。したがって現存する個々の遺跡と窖蔵（あなぐら）の中から出土した六朝の銭はいよいよ貴重である。

一九三六年、南京光華門外中和橋南草場圩《う》で、梁の五銖銭の鋳型が発見された。それは紅色の陶土《とうど》をもちいてつくられていて、表面に五銖があり、裏には四出紋《ししゅつもん》（中央の穴から四方へ線がのびている形）がある。また、表には大富五銖《たいふうごしゅ》、大吉《たいきつ》五銖と大通《たいつう》五銖の文字があるものもあった。これらの銭は朱偰《しゅせつ》の推測によれば、「つくられたが記録が失われたのか、あるいはついに鋳造されなかったのか、よくわからない」［朱偰『金陵古迹図考』］ということである。

117　五銖銭（原寸大、南京南朝墓）

118　剪輪五銖銭（原寸大、朱然墓）

史書とくわしく照合してみると、梁のときにはただ五銖と五銖女銭《じょせん》が鋳造されただけで、上述の三つの銭はみられず、民間の私鋳銭でもまたこの三者はみられない。あるいはあたらしくつくったものなのであろうか。筆者は記録が失われたのかあるいは鋳造されなかったのかはともかく、これはすくなくとも当時は確実に銭幣が欠乏していたために、新しい貨幣を鋳造するつもりであったことをしめしているとかんがえたい。この実物資料は文献史料の不足をおぎなうことができる。

一九七三年江蘇《こうそ》省丹徒《たんと》で、東晋～劉宋の窖蔵から銅銭約二八〇余斤（約一四〇キロ）が発見され、そのうち五銖銭が九〇％以上を占め、かつまたおおくの剪輪五銖《せんりんごしゅ》（訳注五銖銭参照）があった。これは墓の銭副葬の状況と一致していることをしめしている。

一九八二年安徽省馬鞍山市の三国呉の将軍朱然《しゅぜん》の墓からは、銅銭六千枚が出土し、そのうち五銖は九七％に達していた。ここからは、六朝時代貨幣を鋳造したが、しかし大量に使用したのは古銭が中心であったということがかんがえられる。これは私鋳と贋金の情況がきわめて深刻であったことをしめしており、考古の実物によって文献史料がしめす情況が事実であったことが証明された。

以上のように、南朝の貨幣はさまざまなものが流通し、その発行量はすくないが、それは当時の経済が衰退して商業も不況であったということにはならない。南朝時代、一部の上層の統治者をのぞけば、広大な農村の民衆は、貨幣を蓄えることはむずかしかった。南朝時代の各種の鋳造貨幣は流通の手段ではあったが、逆に貨幣の流通を制限することにもなった。このような貨幣の混乱現象は、政治の動揺を反映している。

しかし封建社会における自然経済の発展ということからいえば、南朝のように大土地所有制が盛行するなかで、それぞれの農場が外の世界と交通するときにも、内部には独立的な自給自足の自然経済が残っていた。交換はなお副次的なことで、常に穀帛を交換の手段と媒介とするものが主であり、貨幣はその本来の作用を完全に果たすことはなかった。交州広州のような貿易の発達した地域では、だいたい金銀を貨幣にしており、これは南朝の歴史の一つの特徴をあらわしているが、それは資本主義時代に貨幣が作用する情況とはまったくちがう。

水晶、琥珀、珍珠、象牙、松緑石、黒墨など

これらは、大、中型の墓からおおく出土しており、王侯貴族が愛用したぜいたく品である。水晶、琥珀などは、辟邪《へきじゃ》、伏虎、それに兎などの小動物や、各種の形状の珠類を彫刻している。象牙製品はすくないが、象牙の柄などがある。珍珠などはおおくは地下にあってすでに腐爛してしまい、完整品は非常にすくない。

よく瓷硯あるいは陶硯の上に、墨の使用痕やその残塊が発見される。南京老虎山《ろうこざん》顔氏《がんし》墓出土の墨は鑑定によると、現代の墨と非常によくにていた。それらは団子状で、加熱すると燃焼した。別のひとかけらは、鑑定したところ、石墨《せきぼく》であった。この二種類の材質の墨が現代とおなじように使用されていたのである。文献から、石墨が漢代以前にすでに使用されていたことは

119　水晶珠（南京東晋墓）

120　琥珀佩飾（南京東晋墓）

わかっていたが、近現代の墨とにているものは、これまで発見されたことがなかった。このように六朝墓中から発見された比較的進歩した墨は重要な実物資料であり、これと漢代に発明された紙が、六朝になると広く使用されていたこととは直接的に関係するといえるだろう。

銅器、鉄器、玉石器

銅器は東晋時代の出土が比較的おおく、長期に地下に埋もれていたことと、また土地が湿潤であったために、大部分が腐蝕している。残存した器物をみてみると、鐎斗《しょうと》（足つき片手なべ）、熨斗《うっと》（ひのし）、耳杯、炉、盆、勺、鏡、刀、燭盤《しょくばん》、唾壷、弩機《どき》（いしゅみ）、印章などがある。おおくが実用的な器物である。これらの銅器は銅鏡以外は、紋飾がなく、判別できるのはわず

121　上から銅鐎斗、銅熨斗、銅弩機
（富貴山六朝墓）

かに弦紋だけである。器形は陶・瓷質とおなじものがおおいが、鏡、刀、弩機、印章などは銅器特有のもので、形は漢代の器物とおなじものがおおい。たとえば南京石門坎から発見された魏「正始《せいし》二年」（二四二）の銅弩機は、おそらく北方より伝来したもので、漢代の弩機と形がおなじである。鎮江郊外の窖蔵（あなぐら）から出土した、朱書で「梁太清《たいせい》二年三月」（五四八）と紀年された銅熨斗、鐎斗、鐺《とう》（浅底のなべ）、杯、盤、唾壷などは、六朝銅器の研究において、編年の基準となっている［「江蘇梁太清二年窖蔵銅器」『考古』一九八五年第六期］。

六朝銅鏡の形と紋飾は、基本的には漢代を踏襲し、おおむね神獣鏡、変型四葉紋《しようもん》鏡、夔鳳《きほう》鏡、瑞獣《ずいじゅう》鏡の四種類にわけられる。そのうち、もっともおおいのが神獣鏡であるが、呉鏡《ごきょう》がおもで、長江流域で流行したものである。銅鏡の銘文から、当時の会稽郡《かいけいぐん》の山陰県が重要な銅鏡製作地であったことがわかる。このほか、湖北鄂城《がくじょう》と江蘇徐州《じょしゅう》も銅鏡製作地区の一つであった。日本で発見された三角縁神獣鏡は、中国の呉鏡が輸出されたものとも、あるいは中国の呉の銅鏡製作工匠が日本でつくったものとも、また銅鏡製作の原料を中国から日本に運んで呉の工匠が日本でつくったものともかんがえられている［孔祥星・劉一曼『中国古代銅鏡』文物出版社一九八四年］。

このほか、銅鏡の中には仏像がふくまれているものがすくなくなく、当時の仏教が伝播した影響をものがたっている。とくに南京西善橋出土の一件は［李蔚然『考古通訊』一九五八年第四期］、その図紋のなかに「蟹」があらわれ、夏鼐《かだい》氏と王仲殊《おうちゅうしゅ》氏の考証によると、これはおそらく黄道十二宮（バビロニアやギリシアでの黄道の図で、その中には蟹の図もある）の図形の一つである、という［王仲殊『考古』一九八五年第七期］。この図形がなぜここに出現し、江南の銅鏡［杭州、武昌、長沙にすべてある］の紋飾の一つとなったのか、それが三国時代に「蟹」あるいは「巨蟹」とよばれたものなのかどうかということは、非常に興味深い問題であるが、いまだ解決されておらず、今後も考証するにあたいする問題である。

鉄器は地下では銅器よりもさらに簡単に腐蝕し、剪（はさみ）、鏡、刀、盒、鐎斗、斧、歯車、釘などがようやく判別できるが、これもまた日常生活用具であろう。史書のしるすところによれば、南京付近の秣陵《まつりょう》と堂邑《どうゆう》［現在の江寧《こうねい》県と六合《ろくごう》県］にはいずれも鉄鉱があり、鉄器はこの一帯で採掘され冶鋳されたのちに使用された可能性がたいへん高い。とくに鉄鏡の製作については、かんがえてみると鏡面はものを映すには光沢が不可欠で、それならばかならず合金をくわえ、あるいはつやを出したり磨いたりしなければならず、この種の技法はそれなりに技術がすすんではじめて実用が可能になる。また南京老虎山東晋墓出土の弾力性のある糸切りばさみは、この時期の鉄製品鍛造技術の進歩を明確にしめすものである。

玉石器のうち石器には滑石（タルク）、沙石（サンドストーン）、石灰石の三種類がふくまれ、器形は俑、牛、馬、豚、弩機《どき》および印章と各種の装飾品がある。石俑《よう》の造型はほとんど陶俑とおなじで、形体がややおおきいだけである。滑石は材質がやわらかいので、各種の形象を彫ることができ、それでよくいろんな小動物が加工されて明器《めいき》として副葬されている。玉器は印章、珮《はい》（衣飾り）、珌《ひつ》（剣飾り）、帯鈎《たいこう》（バックル）と小動物［豚など］などがあり、瑪瑙も玉器同様に彫刻して装飾品としている。

漆器はもともと六朝墓にはおおくはないが、漢代の漆器とにかよっている。一九八四年六月、安徽馬鞍山市で発見された三国呉の朱然《しゅぜん》墓の漆器は、重要な実物資料を提供してくれた。安徽省文物考古研究所の報告によれば、墓の前室後室にそれぞれ漆棺ひと組が置かれており、後室の棺はややおおきく、おそらくこれが朱然の棺で、前室の棺内の死者がその妻ではないか、ということであった。副葬品は合計一四〇点余りで、漆器、瓷器、陶器などほとんどすべてが実

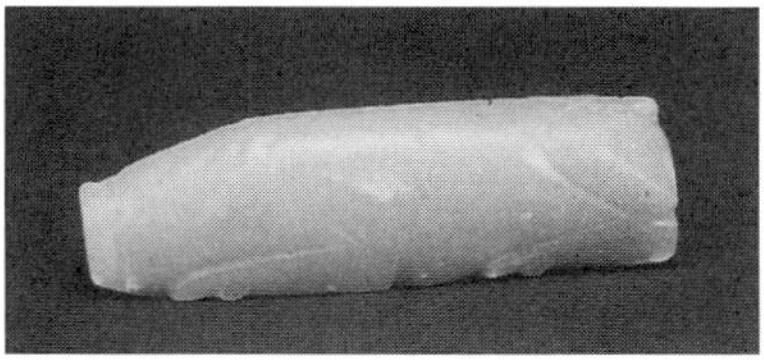

122　玉豚（南京東晋墓）

123　玉珮（南京東晋墓）

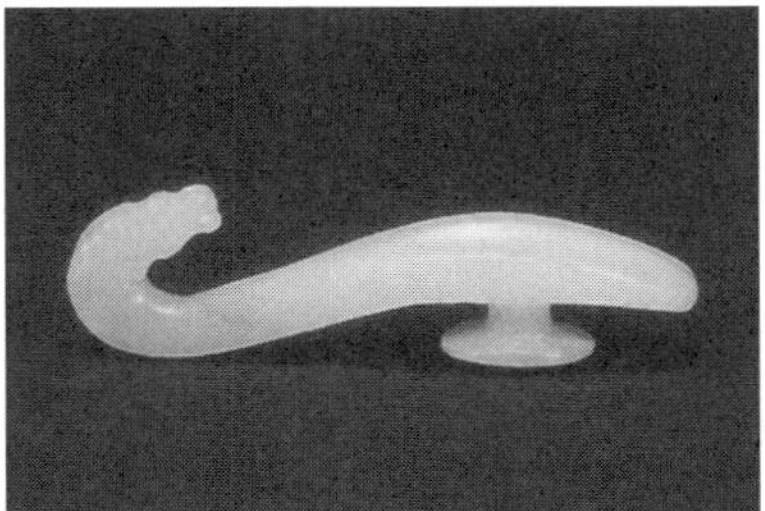

124　玉帯鈎（南京東晋墓）

用品であった。

漆器の数がもっともおおく、あわせて約八〇件あり、案《あん》、盤《ばん》（おおざら）、羽觴《うしょう》（すずめが羽を広げた形のさかずき）、槅《かく》、壷、奩《れん》（こばこ）、樽、盒《こう》（ふたつきの容器）、匕《ひ》（さじ）、勺、憑机《ひょうき》、硯、屣《し》、扇、梳《そ》（くし）、刺《し》（めいし）、謁《えつ》（めいし）、虎子《こし》があり、胎（木型）には木製、竹ひご製、皮製のものがあった。たいてい木製の型のうえに一重の麻布をはり、紅銅をもちいて象嵌《ぞうがん》し、漆器の外は黒漆が塗られていた。

装飾の方法は、漆で描いたり、象嵌や彫刻、犀皮漆（犀の皮に漆を塗ったもの）があり、な

125　漆槅（朱然墓）

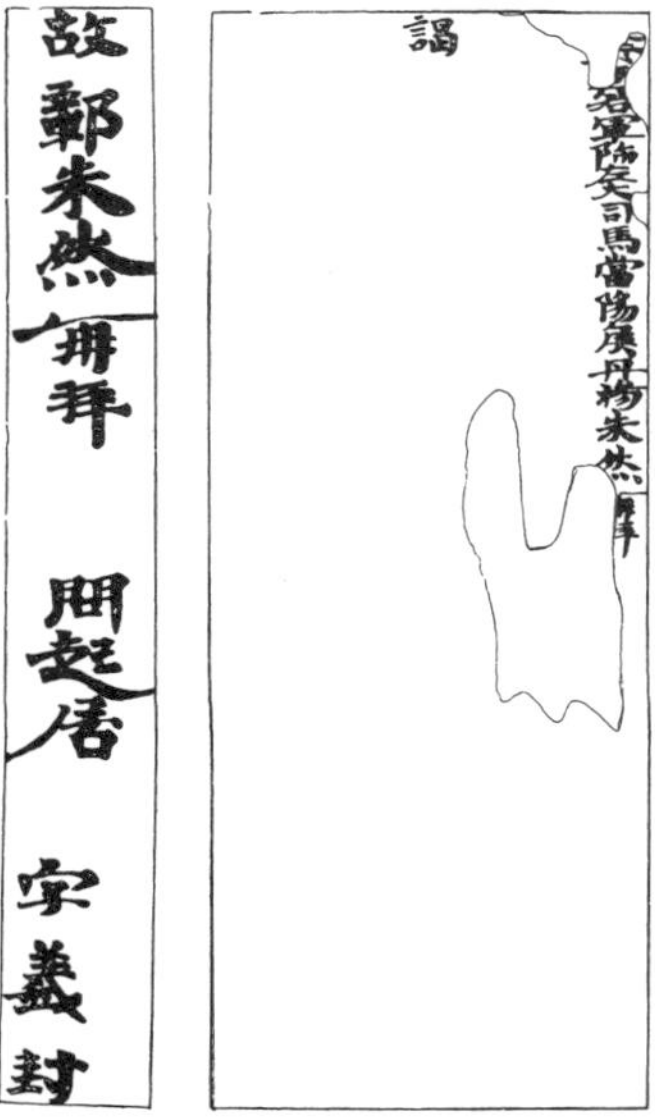

126　木刺と木謁

かには彫刻と彩絵がむすびついた方法もある。表面には帝王、孝子、楽工などの人物像が彩絵され、人物のかたわらには名字あるいは動作の名称が書かれていた。たとえば「長沙侯《ちょうさこう》」「鼓吹《こすい》（鼓笛隊）也《なり》」「腹旋《ふくせん》（竿の上の軽業）」「跟挂《こんけい》（綱渡り）」などである。補助的な図案には雲気紋と動物・植物花紋をもちい、筆致は流暢で、模様の配置もさまになっている。漆器の裏面には、隷書にちかい文字の銘で、「蜀郡作牢」としるしてあり、四川より来たことをしめしている。

127　犀皮黄口羽觴（朱然墓）

128　漆盤（朱然墓）

出土した木謁と刺のうえには墨書で「……右軍師左大司馬当陽侯丹楊朱然再拝」、「故鄣《こしょう》朱然再拝問起居《ききょ》字《あざな》義封《ぎふう》」、「丹楊朱然再拝問起居故鄣字義封」などの文字がある。これは当時流行した書き方で、南昌《なんしょう》の孫呉《そんご》高栄《こうえい》墓から出土した木簡《もっかん》とにている。『三国志《さんごくし》』呉書《ごしょ》によれば、朱然は丹陽郡故彰県［故彰は呉では呉興《ごこう》郡に属する。いまの浙江安吉《あんきつ》県西北］のひとで、官は右軍師《うぐんし》・左大司馬《さだいしば》にのぼっており、「謁《えつ》」と「刺《し》」の内容と一致している。

朱然は赤烏《せきう》十二年（二四九）に死亡し、孫権《そんけん》は白い喪服を着けて、哀悼の意をしめした。墓の紀年は明確で、出土副葬品も豊富であり、なかでも彩絵漆器が大量に出土したことは、たいへん重要な発見である。たとえば漆塗りの憑机はいままで発見された同類の器物のなかで唯一の実用器である。犀皮の黄口羽觴《うしょう》は犀皮漆の工芸の出現年代を数百年もはやめた。多層にくみあわされた漆砂硯、器形がかなりおおきめで象嵌と彫刻で飾られた方盒蓋《ほうこうがい》、五五人の人物が宮闍で宴会をしている図が描かれている漆案《あん》、人物故事がかかれている漆盤《ばん》などは、漢から六朝時代にいたる漆器工芸史の空白を埋め、中国の美術史に新たな資料を提供するもので、さらに専門的な調査と研究をすすめる価値がある［安徽省文物考古研究所等『文物』一九八六年第三期］。

第九章　仏教建築遺跡

南京棲霞山千仏岩石窟寺

唐人の詩には「南朝四百八十寺、多少の楼台、烟雨《えんう》の中」（杜牧、江南春）という。しかし清《しん》の孫文訓《そんぶんくん》、陳作霖《ちんさくりん》の『南朝仏寺志《なんちょうぶつじし》』「『金陵瑣志《きんりょうさし》』の二」の統計ではわずかに二二六寺しかなく、いまなお存してその名があるのはさらに少数で、しかもいずれも後世の建立である。紹介すべきものはただ棲霞山棲霞寺《せいかざんせいかじ》の裏の千仏岩石窟寺《せんぶつがんせっくつじ》のみであり、そこにはなお六朝遺跡をとどめている。

棲霞山は南京市の東北二二キロほどのところにあり、高さ三一三メートル、繖山《さんざん》ともいい、昔は薬草がおおく、生命をやしなう（摂生）ことができたので、摂山《せつざん》ともいった。六朝時代の南斉永明《なんせいえいめい》七年（四八九）、南斉の処士明僧紹《しょしめいそうしょう》が宅を捨てて寺としたのが、棲霞寺のはじまりである。江総《こうそう》『棲霞寺碑《せいかじひ》』によると、この年、僧紹の第二子仲璋《ちゅうしょう》が臨沂令《りんぎれい》となり、西峰石壁に鑿して無量寿仏《むりょうじゅぶつ》を造った。坐身の高さ三丈二尺五寸、座をあわせれば四丈。二菩薩侍座し、高さ三丈三寸。大同《だいどう》二年（五三六）、龕頂《がんちょう》が光を放った。斉《せい》の文恵太子《ぶんけいたいし》、豫章文献王《よしょうぶんけんおう》、竟陵《きょうりょう》文宣王《ぶんせんおう》、始安王遥光《しあんおうようこう》および宋江夏王霍姫《そうこうかおうかくき》、斉の豫州刺史田奐《よしゅうししでんかん》らが石像を建造した。梁臨川靖《りょうりんせんせい》恵王《けいおう》も装飾をくわえたという。いっぽうで、南斉永明二年、棲霞寺ですでに石窟の開鑿がおこなわれたと考えるものもいる。これが棲霞寺石窟を開鑿した事のしだいであり、また現在残っている大部分の斉梁の石窟仏像の由来でもあり、われわれが通称する「千仏岩」にほかならない。仲璋が造った大仏はいまなお「三聖殿《さんせいでん》」内に存在する。

隋《ずい》の文帝仁寿《ぶんていじんじゅ》元年（六〇一）、詔《みことのり》が出て、舎利を各州に送り、それぞれ石塔をたてることになったので、棲霞寺の後方にも白石で舎利塔を建てた。塔は五層で、前には導引仏二を設け、おのおの高さ丈あまり、白石でつくり、姿かたちや衣装は、顧愷之《こがいし》の筆法があったといわれる。現在は、この二立仏は「三聖殿」の前に移されている。

民国《みんこく》一三年（一九二四）、棲霞寺の僧若舜《じゃくしゅん》がセメントで石窟を修理したため、石窟の造像はまったくもとの面影を失ってしまった。ただこの二立仏だけは手つかずのままであったので、なおもとからの風貌を残し、慈悲と柔和にみち、充実した感じがあり、南朝の美しく典雅な作風をあらわしていて、北魏の造像とはあきらかにことなっている。

南斉が石龕《せきがん》を開き像を造ってのち、斉梁《せいりょう》代が最盛期で、その後も隋唐《ずいとう》から宋明《そうみん》時代にまで開鑿はつづき、題刻は清《しん》代のものまである。現存の題刻の初期に属するものとしては、南唐《なんとう》の徐鉉《じょげん》、徐楷《じょかい》等のものがある。『摂山仏教石刻小記《せつざんぶっきょうせっこくしょうき》』の統計では、仏龕は二九四個、造像は五一五体ある。ただこれら石刻造像はジュラ紀の砂岩に彫られているため、風化しやすい岩石がかなりおおくふくまれていて、顔面や手指など細部に風化がすすんではっきりしない部分がすくなくない。さらにセメントで補修して原型を失ってしまったので、開鑿時代を正確に判断することがなかなか困難である。

129　棲霞山棲霞寺千仏岩の石窟寺

しかし、全体的な配置、装飾、仏座や光背、仏像の服飾形式などからみると、おおまかにいってそれらの風格は同時期の雲崗、龍門など北方の石窟とくらべて、明確にちがっている。ここの大部分の石窟は一体の主仏と二弟子「迦葉《かよう》、阿難《あなん》」か二菩薩で、仏座の下に「獅子聴道」などの図像があり、窟門の両側に二体の天王か金剛力士の彫像がある。その彫刻の作風がまるみを帯びて造りが入念で、美しく典雅なものであることは、南朝陵墓前の石刻と同様であり、この時期の江南仏教芸術の代表的作品である。

棲霞寺は、南斉で建立されてのち、梁代までが最盛期で、三論宗《さんろんしゅう》（隋唐時代に盛行した仏教の宗派）の大寺であった。隋代にさらに舎利塔を寺のうしろに建て、香火が絶えなかった。唐初、高祖《こうそ》が棲霞寺を功徳寺《こうとくじ》と改め、寺舎を増築し、済南《せいなん》（山東）の霊岩寺《れいがんじ》、荊州《けいしゅう》（湖北）の玉泉寺《ぎょくせんじ》、天台《てんだい》（浙江）の国清寺《こくせいじ》とともに、四大叢林《そうりん》と称された。高宗は明徴君碑《めいちょうくんひ》を建て、名を棲霞寺にもどした。会昌《かいしょう》の廃仏《はいぶつ》（唐の武宗会昌年間の八四二年からはじまる仏教弾圧、四年にわたった）で一時廃寺とされたが、南唐《なんとう》になってふたたび隆盛となり、石塔を修復した。宋太宗太平興国《そうたいそうたいへいこうこく》五年（九八〇）、普雲寺《ふうんじ》と改められ、真宗景徳《しんそうけいとく》四年（一〇〇七）、また棲霞寺と改まり、以後、明まで変らなかった。清乾隆《けんりゅう》帝は「南巡」でこの地に駐まったことがあり、大々的に修繕をおこない、一時の隆盛をきわめた。

かように、歴代改名と修築がしばしばなされた。咸豊《かんぽう》年間、太平天国《たいへいてんごく》の革命運動で、戦火をこうむり、光緒《こうしょ》三四年（一九〇八）、さらに重建して、旧観を回復したが、初期の建築はもはや存在しない。新中国後、「文化大革命」の十年におよぶ大破壊で、この寺はまたしても破壊され、いま修理を経ておおむね昔の姿にもどったが、寺院建築は完全には復旧せず、舎利塔と石窟寺は破壊を受けていて、それらすべては補修のてだてがない。

一九八〇年、鑑真《がんじん》の塑像《そぞう》が里帰りし、棲霞山寺内に鑑真記念堂を建立して、かれが第六回目の渡航の前に棲霞寺にとどまっていたことの記念とした。この地域は重要文物の保護区域に属し、政府はいまこれを修繕して文物古跡と名勝の遊覧地とする計画をたてている。

徐州雲龍山石刻

徐州雲龍山興化寺《じょしゅううんりゅうざんこうかじ》内の石仏は、高さ一〇・七メートルの半身像である。後人がこの像の創立のあと、両側にひとならびの浮彫りの仏像を造り、それらが雲龍山石刻の全体を構成している。その造像年代に関しては、『旧五代史《きゅうごだいし》』（宋の薛居正らの著、正史の一、五代の歴史記録）朱友裕《しゅゆうゆう》伝に、唐昭宗景福《とうしょうそうけいふく》元年（八九二）以前にすでにこの像が存在していたことをしるしている。宋の『蘇頴濱集《そえいひんしゅう》』の魏《ぎ》「仏狸歌《ぶつりか》」の考証では、雲龍山石仏は北魏拓跋燾《ほくぎたくばつとうしょうへい》正平元年［宋《そう》元嘉《げんか》二八年、四五一］に立てられたにちがいないという。造像の傍らにはそれ以外の造像の題字がある。

一、北魏太和《たいわ》十年［斉永明《えいめい》四年、四八六］七月造像
二、唐開元《かいげん》二十二年（七三四）五月造像
三、唐乾元《けんげん》三年（七六〇）四月造像
四、唐元和《げんわ》十三年（八二〇）造像
五、宋政和《せいわ》七年（一一一七）造像

このように、ここでは北魏から宋まで、造像は絶え間なくつづけられ、現在、統計すると、比較的完全で、弁別できるものとしてなお七二ヵ所に、二五〇余体の像が残っている。そのうちでは唐代のものがもっともおおい。もともとここには明洪武《みんこうぶ》三一年（一三九八）に建てられた大殿があった。宣徳《せんとく》時代（一四二六～三五）に火災があり、両側の造像にも被害がおよんだが、石仏だけは難を逃れた。正統《せいとう》年間（一四三六～四九）に再建され、日中戦争時代にまた戦火で破壊された。現在の木造の仏殿は新中国での再度の修復を経ており、すでに旧観をとりもどしている。なお一九九三年、唐宋《とうそう》仏教石窟造像一四四体、題記《だいき》二五が発見された。

この北魏の主仏の彫刻の作風からみると、それは北方の造像体系に属している。この地域は六朝時代には一時的に南朝の宋の領域であったこともあるが、たちまち北魏に占拠されている。しかし南北どちらに属するかに関係なく、仏教芸術のこの地に対する影響力がおおきかったことはたしかである。

石窟寺院に対する総体的評価

石窟寺の造像で江蘇地区に残されているものははなはだすくない。したがってそれは六朝考古学の主要な対象とはならない。しかし注意すべき問題もいくらかある。まず、中国に現存する石窟造像は大部分が仏教芸術の貴重な宝物であるが、仏教芸術は仏教の伝播や民衆への影響と密接な関係がある。石窟寺芸術は深奥な仏教の哲理とおなじではないが、同様に鮮明な階級的内容をもっている。これらの窟、龕《がん》、仏像はすべてそれぞれの階級利益にしたがって彫造されたもので、しかもそれらは民衆にたいしておもに思想の麻痺をすすめるというはたらきをしたのである。

つぎに石窟寺芸術の発生、発展、流伝、変化、没落については、単純に一体、あるいは一組の仏像の題材を独立させて考証することはできない。とくにそれらがどのような伝統を継承したのかについては、当然仏教の中国流入以後の変化から考察しなければならない。仏教はインドにおこったものであるが、発展したのは中国においてであり、そのおおくの理論と学派は中国社会の具体的な状況と不可分に出現したのである。したがって、石窟寺芸術は仏教とともに伝入したのであるとはいえ、仏教が中国でその立場を定立してのちは、外国とは事情がことなる。この発展と変化の時期が魏晋南北朝時代であって、それゆえこの時代を中国石窟寺芸術の民族的風格が形成された時期であるというのである。

最後に、石窟寺芸術の評価については、階級的側面以外に、芸術的方面でのそれがあり、このことは科学的研究を基礎にしてなされねばならない。南京棲霞山石窟寺にたいして、現在までのところ真の意味での調査研究はないし、各石窟についての完全で詳細な記録や実測図もまだない。したがって、真偽精粗をただしく取捨選択して、編年と時期区分を完成させ、そこからすすんで江南石窟寺の発展と変化の法則を探究することが、まだできない。そのため以上のようなおおまかな記述と分析しかできないのである。

第十章　東西文化の交流

中央アジアは東西文化交流の中心地である。ギリシアやローマはこの地に遠征し、中国からは漢代に使者が派遣されて、この土地を踏んだ。そののち、この地域にはペルシアやアラビアの国が生まれ、また中国との間に重要な交流があった。

ギリシア・ローマ

ローマとの交流は『後漢書《ごかんじょ》』西域伝《せいいきでん》の、桓帝延熹《かんていえんき》九年（一六六）の大秦王安敦《たいしんおうあんとん》の記事が最初である。安敦の送った使者は、日南《にちなん》（ヴェトナム）から中国にいたって、象牙や犀角、たいまいなど、南海の特産品を献上したのである。

当時、ローマと中国を結ぶ道は二つあった。一つは海路で、地中海南岸で上陸し、ペルシア湾に出て、インド洋を渡って南海にはいり、中国へ来る道である。かれらがもたらすのは、そのほかに夜光璧《やこうへき》、明月珠《めいげつしゅ》、珊瑚、琥珀などがあった。

もう一方が陸路で、これは小アジアを通り、漢の西域を通って中国へいたるものである。漢ではこの一帯を大秦とよんでいた。大秦の名については、日本学者藤田豊八氏の説があり、メソポタミアのティグリス河とユーフラテス河のあいだの肥沃な地帯が漢代にはDaksinaとよばれ、その土地でローマの東の領域を代表させたため、国名を大秦としたので、当時の東ローマ領有のアジア地域が大秦とよばれたという。なお、東ローマとの往来については、一九五三年、西安《せいあん》付近の隋《ずい》墓から出土した一枚の東ローマ金貨があり、文献史料にいう北周《ほくしゅう》時代の河西諸《かせいしょ》郡《ぐん》と東ローマとの交易が信頼すべきものであることがわかる。

後漢時代、大秦は海上で安息、天竺と交易し、中国とも直接交通していた。漢代の婦女の耳輪に西方産の玻璃があるのは、その証拠である。

三国の呉《ご》の時代、孫権《そんけん》の黄武《こうぶ》五年（二二六）、大秦の商人秦倫《しんりん》なるものが南海から交趾《こうし》にやってきて、やがて建康にたどり着き、七、八年間も滞在して、嘉禾《かか》三年（二三四）または六年にようやく帰国した。これは大秦人が中国に来た第二回目の記録である。

西晋武帝《せいしんぶてい》の太康《たいこう》中（二八〇～）にも、大秦は使者を送っているが、これも海上の道をとったとみられる。

このような交通のなかで、文化面での交流はその跡がはっきりしている。張騫《ちょうけん》が西域から持ち帰った葡萄はギリシア語の音訳であり、海馬葡萄鏡《かいばぶどうきょう》の図案はギリシア文化との交流の証拠品である。

また、ガンダーラの仏教芸術も、ギリシア文化東伝の余波といえる。ガンダーラはインドの大月氏クシャン王朝の土地で、魏晋南北朝時代にあたるが、ガンダーラの芸術がギリシア文化の影響を強く受けていることは、建築、彫刻、服飾などさまざまな方面でみいだすことができる。

当時は仏教が隆盛で、中国に伝来する時期であり、仏像彫刻も仏教とともに東伝した。仏教美術の世界で、「曹衣出水、呉帯当風」、つまり曹仲達の描いた衣服は、水からあがったように体にぴったり着き、呉道子の描いた帯は風にひるがえるようという曲線描写は、じつはガンダーラ美術の特徴であるし、六朝陵墓の神道柱にみられる、たてにはしるの直線のみぞが波形に柱身をとりまく方式は、じつはガンダーラ建築の柱にみられるコリント式にほかならず、ギリシアローマ建築の特色である。

ペルシアとアラビア

ペルシアは漢代には安息といい、中国とすでに接触があった。三国以後唐代までの、ササン

130　ササン朝ペルシア銀貨（上・河北省出土、下・トルファン出土）

朝ペルシアは、南朝の梁武帝中大通《ちゅうだいつう》二年（五三〇）、大同《だいどう》元年（五三五）、ペルシア国王が使者を送って建康《けんこう》をおとずれさせ、仏牙《ぶつげ》を贈ったが、これはインド洋を経て江南にいたったものであろう。

考古遺物では、一九一五年、ササン朝ペルシアの銀貨が新疆《しんきょう》で発見されていらい、陝西、青海、河北などの地でつぎつぎと発見され、新疆吐魯番《トルファン》の南北朝墓では、銀貨とともに錦の図案もみつかっている（そのほか広東省窖蔵からも出土）。これは国際貨幣の地位を独占していたペルシア銀貨が中国にも流通していたことをしめし、当時の貿易と交通の状況をあきらかにするものである。また、六朝陵墓の有翼石獣の作風は、アッシリアの影響を受けている可能性がある。

アラビアは唐代以前はペルシアに属し、その初期のことを中国ではペルシア人を通じて知ったのであり、ペルシア人がアラビアのことを大食と称したそのよび名を、中国もそのまままもちいた。西方の史料はこのようにいう、「回教《かいきょう》の祖マホメットも中国が東方の大国であることを知っていて、あるときその弟子に向かって、中国へいって科学を学ばなければならないと言った。……これはサルマン・ファルシーの紹介か、あるいはアラビア海沿岸のペルシア人から聞き知ったようである。当時イェーメンの諸港の民はつねにペルシア沿岸の各都市と往来交易していた。ペルシア湾の各都市は、インド、マレイ半島および江南と往来する船舶の集中地であった」［張星烺《ちょうせいろう》『中西交通史料匯編《ちゅうせいこうつうしりょうわいへん》』第三冊］。

六朝時代、広州は外国との貿易がさかんで、広州刺史《しし》は一度城門を通るだけで三千万銭を手にいれるといわれたが、それはアラビア人がこの地に商売に来ていたからであり、それとともにかれらの媒介によって西方文化が中国にもたらされ、東方文化が西方に伝わった。唐宋《とうそう》以後、中国の製紙技術と羅針盤が欧州に伝わったのは、アラビア人の手によってである。

インド

中国とインドの往来は漢武帝《かんぶてい》時代からはじまった。当時インドを身毒《しんどく》と称していた。両国の関係は絶えることなく続いた。三国の呉の交州刺史は中郎康泰《ちゅうろうこうたい》と宣化従事朱応《せんかじゅうじしゅおう》を南海に派遣し、康泰は扶南《ふなん》で中天竺《ちゅうてんじく》（インド）の使者に会い、はじめてインドとの連絡をもった。『梁書《りょうじょ》』中天竺伝には、インドに対する具体的な紹介がある。東晋安帝元興《げんこう》二年（四〇三）、

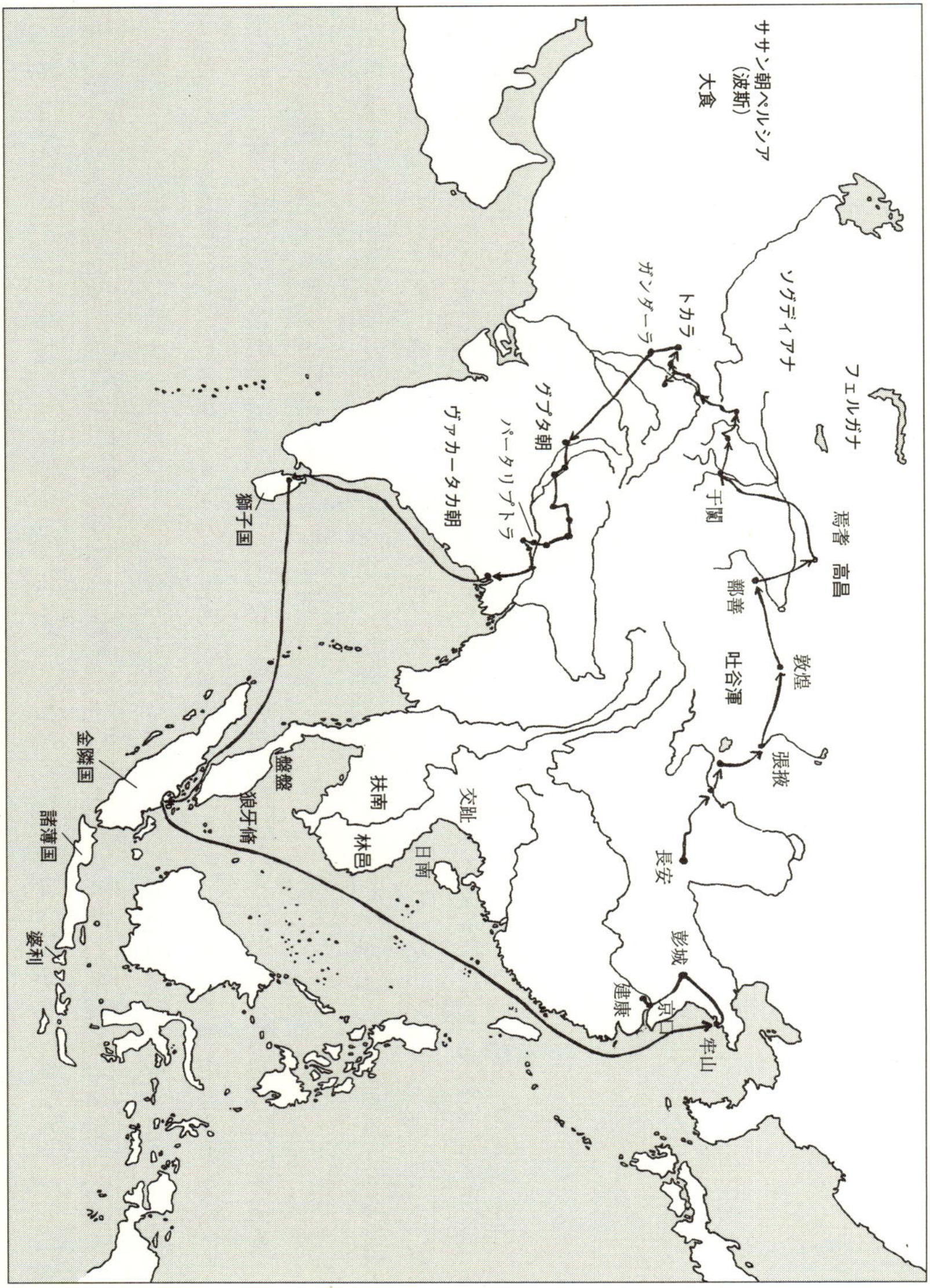

131 当時の西方・南方主要諸国と法顕の旅行路

中国の旅行家で、仏僧の法顕《ほっけん》がインドに旅して仏典を得、グプタ王朝の都華氏城《かしじょう》（パータリプトラ）で在留三年の後、帰国して著した『仏国記《ぶっこくき》』はインド一帯の社会風俗についての詳細な記録となっている。

グプタ王朝と中国とはたがいに往来があり、宋文帝元嘉《ぶんていげんか》五年（四二八）、グプタ王月愛《げつあい》は使いを送って江南《こうなん》の建康を訪問させ、金剛の指輪、摩勒《まろく》金環などの貴重な贈り物と、赤白のオウム各一羽を贈った。宋明帝泰始《めいていたいし》二年（四六六）、グプタ王朝はまた使節を派遣して建康を訪れ、贈り物を贈った。梁武帝天監《てんかん》二年（五〇三）、中天竺王屈多は使節を派遣して建康にいたり、瑠璃の唾壷、刻香《こくこう》、古貝《こばい》［棉布］などの珍しい贈り物を贈った。陳宣帝太建《ちんせんていたいけん》三年（五七一）にも天竺の使節が建康に来ている。両国の関係の密接さをみることができよう。

南北朝時代、中国と友好的な往来のあった北インドの国はガンダーラ国で、いまのパキスタン一帯である。中国側では、仏教の発展によって、おおくの中国僧が西に旅して仏法を求めた。なかでも有名なのはさきほどのべた五世紀はじめの法顕で、法顕はクシャン王朝のウジャーナ国［いまのパキスタン］で五百僧伽藍《がらん》（五百の寺院）をみた。仏教徒の往来の結果、当時の豊かで多彩なガンダーラ式仏教芸術が中国に伝来し、中国の芸術にたいしておおきな影響をおよぼした。

ガンダーラ式仏教芸術はギリシア・ローマ芸術の影響を受けてはいるが、その内容は仏教そのものであり、したがってひとによってはそれをギリシア式仏教芸術、あるいはローマ式仏教芸術とよんで、その起源がもつ二重性をしめすが、より正確にはガンダーラ芸術と称するべきであろう。

そのほかにも、インド文化が中国にあたえた影響にはつぎのようなものがある。当時造像の風潮がさかんとなり、たとえば敦煌千仏洞《とんこうせんぶつどう》、大同雲崗《だいどううんこう》、洛陽龍門《らくようりゅうもん》等の場所は、洞窟をうがち、盛観を呈した。そのなかで、六朝の斉梁《せいりょう》時代に開鑿された南京棲霞山千仏岩は、インド文化の影響を受けているほか、ある程度江南の特色がみられる。六朝陵墓には蓮花座と蓮花装飾がたいへんおおいが、これもまたインドの作風の影響にちがいない。

彫刻だけがそうなのではなく、絵画の面でも、『歴代名画記《れきだいめいがき》』に所載の一四〇人のうち、画題にインド的要素をもつものが三九人で、四分の一以上になる。伝説となった六朝画家張僧《ちょうそう》繇《よう》の江寧一乗寺《こうねいいちじょうじ》寺門に描いた凸凹花とは、天竺［古インド］の遺法にほかならないし、六朝人謝赫《しゃかく》の画に六法ありという論は、インド人ヴァーツヤーヤナ（サンスクリット語の詩人、カーマスートラの作者）がいう六法のことで、よくにているところがあるというものもいる。こうして仏教芸術が伝来したのち、中国石彫芸術は漢代のなごりを一変してしまったとみることができる。

当時は獅子《しし》国とよんでいたいまのセイロン［スリランカ］についてつけくわえておく。法顕はインドで取経ののち、獅子国に二年間とどまったことがあり、くわしい記録が残っている。法顕は獅子国で晋の地［中国］から運ばれた絹扇をみて、ふと故郷をおもい出してせつなくなり、さめざめと涙を流したという。その当時、絹扇が貴重な商品となっていて、セイロンへと輸出されたものであることがわかる。

東晋安帝《とうしんあんてい》義熙《ぎき》元年（四〇五）、獅子国国王は使いを江南に送って、高さ四尺二寸の玉の仏像を贈った。それは玉色が純粋で、特別な形状をもっていて、世に稀な宝物であった。宋文帝元嘉五年（四二八）、獅子国国王刹利摩訶南《さつりまかなん》はまた建康に使いを送り、象牙の仏像を贈った。元嘉七年（四三〇）と一二年（四三五）、および梁武帝大通《だいつう》元年（五二七）にもこの国は使いを建康に送り、その地の物産を贈った。

『宋書《そうじょ》』夷蛮伝《いばんでん》獅子国条《ししこくのじょう》によれば、インドとセイロンははるばるインド洋と南海をわたって建康にいたるが、それはいつも「海に泛《うか》ぶこと三年、陸を行くこと四月」というたいへん困難な事業であった。それでも両国の民衆がその危険をおかし、長距離をわたったその冒険精神は称賛にあたいする。

日本・朝鮮

国外での呉・晋・南朝の遺物の発見は、日本が一番おおい。日本は当時すでに国家を形成していて、本州中部に建国された大和《やまと》国の支配者集団と九州にあった地方的支配者はいずれも中国から工芸品を入手したいという強い願望をもっていた。かれらの墓には中国の器物が埋葬されているのが普通で、山梨県鳥居原古墳出土の呉赤烏元年（二三八）銘半円方形帯神獣鏡、兵庫県安倉高塚古墳出土の赤烏七年（二四四）銘の半円方形帯神獣鏡、京都府上狛付近出土の西《せい》晋元康《しんげんこう》紀年（二九一～二九九）銘文の円形帯神獣鏡、大阪市黄金塚古墳で発見された、外側が九重の絹で包まれ、東晋のいわゆる「沈郎五銖《しんろうごしゅ》」銭が一枚さびてくっついた刀子などは、いずれも江南の製品であることは明確である。

五世紀以後、日本から中国への北方の航海路は通じなくなり、あらためて南道を経由したから、これ以後、上述の九州などの古墓から常に出土する画紋帯神獣鏡や画紋帯画像鏡が、はじめて長江下流から海上を百済《くだら》経由で日本へ、あるいは直接日本へと達するようになったということであろう。そして奈良や大阪などの古墓で発見される西方のガラス器もこの時期に江南から伝来されたものである。

江南から日本へいたるルートにはさらに当時の会稽《かいけい》郡東冶《とうや》県［いまの福州《ふくしゅう》一帯］から海にのりだし、台湾［夷州《いしゅう》］、琉球を経て、九州南部の種子島［亶州《だんしゅう》］から南九州にいたる路線もあったかもしれない。このルートは『三国志《さんごくし》』呉書孫権伝《ごしょそんけんでん》にしるしてある、会稽東冶県のひとが海上を渡って風にあい、漂流して亶州にいたったというのと、黄龍《こうりゅう》二年（二三〇）孫権がひとをやって「夷州および亶州を求め」たルートにあたり、近年種子島広田遺跡上層で発見された隷書の「山」字を刻した貝片がその証拠である。同時に、九州中部の熊本県と九州東海岸の日向一帯の古墓で発見される各種の紋様のある銅鏡や、各種の透彫りのある金製装飾品もすべてこのルートで輸入されたものである。

上述の江南《こうなん》の器物の伝来とともに、日本の文献の記事では江南の陶器製作や織物の職工も日本に渡っている。さらに近年日本の考古学が発見した江南の風格をもつ陶器［たとえば錘形器、五聯罐《ごれんかん》、盤口壺《ばんこうこ》、虎子《こし》にた陶器］や、それらの墓の周囲のはにわの服飾が、南朝の陶俑とおなじで、ともに男はかぶとをかぶり、ずぼんをはき、女は横まげを結い、長いスカートを着けている、ということを参考にしてみると、これらいっさいがしめすのは、隋唐《ずいとう》時代の中日両国の頻繁な使節の往来と大規模な文化交流には、はるか昔からの歴史的な源流があるということである。

一九八四年に発見された朱然《しゅぜん》墓の出土品は中日国際交流史の研究にあたらしい一頁をくわえた。たとえば、朱然墓出土の器物、つまり日本でいまでも広く使用されているような弁当箱、木のげた、漆の脇息《きょうそく》（凭机）、名刺などは、これまでは隋唐以後にようやく中国からもたらされたとかんがえられてきたが、その根源は三国の呉と関係があるようである。

中国の漢字が日本文字に重要な影響をあたえただけではなく、中国の書法も日本の書法にきわめておおきい影響をおよぼした。「書聖《しょせい》」と讃えられる六朝《りくちょう》の王羲之《おうぎし》の書法は隋唐時代に日本に伝えられた。『扶桑略記抄《ふそうりゃくきしょう》』（一一世紀半から一二世紀初にできたとみられる、神武から堀河天皇にいたる史書、漢文の編年体、その抄本）には、「天平勝宝《てんぴょうしょうほう》六年（七五四）正月十六日壬子、……鑑真《がんじん》和上が、竹志太宰府に到着した。…和上が持ちかえったものに王右将軍真迹行書一帖［この真迹はあるいは唐人の摸本かもしれない］がある」と。日本の早期の「書道」は「入木」あるいは「入木の道」と称したが、これは王羲之の墨痕を木版上に留めたという伝説（『書断《しょだん》』にみえる）から派生したものである。大阪教育大学杉岡華邨名誉教授は日本の仮名［平仮名と片仮名を含む］は王羲之の書法を基礎にして生まれたとさえいっている。

呉時代には朝鮮半島とも往来があり、孫権嘉禾《そんけんかか》二年（二三三）、使者は高句麗に到達し、たがいに贈り物を贈った。半島北部だけではなく、半島南部の百済は南朝とも頻繁な往来があった。梁武帝大同《りょうぶていだいどう》七年（五四一）、百済の使者の帰国には、涅槃経《ねはんきょう》と毛詩博士《もうしはくし》だけでなく、工匠と画師も連れかえった。この梁の画師の朝鮮での活動を知るすべはないが、今日発見される朝鮮古墓の壁画には、南朝と類似の画風がおおくあり、たとえば当時の顧愷之《こがいし》、陸探微《りくたんび》、張僧《ちょうそう》繇《よう》の絵画や、そのほかすくなからぬ伝世品と比較できる。朝鮮東海岸の百済旧域の公州《こうしゅう》で若干の花紋磚が出土したことがあるが、それは南京出土の斉梁《せいりょう》時代の磚にある蓮花、纏枝紋《てんしもん》とおなじで、この時代は凸凹花のさかんに流行した時代である。朝鮮が三国にわかれ、中国が南北にわかれていても、おおくの芸術的風潮と手法が国によってことなるようなことはなく、逆に相互に影響しあい、往来伝播することが絶えなかった。

一九四九年、朝鮮で発見された冬寿《とうじゅ》墓は、その紀年が永和《えいわ》一三年で、これは東晋升平《とうしんしょうへい》元年（三五七）にあたる。冬寿は東晋咸康《かんこう》二年（三三六）、高句麗《こうくり》に行き、安岳にとどまること二二年であった。当時東晋政府は前燕《ぜんえん》（五胡十六国の一、鮮卑慕容部の国、四世紀に華北東部を支配）を牽制するため、冬寿を拝して侯とし、「使持節《しじせつ》都督《ととく》諸軍事《しょぐんじ》平東将軍《へいとうしょうぐん》護撫夷校尉《ごぶいこうい》」とした。したがって、かれは一群のひとびとを従えて朝鮮へ行ったのかもしれない。冬寿墓に描かれた壁画は、まさに高句麗時代の朝鮮のほかの地域で発見された古墓の壁画とおなじく、江南の風格を濃厚に帯びていて、顧愷之《こがいし》の描く「洛神賦図《らくしんふず》」と極似しており、また南朝墓の壁画に描かれた装飾紋ともおなじである。

朝鮮忠清南道《ちゅうせいなんどう》公州郡《こうしゅうぐん》宋山里《そうざんり》古墳出土の「梁官瓦為師矣」銘文の蓮花紋磚は、当時の百済が南朝の工匠とその工芸技術を導入した事実をしめしている。一九七一年、百済王余隆《よりゅう》の「武《ぶ》寧王《ねいおう》」墓が発見された。その墓室構造、形態、出土文物は南朝陵墓とその出土文物とたいへんよくにている。墓誌にしるされた「寧東《ねいとう》大将軍」の官位はまさしく梁朝があたえたものである。出土瓷器《じき》と銅鏡は中国のものとまったくおなじで、南朝から輸入したものである。その墓前の石彫神獣も南朝の鎮墓獣と非常ににている。

中国学者はさらに武寧王墓出土の「七子鏡」は、その形態が南朝銅鏡とおなじで、また梁簡《かん》文帝《ぶんてい》詩の「形は七子鏡とおなじ」の句と符合し、中国から輸入されたにちがいないとみなしている。いま日本の古墳時代の須恵器《すえき》の「子持壷」も呉墓出土の陶五聯罐《とうごれんかん》とよくにている。したがって、六朝時代の中日の往来は、海上での直接交通のほか、別に陸路朝鮮を経由して日本へいたる幹線路があったのである。

南方諸国

南海諸国との交流は、呉の黄龍《こうりゅう》二年（二三〇）に、孫権《そんけん》が海上から夷州《いしゅう》（台湾か）にひとを送ったのをはじめとして、やがてさらに交州（現広州）に進出し、扶南《ふなん》（カンボジア）、林《りん》邑《ゆう》（ヴェトナム南方）との交流がはじまった。

そののち、占婆《せんば》国［いまのヴェトナム中南部］と呉、西晋、南朝が国境を接してつねに往来があり、その国王は前後二十余回、使節を中国の都に派遣して金銀器、香料、布などを贈り、東晋南朝もたいへんおおくの貴重な贈り物を贈った。

扶南国については、上述のように呉黄武《こうぶ》五年より黄龍《こうりゅう》三年（二二六〜二三一）のあいだ、康泰《こうたい》と朱応《しゅおう》がこの地に出使したことがあり、赤烏六年（二四三）には、扶南王范旃《はんせん》が呉に使いを送り、楽人とみやげものをもたらした。そののち、西晋武帝泰始四年（二六八）から陳後主《ちんこうしゅ》禎明二年（五八八）まで、この国は二〇余回中国の都を訪問し、扶南から東晋南朝には、象牙の仏像、珊瑚の仏像、犀、馴らした象、火斉珠、玳瑁《たいまい》（べっこうとおなじ）盤、玻璃器、鬱《うっ》金《こん》、蘇合香《そごうか》、婆羅《ばら》樹葉、古貝などを、東晋南朝からは絳紫（あかとむらさき）地の黄碧緑紋綾の貴重な織物品などを贈った。

狼牙脩《ろうがしゅう》国［いまのタイ国南部のマレイ半島のパタニ付近一帯］は当時東南アジア地域の東西貿易交通の要地であった。梁武帝天監一四年（五一五）、普通《ふつう》四年（五二三）、中大通《ちゅうだいつう》三年（五三一）の三回、狼牙脩国王は使いを送って建康を訪れ、みやげものを贈った。

婆皇《ばこう》国［考証によればいまのマレイシア境内のマレイ半島のパハン］は宋文帝元嘉《げんか》一九年（四四二）から明帝泰始二年（四六六）まで七回建康に使節を派遣し、贈り物を贈った。

丹丹《たんたん》国［考証によればいまのマレイシア半島南部のケランタン］は梁武帝中大通三年（五三一）から陳後主至徳《ちんこうしゅしとく》二年（五八四）まで六回にわたって建康に使いを送り、金銀、瑠璃の宝物、火斉珠、古貝、香、薬などを贈り、太建《たいけん》三年（五七一）には一年間に六度も使節団を中国に派遣した。

婆婆《ばば》国［いまのマレイシアのカリマンタン北部のサラワク、あるいはサバとブルネイの境内］は、宋文帝元嘉《げんか》年間（四二四～四五三）から陳後主至徳二年（五八四）まで、前後一〇回近く使節を建康に派遣し、沈香《ちんこう》（熱帯に産する香木）、檀香《だんこう》（熱帯産のびゃくだん）、詹糖《せんとう》（香の名）、菩提樹葉などを贈った。

訶羅単国《からたん》［いまのジャワ島］は宋文帝元嘉七年（四三〇）建康に使いを送り、金剛の指輪、天竺国白畳（棉布の一種）、古貝、葉波国《ようは》の古貝、赤いオウムなどの珍しい贈り物を贈った。また元嘉七年から二九年にかけて四回、建康に使節をおくり、みやげを贈った。

干陀利国《かんだり》［いまのインドネシアスマトラ島のパレンバン］は、宋孝武帝孝建《そうこうぶていこうけん》二年（四五五）から陳文帝天嘉四年（五六三）まで五回、建康に使いを送り、金銀宝器、玉盤、金芙蓉《ふよう》、もろもろの香薬などの貴重な贈り物を贈り、南朝の皇帝からもおおくの贈り物がかえされた。

婆利国《ばり》［いまのインドネシアバリ島］は宋後廃帝元徽《こうはいていげんき》元年（四七三）、国王が使いを宋に送り、みやげものを贈り、また梁武帝天監一六年（五一七）、普通三年（五二二）前後して使いを建康に送り、兜、瑠璃器、古貝、螺杯《らはい》（貝がらで作った杯）、もろもろの香薬などみやげもの数十種を贈り、梁王朝も厚くこれに報いた。

残念ながら、文献にしるされた以上の交流をうらづける実物資料は発見されていない。しかしこれ以外の地での文献記事と実物資料の関係からみて、この南方諸国との交流もまたたしかなこととかんがえるべきであろう。

訳注

〔1〕孫恩の乱

孫恩は琅邪（山東省）の出身。代々五斗米道信者の家の出で、叔父孫泰が秘術をえたとして乱をくわだて殺されたあと、三九九年、海上の孤島を根拠地に挙兵し、会稽に上陸、江南全土、数十万の民がくわわる大反乱となった。官軍の討伐をうけると海上に撤退し、また陸上に侵攻して、ときには建康をもうかがう勢いであったが、しだいに衰え、四〇二年、孫恩は入水。しかしのち孫恩の妹婿盧循が広州で挙兵し、ふたたび建康に進撃するなど、東晋末の混乱に乗じて乱はつづき、四一一年にようやく終息した。この乱の平定に活躍したのが、北府軍の武将劉裕であり、劉裕はこれをきっかけに勢力を確立し、宋を建国することになる。

〔2〕侯景の乱

侯景は朔方（陝西省）、または雁門（山西省）の出身。東魏の実力者高歓とむすび、河南大行台として強大な兵力を有したが、高歓の死後、東魏にそむいて西魏、ついで梁に帰順、寿春（安徽省）に駐屯した。梁と東魏が講和にむかうと、五四八年、寿春で挙兵、梁の宗室の内通をえて、翌年三月建康を陥落させた。梁武帝は幽閉されて餓死し、武帝をついだ簡文帝は殺され、ついで侯景自身が即位して漢をたてた。しかし、荊州によった湘東王蕭繹らの追討をうけ、五五二年殺され、乱は終結した。この乱は、建康に極度の荒廃をもたらし、また南朝貴族に壊滅的な打撃をあたえた。

〔3〕蘇峻の乱

蘇峻は長広（山東省）の出身。西晋末の混乱に、出身地で自衛集団を結集し、その中心となった（これを塢主とよぶ）。のちに南下し、王敦の乱の平定に功があり、強大な勢力をきずいたが、やがて東晋政府にうたがわれ、三二七年、任地の歴陽（安徽省）で挙兵、翌二月、建康をおとした。これに対し、上流の荊州から有力武将陶侃が来援、峻はまもなく戦死、あとをついだ弟蘇逸も三二九年二月に殺され、乱はおさまった。なお、この年正月にあった城内の乱戦で、呉以来の宮城が焼失してしまい、新宮が造営されることになる。

〔4〕武梁祠

山東省嘉祥県武瞿山にある後漢時代の武氏一族の石室祠堂。一般には武氏祠という。武梁は武氏の一員で、その名のある碑文が発見されている。石室そのものは、この武梁の祠堂を中心に三室あったらしいが、すでに解体されて原初の祠堂を構成せず、石室の壁をかざった多数の画像石が改築された祠堂におさめられている。画像の題材は、古聖王、列女、孝子、刺客などの故事であり、漢代の絵画と風俗をしるための貴重な資料とされる。

〔5〕竹林の七賢

魏・西晋時代に、竹林につどって清談（脱俗的な言論）にふけり、方外（世の雑事を離れた世界）の態度をとったとつたえられた、阮籍、嵆康、山濤、王戎、阮咸、向秀、劉伶の七人をいう。山濤は河内（河南省）の人、王戎は琅邪（山東省）の名族で、いずれも官界で顕達し、ともに司徒（最高位である三公の一）にのぼった。嵆康は譙国（安徽省）の人、魏の王室と婚姻関係にあり、思想家として著名だが、司馬氏に殺された。阮籍は陳留（河南省）の人、歩兵校尉（都の衛兵の指揮官）におわった。阮咸はかれの甥で、郡太守（郡の長官）となる。向秀も河内の人だが、無官、劉伶は沛国（江蘇省）の人で、参軍（将軍の幕僚）であった。ともに俗世への反発や老荘の学術、芸術、酒などにまつわるさまざまな逸話をもち、それらは『晋書』『世説新語』がくわしくのべるところであるが、七人の生きた時代がすこしずつちがい、七人いっしょに竹林に遊んだというのは、のちに伝説化されたはなしである。

〔6〕九品中正制度

魏ではじまった官吏任用制度。行政区画である州に大中正、その下の郡に小中正をおき、かれらが州郡の任官候補者に一品から九品までの品をあたえる。これを郷品、本品とよぶ。中央政府には人事担当の吏部をおき、吏部はその郷品と状（人事調査書）によって、一品から九品までの官品に編成された官僚制度のなかから、郷品に対応する官品の官職をあたえ（通常は郷品より四等下の官品の官職といわれる）、以後は官品をしだいにあげて昇進する、というのが制度の概要である。この制度は本来は個人の才能重視をねらったものであったが、中正がおおく地元の有力者であり、また郷品の決定に父や祖父の官職が影響をおよぼしたため、高位高官が特定の家に世襲される結果となり、貴族制社会を出現させる原動力となったとされている。

〔7〕僑州郡県

災害などで本籍地を離脱した民が、移住先でたてた本籍地名をもつ州郡県。東晋南北朝で各地にみられたが、とくに淮水から長江下流南岸におおくたてられた。この地域には、当時の徐州、兗州、青州、豫州（山東省、河南省南部、江蘇省、安徽省一帯）からの難民が、集団で移住し、それぞれ移住先の州郡県への戸籍登録をこばんで、本籍地名の州郡県をなのって、そこに所属した。やがてそれら州郡県は、華北に残った旧来の州郡県と区別して、おおく南の字を冠するようになった。本文にでてくる南徐州は、徐州の民が移住先にたてた徐州を、旧来の地にある徐州と区別するために名づけられたものである。ただし、その過程で移住民のたてた州郡県の統廃合がおこなわれており、南徐州でいえば、そこには徐州以外の住民がすくなからずふくまれている。

〔8〕五銖銭

銖は重さの単位で、一両の二四分の一にあたる。五銖銭は、銅貨で、漢武帝の前一一九年に最初に鋳造され、以後、隋の時代まで正式の通貨として使用された。呉の大銭は、この五銖銭を基本に、五銖百枚で一枚に該当（大泉当百）させるなどの貨幣制度をしいた。ただ、文中にあるように五銖以外の銭も鋳造されたし、盗鋳がさかんで、貨幣制度は混乱した。盗鋳は、五銖銭から削りとった銅を材料にしたので、周辺を削られた五銖銭（剪輪銭、剪辺銭などという）や、中心の方形の穴が削られ円形の穴になってしまったもの（鵞鳥の目のようなので鵞眼銭といい、さらに円形の穴の大きいのを綖環銭という）が出現した。

＜呉系図（孫氏）＞

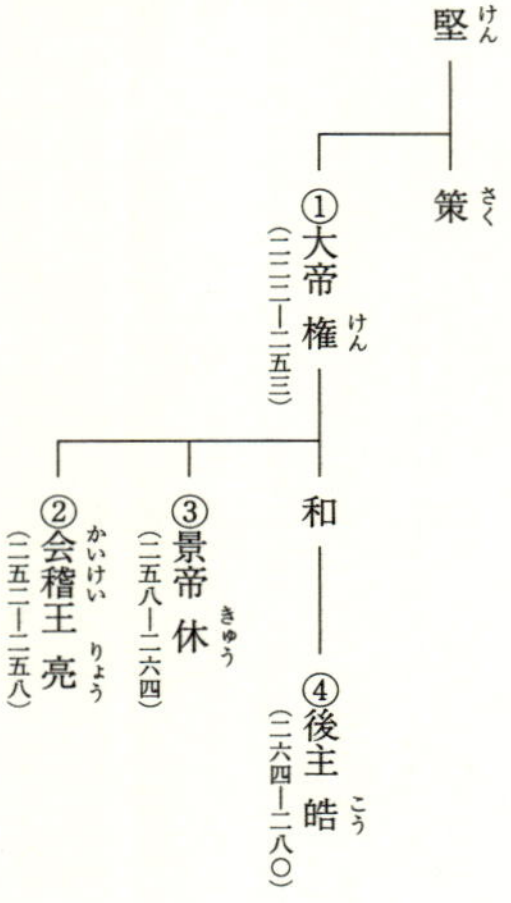

堅《けん》
策《さく》
①大帝 権《けん》
（二二二—二五二）
和
②会稽《かいけい》王 亮《りょう》
（二五二—二五八）
③景帝 休《きゅう》
（二五八—二六四）
④後主 皓《こう》
（二六四—二八〇）

＜晋系図（司馬氏）＞

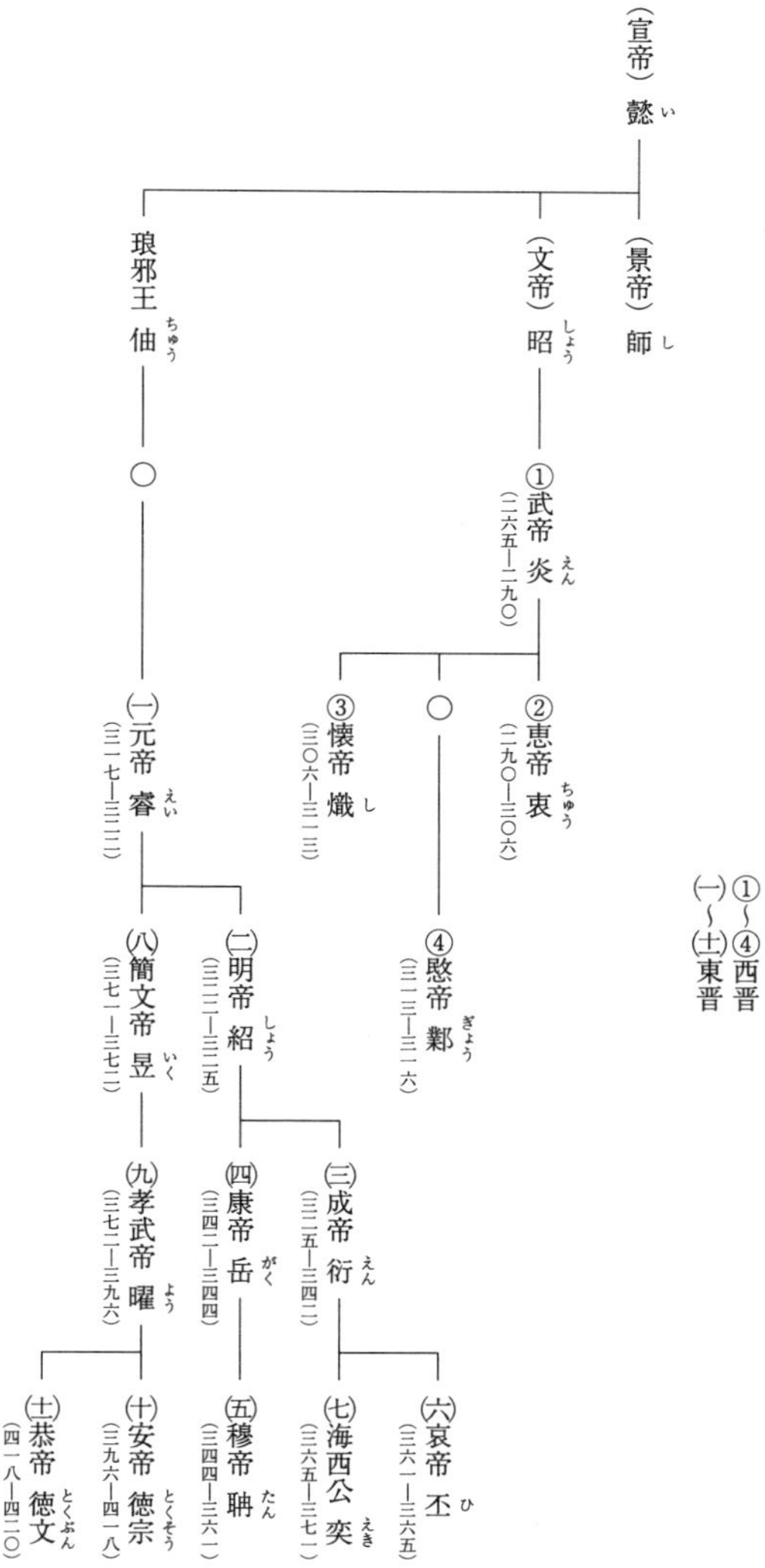
（宣帝）懿《い》
（景帝）師《し》
（文帝）昭《しょう》
琅邪王 伷《ちゅう》
〇
①武帝 炎《えん》（二六五―二九〇）
②恵帝 衷《ちゅう》（二九〇―三〇六）
〇
③懐帝 熾《し》（三〇六―三一三）
④愍帝 鄴《ぎょう》（三一三―三一六）
㈠元帝 睿《えい》（三一七―三二二）
㈡明帝 紹《しょう》（三二二―三二五）
㈧簡文帝 昱《いく》（三七一―三七二）
㈢成帝 衍《えん》（三二五―三四二）
㈣康帝 岳《がく》（三四二―三四四）
㈨孝武帝 曜《よう》（三七二―三九六）
㈥哀帝 丕《ひ》（三六一―三六五）
㈦海西公 奕《えき》（三六五―三七一）
㈤穆帝 聃《たん》（三四四―三六一）
㈩安帝 徳宗《とくそう》（三九六―四一八）
(十一)恭帝 徳文《とくぶん》（四一八―四二〇）
①～④西晋
㈠～(十一)東晋

＜南斉系図（蕭氏）＞

- ①高帝　道成《どうせい》（四七九―四八二）
  - ②武帝　賾《さく》（四八二―四九三）
    - ○
      - ③鬱《うつ》林王　昭業《しょうぎょう》（四九三―四九四）
      - ④海陵王　昭文《しょうぶん》（四九四）
- ○
  - ⑤明帝　鸞《らん》（四九四―四九八）
    - ⑥東昏《とうこん》侯　宝巻《ほうかん》（四九八―五〇一）
    - ⑦和帝　宝融《ほうゆう》（五〇一―五〇二）

＜宋系図（劉氏）＞

- ①武帝　裕《ゆう》（四二〇―四二二）
  - ②少帝　義符《ぎふ》（四二二―四二四）
  - ③文帝　義隆《ぎりゅう》（四二四―四五三）
    - ④孝武帝　駿《しゅん》（四五三―四六四）
      - ⑤前廃帝　子業《しぎょう》（四六四―四六五）
    - ⑥明帝　彧《いく》（四六五―四七二）
      - ⑦後廃帝　昱《いく》（四七二―四七七）
      - ⑧順帝　準《じゅん》（四七七―四七九）

系図

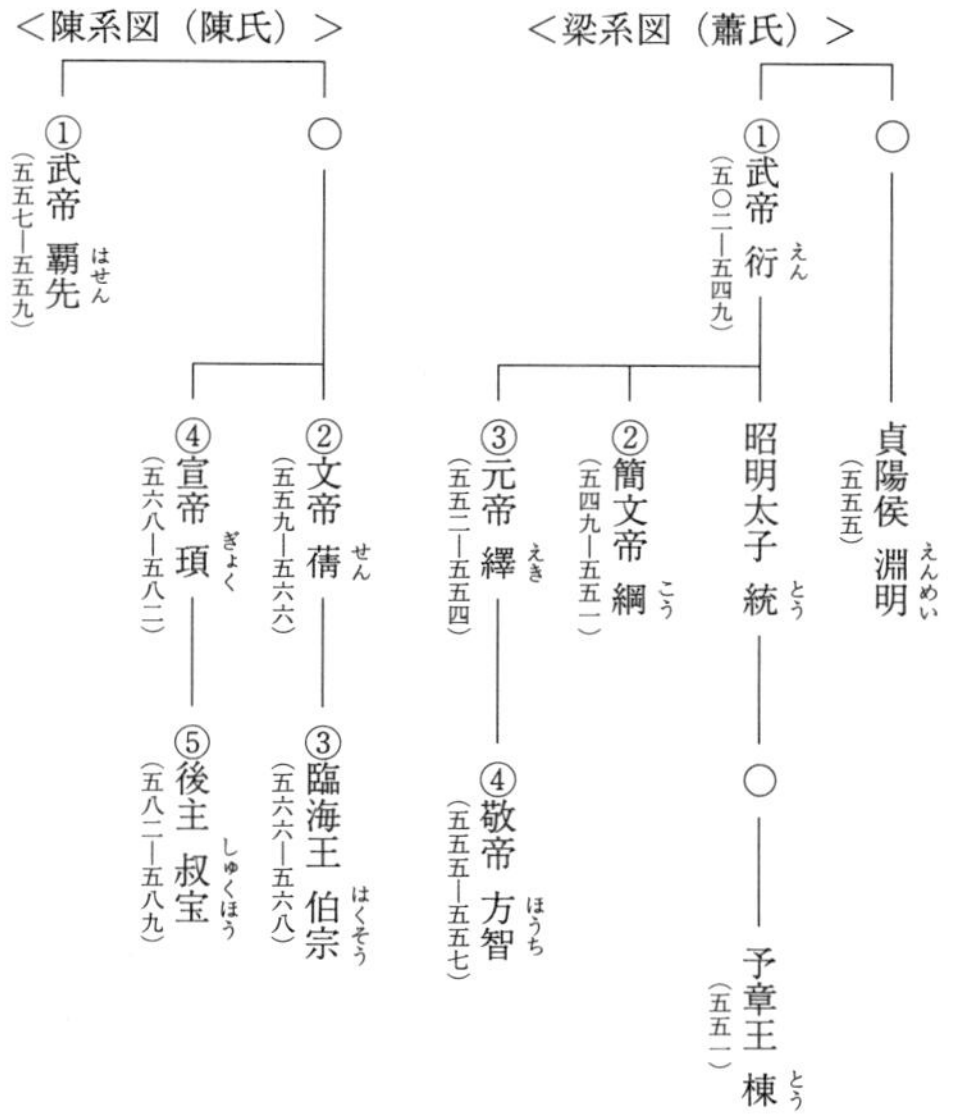
＜陳系図（陳氏）＞
①武帝 覇先《はせん》（五五七—五五九）
②文帝 蒨《せん》（五五九—五六六）
③臨海王 伯宗《はくそう》（五六六—五六八）
④宣帝 頊《ぎょく》（五六八—五八二）
⑤後主 叔宝《しゅくほう》（五八二—五八九）
＜梁系図（蕭氏）＞
①武帝 衍《えん》（五〇二—五四九）
貞陽侯 淵明《えんめい》（五五五）
昭明太子 統《とう》
②簡文帝 綱《こう》（五四九—五五一）
③元帝 繹《えき》（五五二—五五四）
④敬帝 方智《ほうち》（五五五—五五七）
予章王 棟《とう》（五五一）

六朝江南年表

王朝	年号	江南	文化	華北	世界・日本
後漢	一九二	孫堅戦死、孫策嗣ぐ		一九六 曹操が献帝を許昌に迎える。	
	一九五	孫策江南に渡り、会稽に拠る		二〇五 曹操が華北をほぼ制圧。	
	二〇〇	孫策暗殺、孫権嗣ぐ		二二〇 曹操死去。曹丕が魏王を嗣ぐ。献帝より禅譲を受け皇帝となる(魏の成立)。	このころ日本列島の吉備地方に墳丘墓・特殊器台形土器が発達。
	二〇八	赤壁の戦い			
	二一一	孫権秣陵（建業）に進出			
	二一二	石頭に築城、秦淮に築堤			
	二二一	孫権武昌に遷る 劉備の侵攻を受ける 孫権、曹操と結び、呉王となる			
呉	黄武元（二二二）	夷陵に劉備を破る。黄武と改元			二二六 パルティアが滅びサーサーン朝建国。
	五（二二六）	扶南に使者を送る			
	黄龍元（二二九）	孫権即位（大帝）、黄龍と改元 建業に遷都			
	二（二三〇）	海上に夷州、亶州を求める			
	嘉禾五（二三六）	大泉五百を鋳造			

呉	赤烏三（二四〇）	都に運瀆を開鑿
	四（二四一）	太子登死に、後継争い発生 青渓を開鑿、都城内の水路整備
	八（二四五）	破崗瀆を開鑿、建業と三呉を結ぶ
	一一（二四八）	都に太初宮新成
	建興元（二五二）	孫権死に、末子亮即位
	永安元（二五八）	孫休即位
	元興元（二六四）	孫皓（後主）即位
	甘露元（二六五）	武昌へ遷都
	宝鼎元（二六六）	建業へ還る
	天紀四（二八〇）	後主、西晋軍に降伏 男女二三〇万、兵二三万
西晋	三〇三	石冰建業に侵入
	三〇五	陳敏の乱

このころ呉によって江南の開発進行
二四七都に建初寺建立（江南最初の仏寺）
このころ訳経がさかんになる

二四九魏で司馬懿がクーデター、丞相となる
二五一司馬懿死去、司馬師が嗣ぐ
二五五司馬師病没し司馬昭が嗣ぐ
二六三蜀漢滅亡
二六五司馬炎西晋建国（武帝）
二八〇西晋武帝天下統一
三〇〇八王の乱
三〇四五胡十六国時代開始

二三九倭の卑弥呼、魏に遣使
二六六倭の女王壱与、晋に遣使
二九八このころ日本列島で、巨大な前方後円墳が築造される

西晋				
三〇七	司馬睿（東晋元帝）建業に入城		三一三西晋懐帝殺さる	三一三ミラノ勅令発布。ローマでキリスト教を公認
三一〇	銭璯の乱、周玘三たび江南平定		三一六西晋愍帝殺され、滅亡	
東晋				
建武元（三一七）	司馬睿晋王を称す	三一七史官をおき太学を建てる	三一九前趙・後趙成立	三二〇このころインドのチャンドラグプタ一世即位（グプタ朝）
太興元（三一八）	司馬睿即位（元帝）	葛洪『抱朴子』完成		三二四コンスタンティヌス帝、ローマ帝国を再統一
太興三（三二〇）	都北郊に懐徳県設置（僑郡県の最初）	三一九太学充実		三三〇コンスタンティノープルに遷都
永昌元（三二二）	王敦の乱、元帝死に、明帝即位			三二六朝鮮半島で新羅建国
咸和二（三二七）	蘇峻の乱、翌年建康を焼く			
四（三二九）	郗鑒京口（鎮江）に築城、北府兵整備 この頃最初の土断、以後断続的に			
咸和五（三三〇）	都に新宮造成			
咸康五（三三九）	王導死ぬ			

	東晋			
七（三四一）	都北郊に琅邪僑郡設置	三五三王羲之らが蘭亭で曲水の宴、『蘭亭序』残す	三五三前燕鄴に入る	
永和一〇（三五四）	桓温北伐、一二年洛陽占拠			
興寧二（三六四）	庚戌土断	三六四都に瓦官寺建立		
大和四（三六九）	桓温北伐、前燕に大敗			
咸安元（三七一）	桓温、皇帝の廃立をはかる			
寧康元（三七三）	桓温死に、謝安執政	このころ王羲之死去	三七六前秦苻堅が華北統一	
太元三（三七八）	建康新宮落成	三八一孝武帝、仏法を講じ殿内に精舎を建てる	三八三前秦淝水で敗れ、華北再分裂	三七五ゲルマン民族大移動
八（三八三）	淝水の戦い		三八六北魏道武帝建国	三八四百済に仏教伝来
一〇（三八五）	謝安死ぬ	三九九法顕がインドへ旅立つ	三九八北魏平城に遷都	三九一倭、百済・新羅と戦う
隆安三（三九九）	孫恩の乱 乱の平定に劉裕活躍、台頭			三九二ローマ帝国、キリスト教を国教化
元興元（四〇二）	桓玄建康に入り翌年簒奪 孫恩死に、盧循挙兵			三九五ローマ帝国東西分裂
三（四〇四）	劉裕北府を率いて挙兵、桓玄敗北			三九九倭・百済と新羅へ侵攻

東晋	義熙五（四〇九）劉裕南燕を北伐、翌年南燕征服 九（四一三）義熙土断 一二（四一六）劉裕後秦を北伐、翌年長安占領			四〇〇このころチャンドラグプタ二世のもとでグプタ朝最盛期 四一三高句麗で広開土王即位 四一四高句麗で広開土王碑建立
宋	永初元（四二〇）劉裕恭帝より禅譲を受け、即位（武帝） 元嘉元（四二四）文帝即位、元嘉の治 七（四三〇）四銖銭鋳造 二二（四四五）帝弟彭城王義康失脚 二三（四四六）北堤を築き、玄武湖を開く 二七（四五〇）北魏太武帝侵攻、建康対岸に至る 三〇（四五三）文帝、皇太子に殺さる 皇太子の弟、皇太子を殺して即位（孝武帝） 孝武帝死去。前廃帝即位	四二七陶淵明死去 四三〇台城北に四学館を立てる 四三三謝霊運死去 四三八文帝北郊に儒学館を建て講義 四四四『世説新語』作者劉義慶死去 四四五何承天の元嘉暦採用 四四六文帝自ら国子学に親臨 四五一『三国志』注の裴松之死去 四五二顔延之死去	四三九北魏太武帝が北涼を滅ぼし華北統一 四四六太武帝廃仏の詔 四五〇江南出兵 四五二太武帝暗殺	四二一倭王讃が宋の武帝に朝貢 四二七高句麗が平壌に遷都 四三一ネフェソス公会議 四三四フン族でアッティラ即位

王朝	年号（西暦）	事項		華北	世界
宋	孝建元（四五四）	孝建四銖銭鋳造			
宋	大明三（四五九）	都に上林苑、南北郊壇を築く		四六〇雲崗石窟造営開始	
宋	泰始元（四六五）	二銖銭鋳造、この後、銭の劣化起こる。晋安王挙兵、明帝即位			
宋	五（四六九）	北魏淮北四州を取る			
宋	七（四七一）	明帝、諸弟を殺害 明帝死後宗室混乱、蕭道成台頭		四七一北魏孝文帝即位	四七六西ローマ帝国滅亡 四七八倭王武、宋の順帝に朝貢
斉	建元元（四七九）	蕭道成即位（高帝）			
斉	二（四八〇）	台城に六門都牆を建てる			
斉	永明元（四八二）	武帝永明の治		四八五均田制施行	四八四東西教会分離
斉	五（四八七）	都に新林苑を開く	このころ茶を飲むことが流行	四八六三長制施行	
斉	九（四九一）	棲霞寺建立		四九四洛陽遷都。胡服禁止	四九三東ゴート王国建設
斉	永泰元（四九八）	暴君東昏侯の乱政。	四九七国子学再建の詔	四九六姓族分定	
斉	永元二（五〇〇）	蕭衍襄陽に挙兵。	五〇〇祖冲之死去		

梁				
天監元（五〇二）	蕭衍即位（武帝）南徐州の僑県を土断	五〇三詩人范雲死去		
七（五〇八）	天監の改革。国門を建てる	五〇五五経博士をおき、州郡に学校を建てる		
九（五一〇）	秦淮に縁淮塘を築く			
一〇（五一一）	宮城門に三重の楼を築く			
一二（五一三）	都に太極殿新築	五一三『宋書』作者沈約死去	五一九羽林、虎賁の乱	
普通四（五二三）	鉄銭を鋳造、以後通貨混乱	五一九慧皎の『高僧伝』成る	五二三六鎮の乱	
大通元（五二七）	武帝同泰寺に捨身			
中大通元（五二九）	洛陽を一時奪回		五二八河陰の変	五二七倭で磐井の乱
三（五三一）	武帝同泰寺で講経	五三一『文選』編纂者昭明太子死去	五三四東魏成立、北魏滅亡	五三三『ローマ法大全』完成
太清二（五四八）	侯景の乱勃発	五三五徐勉死去	五三五西魏成立	五三八倭に仏教伝来
三（五四九）	侯景、建康を攻略 武帝死去。簡文帝即位	五三六陶弘景死去		
天正元（五五一）	侯景帝位につく		五五〇北斉成立、東魏滅亡	五五二突厥が初めて可汗と称する 倭で物部氏と蘇我氏が対立

	承聖元（五五二）	侯景敗死			五五五東ゴート王国滅亡
陳	永定元（五五七）	陳覇先即位（武帝）。四柱銭鋳造		五五七北周建国、西義滅亡	五五八フランク王国統一
	太建五（五七三）	北斉を討つ			
	一一（五七九）	大貨五銖鋳造		五七七北周武帝、北斉を滅ぼす	
	一四（五八二）	陳叔宝即位（後主）		五八一北周の静帝、楊堅に譲位（隋朝の成立）	
	至徳二（五八四）	都に臨春結綺望仙三閣を築く			五八三突厥が東西に分裂
	禎明三（五八九）	隋諸軍建康入城、後主を捕らえ、建康を破壊			五八八倭で蘇我馬子が飛鳥に法興寺を建立

図版一覧

＊数字は図版番号を示す。出典の記載がないものは原書のものである。

52　胡橋大墓壁画名称文字磚
53　騎馬楽隊磚印壁画
54　羽人戯虎磚印壁画
55　獅子磚印壁画
56　蕭正立墓前の神道石柱（上）と遠景（下）、訳者撮影
57　謝鯤墓誌、『文物』1965年第6期
58　梁始興王憺墓碑、訳者撮影
59　東晋南朝墓誌一覧、訳者作成
60　張鎮墓誌
61　徐美人墓誌（正面）、『考古学報』1957年第1期
62　たてかけた墓誌、『文物』2001年第3期
63　王氏一族墓誌、『文物』2000年第7期
64　元康元年磚地券
65　周芳命妻潘氏衣物券、『考古通訊』1956年第2期
66　灰陶猪圏
67　陶盤、陶勺、陶奩
68　青龍陶歩障座
69　灰陶倉
70　陶牛車、陶犀牛（窮奇）
71　西晋青瓷女俑
72　男俑　富貴山墓
73　男俑　石門坎墓
74　女俑　太和四年墓
75　女俑　西善橋壁画墓
76　青瓷扁壷（西晋）、『文物資料叢刊』3（1980）
77　青瓷洗（東晋）、『文物』2002年第7期
78　青瓷灯（東晋）、『文物』1998年第5期
79　青瓷扁壷（東晋）、『文物』2002年第7期
80　青瓷盤口壷（東晋）、『文物』2000年第7期
81　青瓷罐（東晋）、『文物』2000年第7期

82　青瓷蓮花尊（南朝）
83　青瓷鶏頭壺（南朝）
84　青瓷唾壺（東晋）
85　青瓷唾壺（東晋）、『文物』2002 年第 7 期
86　青瓷薫炉（東晋）、『文物』2002 年第 7 期
87　青瓷薫炉（東晋）、『文物』2000 年第 7 期
88　青瓷槅（呉）、『考古』1998 年第 8 期
89　東晋扁壺文字
90　青瓷羊頭壺（東晋）
91　青瓷碗（西晋）、『文物』2002 年第 7 期
92　青瓷獅形挿器（西晋）、『文物』2002 年第 7 期
93　青瓷托盞（南朝）
94　青瓷神獣尊（宜興周氏墓）、『考古』1977 年第 2 期
95　青瓷提籃（小罐と勺つき）（呉）、『考古』1962 年第 8 期
96　呉赤烏十四年青瓷虎子、『考古学報』1957 年第 1 期
97　青瓷虎子（西晋）
98　青瓷虎子（東晋）
99　紅陶飛鳥人物堆塑罐（呉）、『考古学報』1957 年第 1 期
100　陶五聯罐、『文物資料叢刊』 8 （1983）
101　青瓷堆塑罐（上部）、『考古』1998 年第 8 期
102　青瓷堆塑罐（西晋）
103　魂瓶（高場一号墓）、『考古』1963 年第 6 期
104　青瓷罐上文字
105　鳳凰元年堆塑罐、『考古』1998 年第 8 期
106　金指環（西晋）
107　金葉、『文物』2002 年第 7 期
108　金羊、『文物』2002 年第 7 期
109　蟬紋金かざり、『文物』2001 年第 3 期
110　玻璃杯（東晋）
111　玻璃碗（仙鶴観東晋墓）、『文物』2001 年第 3 期

112　トンボ玉玻璃環、『考古』1998年第8期
113　玻璃罐（富貴山六朝墓）、『考古』1998年第8期
114　大泉当千、大泉五百（原寸大、朱然墓）、『文物』1986年第3期
115　四銖銭（拓本原寸大、南京南朝墓）、『文物』2002年第7期
116　鋋環銭（原寸大、朱然墓）、『文物』1986年第3期
117　五銖銭（原寸大、南京南朝墓）、『文物』2002年第7期
118　剪輪五銖銭（原寸大、朱然墓）、『文物』1986年第3期
119　水晶珠（南京東晋墓）、『文物』2001年第3期
120　琥珀佩飾（南京東晋墓）、『文物』2001年第3期
121　銅鐎斗、銅熨斗、銅弩機（富貴山六朝墓）、『考古』1998年第8期
122　玉豚（南京東晋墓）、『文物』2001年第3期
123　玉珮（南京東晋墓）、『文物』2001年第3期
124　玉帯鈎（南京東晋墓）、『文物』2001年第3期
125　漆槅（朱然墓）、『文物』1986年第3期
126　木刺と木謁
127　犀皮黄口羽觴（朱然墓）、『文物』1986年第3期
128　漆盤（朱然墓）、『文物』1986年第3期
129　棲霞山棲霞寺千仏岩の石窟寺
130　ササン朝ペルシア銀貨（河北省出土、トルファン出土）、『考古』1966年第5期、『考古学論文集』（1961）
131　当時の西方・南方主要諸国と法顕の旅行路、『魏晋南北朝考古』所載を訳者補訂

あとがき

本書刊行にいたる経緯について、いくつかのことをのべておきたい。

はじめに、原著者羅宗真氏をご紹介したい。氏は一九二八年、上海の生まれ、原籍は江西省吉安の人で、一九五〇年、南京金陵大学を卒業後、長年にわたって南京博物院でおもに江南の考古学と歴史研究にたずさわってこられた。卒業後間もない一九五二年、本書にもでてくる江蘇省宜興市の周氏墓群の発掘に参加され、その報告を『考古学報』に報告されたのが、よく知られた氏の初期の学術活動であるが、その後さまざまな著書、編著書、論文を公表され、この分野の第一人者として、著名な学者である。現在、南京博物院研究員、中山・南京両大学兼任教授のほか、学界でさまざまな公職に任じられている。

氏の業績のおもなものには、本書原著の『六朝考古』をはじめ、学術論文集である『探索歴史的真相』（江蘇古籍出版社、二〇〇二年）、南北朝時代の考古学概説で、本書原著の姉妹版とでもいうべき『魏晋南北朝考古』（文物出版社、二〇〇一）、編著には、江蘇省の文物を網羅解説した『江蘇文物綜録』（南京博物院、一九八八年）・『江蘇省文物志』（江蘇古籍出版社、一九九八年）や『中華文物鑒賞』（江蘇教育出版社、一九九〇年）、大部で貴重な図版が多数ある『魏晋南北朝文化』（学林出版社・上海科技教育出版社、二〇〇〇年）などがあり、また六朝時代を中心とした考古、文物、政治、文化方面の論文が多数ある。

わたしが羅氏にはじめてお目にかかったのは、一九八七年六月の南京であった。六朝の歴史研究に従事していたわたしは、当時、新出墓誌など、考古学の成果に関心があり、その方面での氏の業績によく接していたので、その日たいへん感激したことをおもいだす。ただ、その時は短時間の南京訪問であり、ほとんどお話をきく時間もなかった。さいわい、一九九〇年、勤務先から短期の海外出張をゆるされ、南京大学にしばらく滞在する機会がもてた。そのおり、南京博物院に氏をたずね、あるいは氏が南京大学にこられたりして、たびたびしたしくお話をうかがうことができた。氏はわたしよりも二〇歳ちかく年長であり、なによりもその道の大家でありながら、気さくなお人柄もあって、わたしのようなものともお付き合いくださって、今日におよんでいる。

そのころ、氏はご自分の論文集を日本語訳して、日本で出版したいと希望されていた。そのご相談にあずかって、わたしも氏の論文から十数編をえらび、翻訳しつつ出版社をさがしていたのだが、うまくいかなかった。まもなく本書原著が出版され、一本を贈られたので、論文集ではなく、原著の翻訳で氏の業績を日本に紹介するほうがよいのではないかとかんがえて氏に相談し、おゆるしをえた。これが本書訳出のきっかけである。

しかし、じっさいに翻訳にとりかかってみると難問が続出した。とくに考古学や陶瓷器にかんする専門知識にとぼしいわたしには、途方にくれるような部分がすくなくなかった。あれこれの事典などをたよりに、著者に不審の箇所をといあわせたりして、公務のあいまに作業をすすめたが、容易にはかどらなかった。途中から、漢唐の墓葬制度にくわしい室山留美子さんに助けをもとめ、ようやく訳文草稿が完成したのが数年前であった。翻訳は原著の約四割をしめる第七章「墓葬遺物」（本書の第七、八章）を室山が、それ以外を中村が担当し、最終的な訳文調整は中村がおこなった。しかし、それでも技術上の用語や器物名など不安なところがすくなくなく、二人で検討をかさね、何度となく改稿し、また、読者によりよく理解していただけるようにと、図版・訳注・年表などで原著をおぎない、ともかくも本書のかたちになったのは本年になってのことである。

ただ、ぜひともお断りしておかねばならないのは、凡例にものべたとおり、本書が原著の忠実な翻訳ではないことである。紙幅のつごうその他の事情で、原著の一部にみられる重複部分と、きわめて専門的かつ細密な問題をあつかう部分、たとえば東晋の東西陵の議論、南京東北郊外の梁諸王の墓の比定、宋文帝陵と陳文帝陵の所在、墓誌にみえる貴族の具体的な婚姻関係や官職の世襲、本籍地と移住地の関係などについては、著者の了承をえて、省略したり、要約したりしている。章節についても原著をあらためたところがあり、また、つぎにのべるような事情で、訳者がおぎなった部分もある。編訳としたゆえんである。

原著がすでに十年まえの出版であるうえ、原著の元になった論文のおおくは八〇年代末までに書かれている。したがって九〇年代考古学のあらたな成果は原著には反映されておらず、著者自身それをもっとも懸念され、わたしにもたびたびそのことをつたえられた。わたしどももそのことをおもくうけとめ、本書のなかにいくぶんかの補充をすることで、著者の懸念をぬぐうことにした。以下にそのことについてすこしのべておきたい。

本書の中心である南京付近の、九〇年以後今日まで十数年にわたる考古学の成果として特筆されるべきは、東晋南朝墓誌のたびかさなる発見である。本書一五九ページで、著者はその当時までの出土墓誌二六をあげているが、それいらい二〇件をこえる墓誌があらたに出土している。そのなかには、本書にも言及のある南京北郊の王氏墓の墓誌（『文物』二〇〇〇年七期、二〇〇二年七期）、王氏とならぶ貴族謝氏の南京南郊の一族墓出土の墓誌（『文物』一九九八年五期、二〇〇〇年七期）、東郊の李氏（『文物』二〇〇〇年七期）、高氏（『文物』二〇〇一年三期）一族墓出土墓誌、東晋の著名な政治家温嶠の墓誌（『文物』二〇〇二年七期）、めずらしい陳代の墓誌（『文物』一九九三年一一期）、浙江嵊県で発見された太平二年（二五七）紀年をもつ、墓室壁にはめこまれた磚墓誌（『考古』一九九一年三期）などがある。表「東晋南朝墓誌一覧」（一五九頁）は、これらを補充してわたしどもであらたに作成したものである。ただ、本書第七章の叙述にはもちろんそれらが反映されていないことをお断りせねばならない。

買地券では、南京北郊郭家山から呉永安二年地券（『考古』一九九八年八期）、柳塘山から太康六年地券（『考古』一九九二年八期）、鎮江から泰和元年地券（『東南文化』一九八九年二期）などの出土があった。

副葬品についても、九〇年代のおもな成果をあげてみると、大量の金銀、琥珀、珠の飾件や陶瓷器が出土した幕府山東晋墓（『文物』一九九〇年八期）、玻璃罐、玻璃杯、玉人、陶胡人俑、銅虎子が出た、皇室または重臣墓と推定される富貴山墓（『考古』一九九八年八期）、玻璃碗や、豊富な金、玉器が出土した仙鶴観の高氏墓（『文物』二〇〇一年三期）、大量の青瓷器や金器が出土した温嶠墓（『文物』二〇〇二年七期）などのほか、みぎにあげた墓誌伴出の諸墓、油坊橋南朝墓（『東南文化』一九九一年六期）、西晋太康六年紀年墓（『考古』一九九二年八期）、梁臨川王蕭宏墓かその家族墓と推定される白龍山墓（『考古』一九九八年一二期）、あるいは『考古』一九九八年八期にまとめて報告された数件の南京付近墓、呉鳳凰三年紀年墓（『文物』一九九九年四期）、西晋永興二年紀年墓、宋の皇族墓と推定される南京南郊隠龍山発見の三墓（以上『文物』二〇〇二年七期）などから、俑や陶瓷の副葬品が出土しており、飛躍的に考古学の資料がふえている。

画像磚墓では、一個の墓磚ごとにさまざまな男女の侍従画像が描かれた、油坊橋発見の画像磚墓（『東南文化』一九九〇年一〇期）、僧の画像のある浙江余杭の南朝画像磚墓（『考古』一九九二年三・四期）、複数の画像磚をくみあわせて「馬車出行」「騎馬出行」「仙女と鹿」「獅子」「飛仙」などをあらわした常州の梁陳代の画像磚墓（『考古』一九九四年一二期）などがあり、これも重要な資料となろう。

原著付録の考古発現紀年表と文献目録を割愛したのは、以上のような新発見により、それらが大量の補充を必要とするようになったからである。なお、以上のような新資料の詳細については、室山が既発表の「中国墓葬文献目録（北朝篇）」（『大阪市立大学東洋史論叢』一二、二〇〇二）の続編として、三国・両晋・南朝篇を準備しており、まもなく公表の予定であるので、それをご参照いただければさいわいである。

このように原著執筆時にくらべて、資料が豊富になったいま、本書の内容にややものたりなさを感じる部分がないわけではないが、しかしそれら新出資料が本書の内容に決定的な修正をせまるものでないことは、ここではっきりとのべておきたい。本書で考古学的材料をもちいて著者が描こうとした古代江南世界は、みぎのような新出資料を参照することによってさらに内容豊かに認識できるようになるが、古代江南世界の原質は本書にあますところなくしめされているといえよう。

江南ということばのひびきにひかれて、南朝の研究に従事するようになってひさしいが、はじめて南京の六朝石刻をこの目でみた日の感動はいまもあらたである。いつかはこの感動をだれかにつたえたいと念じたものだが、本書はそのおもいをいくぶんかはたしてくれるであろう。また、本書があつかっている時代は、日本の卑弥呼から倭の五王の時代にあたる。倭の五王の使者たちがその目にしたはずの江南社会の風景に、読者がおもいをはせていただければさいわいともおもう。

本書の出版は、明治大学教授氣賀澤保規先生のご高配によるものである。先生は本書をこのシリーズにくわえるよう推薦してくださり、わかりやすい編訳とすることについてもご助言いただいた。この場をかりてお礼申しあげたい。

また、白帝社の伊佐順子さんには、図版がおおくなった本書の校正その他で、いろいろご助力いただいた。末尾であるが、お礼申しあげるしだいである。

二〇〇四年九月初　　　　中村圭爾

羅宗真（ルオ　ツォンチェン）
1928年生まれ。原籍は江西省吉安市。1950年、南京金陵大学歴史系卒業。現在、南京博物院研究員、中山大学・南京大学兼任教授。著書に『六朝考古』（南京大学出版社、1994）、『魏晋南北朝考古』（文物出版社、2001）、『探索歴史的真相』（江蘇古籍出版社、2002）、編著に『魏晋南北朝文化』（学林出版社・上海科技教育出版社、2000）など。

中村圭爾（なかむら　けいじ）
1946年、和歌山県生まれ。1973年、大阪市立大学大学院文学研究科博士課程退学。現在、大阪市立大学大学院文学研究科教授、文学博士。著書に『六朝貴族制研究』（風間書房、1987）。

室山留美子（むろやま　るみこ）
1968年、大阪府生まれ。現在大阪市立大学大学院文学研究科後期博士課程在学。論文に「北朝隋唐墓の人頭・獣頭獣身像の考察－歴史的・地域的分析－」（『大阪市立大学東洋史論叢』2003）ほか。

白帝社アジア史選書
HAKUTEISHA's
Asian History Series
006

古代江南の考古学
倭の五王時代の江南世界

2005年5月14日　　初版発行

著　者　羅 宗 真
編　訳　中村圭爾・室山留美子
発行者　佐藤康夫
発行所　白 帝 社
〒171-0014　東京都豊島区池袋2-65-1
Tel　03-3986-3271　Fax　03-3986-3272
http://www.hakuteisha.co.jp
印刷　倉敷印刷　　製本　若林製本所

　ISBN4-89174-724-2

白帝社アジア史選書

HAKUTEISHA's
Asian History Series

発刊にあたって

二十一世紀はアジアの世紀である。日本とアジアの国々の距離はいよいよ近づき、人々の交流はますます緊密さを増していくだろう。わたしたちは今、アジアの一員であることをきちんと自覚し、対等平等の立場からアジアの将来を考え、日本の位置を見定める時期に立っている。

日本は二十世紀の前半、アジアの国々に侵略し、数え切れない生命を奪い、国土を踏みにじり、かの地の人々に激しい憤りと悲しみと絶望を与えた。それから半世紀以上を経過して、かれらの心に沁みついた不信の念は完全に払拭できたであろうか。正直なところ、まだ過去の残像に引きずられ、未来志向の安定した関係を打ち立てるに至っていない。

こうした現状の背後には、欧米と比べてアジアを低く見る観念や、アジアの現実を共感共有できない視野の狭さが伺われる。だがアジアは、世界のどこにも引けを取らない豊かな歴史、多彩な文化をもって今日に及んでいる。しかも世界が宗教を正義として血を流しあうなかで、仏教を信仰するアジア地域からは仏教による抗争を生んでいない。これはわたしたちの誇るべき財産である。

白帝社アジア史選書は、そのようなアジア諸国と正面から向き合い、歴史の面からその魅力と本質に迫り、アジアを知る新たな手がかりと可能性を提示することを目指すものである。わたしたちのいうアジアとは、東アジアに軸足を置きつつ、他のアジア全域に及ぶ。当然日本も大切な領域となる。この選書が少しでも多くの読者の目に止まり、良質なアジア史理解の形成に貢献できることを切望している。

二〇〇三年十月

白帝社アジア史選書

HAKUTEISHA's Asian History Series

005

隋唐時代の仏教と社会

藤善　眞澄

１６００円

世俗にとらわれず、あらゆる執着からの脱却を願う仏教と、現世にこだわり政治優先の中国社会との間には様々な確執が生じた。多大の犠牲を払い苦難を乗越えて中国の宗教となりおおせた隋唐の仏教を、再三にわたる弾圧の嵐に焦点を合わせながら抵抗と妥協、変容への軌跡を辿る。

006

古代江南の考古学
—倭の五王時代の江南世界

羅　宗真　著

中村　圭爾
室山留美子　編訳

１８００円

華北と異なる江南の地に織成された社会と文化。それを象徴する都建康（南京）のすがたと、この地に生み出された青瓷や、絵画、書跡。江南文化研究の第一人者羅宗真氏の編訳である本書には、倭の五王の使者たちも目にしたはずの、古代江南社会の原風景があますところなく再現されている。

—続刊—

戦国秦漢時代の都市と国家
—考古学と文献史学からのアプローチ

江村　治樹

中国史において、戦国時代は、その後の王朝国家の原型になった秦漢帝国が形成される時代として注目される。この時代は同時に都市の発達が顕著に見られる時代でもある。本書は、この都市の視点から秦漢帝国の形成とあり方を、文献史料だけでなく考古資料をも用いて新たに捉え直す。

魏晋南北朝壁画墓の世界
—絵に描かれた群雄割拠と民族移動の時代

蘇　哲

魏晋の薄葬思想が壁画墓の衰退に対する影響、鮮卑慕容氏前燕の鹵簿制度、北魏孝文帝と馮太后一族の関係、東魏-北斉墓に表れる身分制と民族意識、西域から異質文化の流入など、描き出されている画像資料に基づき、文献資料だけからは窺い知ることのできない諸問題を克明に辿り、その特質を解説。

＊価格は税別

白帝社アジア史選書

HAKUTEISHA's Asian History Series

広開土王碑との対話

武田　幸男

中国東北辺で蔓苔を絡め、風化した姿で現れた『広開土王碑』ほど、長く国際的な論題になり、ホットな論争を呼び続ける碑石は稀であろう。本書は、もの言わぬ碑文と真摯に対話した酒匂景信・水谷悌二郎ら、王志修・栄禧・初天富らの内外の人物像を通じて、碑文の語る真意を探る。

都市・上海

春名　徹

東アジアの伝統的な港市から西欧文化が直接流入する開港場へ。わたしたちのアジアの矛盾そのものを体現する都市・上海へ！一切の虚飾、一切の幻想の言説の中にわけ入り、ひたすら上海の真実を歴史的に追いもとめることにより、アジアの近代の質を問う。

モンゴル年代記

森川　哲雄

一六世紀後半以降、モンゴルでは多くの年代記が編纂されるようになった。これらの年代記にはモンゴルの歴史とともに、多くの伝説、教訓話が記されており、それらは遊牧社会の文化を知る上で貴重な史料となっている。本書ではこれらの年代記について様々な角度から紹介する。

＊書名は都合により変更になることがあります。
ご了承ください。